How to build VOL.02
GARAGE KIT
피규어의 교과서
레진 키트 & 도색 입문 편

Writer and Finishing
후지타 시게토시 지음
김정규 옮김

목차 INDEX

시작하며	004

제1장 레진 키트란? 005
01 레진 캐스트 키트란	006
02 레진 캐스트 키트엔 어떤 종류가 있지?	008
03 레진 캐스트 키트는 어디서 살 수 있지?	010
04 피규어 판매 이벤트에 가보자	012
05 레진 캐스트 키트가 나오기까지	014

제2장 컬러 레진 키트를 만들자 017
제2장① 컬러 레진 키트 제작 준비 018
01 만들어보자! (키트 구성)	018
02 공작에 필요한 도구	020
03 조립하기 전에	022
04 부품에 관한 기초 지식	024

제2장② 컬러 레진 키트의 게이트 처리와 가조립 026
05 먼저 게이트 처리	026
06 앞머리와 고양이 귀 조립	028
07 얼굴 조립	030
08 뒷머리 조립	032
09 팔다리 조립	034
10 몸통 조립①	036
11 몸통 조립②	038
12 각 부분 결합!	040
13 가조립 완료!	042

제2장③ 컬러 레진 키트의 부품 다듬기 044
14 게이트와 파팅 라인 처리①	044
15 게이트와 파팅 라인 처리②	046
16 나이프를 이용한 파팅 라인 처리	048
17 부품 다듬기① 머리카락	050
18 부품 다듬기② 얼굴	052
19 부품 다듬기③ 뒷머리 등	054
20 부품 다듬기④ 다리와 몸통	056

제2장④ 컬러 레진 키트 도색 058
21 베이스 준비	058
22 부품 세척	060
23 도색에 필요한 도구	062
24 붓도색①	064
25 붓도색②	066
26 먹선 넣기	068
27 씰 붙이기	070
28 데칼 붙이기	072
29 광택 조절①	074
30 광택 조절②	076
31 탑코트의 효과	078

제2장⑤ 컬러 레진 키트 조립 080
32 조립①	080
33 조립②	082
34 조립③	084
35 완성!	086

제3장 본격적인 도색에 도전 089
제3장① 본격적인 레진 키트 제작 준비 090
01 본격적인 레진 캐스트 키트	090
02 스텝업에 필요한 도구	092
03 부품 절단	094
04 부품 다듬기①	096
05 가조립	098
06 축 만들기①	100
07 축 만들기②	102

08 가조립 완료	104
09 기포 처리	106
10 기포와 흠집 수정	108
11 부품 다듬기②	110
12 부품 다듬기③	112

제3장② 밑색·흰색·피부색 도색 — 114

13 에어브러시 도색의 기초	114
14 프라이머 뿌리기	116
15 도료 색 바꾸는 절차	118
16 서페이서 뿌리기①	120
17 서페이서 뿌리기②	122
18 흰색 뿌리기	124
19 마스킹하고 피부색 뿌리기	126
20 피부색을 마스킹하고 흰색, 클리어 뿌리기	128
21 눈 그리기①	130
22 눈 그리기②	132

제3장③ 옷, 액세서리 도색과 마무리 — 134

23 머리카락과 치마 도색	134
24 옷, 망토 도색	136
25 금속색 도색	138
26 삐져나온 곳 수정	140
27 꼼수, 광택 컨트롤	142
28 붓으로 세부 도색	144
29 파스텔 메이크업	146

제3장④ 레진 캐스트 키트 조립 — 148

30 조립	148
31 완성!	150
32 도색 도구 손질	152

제4장 더욱 수준 높은 완성도를 위해서! 155

제4장① 서페이서리스 도색 — 156

01 서페이서리스 도색 완성	156
02 서페이서리스 도색의 기포, 흠집 처리	158
03 피부색 도색과 섀도 뿌리기	160
04 머리카락, 치마 도색	162
05 소품 도색, 데칼 붙이기	164

제4장② 디테일업과 서페이서리스풍 클리어 컬러 도색 — 166

06 샤프하게 만들자	166
07 원하는 모양으로 만들자	168
08 서페이서리스풍 클리어 컬러 도색	170
09 완성!	172

용어집 — 174

COLUMN
칼럼

01 개러지 키트와 레진 캐스트 키트의 관계	016
02 레진 캐스트 키트를 조립하는 일	088
03 레진 캐스트 키트의 옛날이야기	154

시작하며

이번에 피규어의 교과서 제2탄으로 「레진 캐스트 키트 조립과 도색」에 대한 책을 쓰게 됐습니다. 피규어의 교과서 제1탄은 토카이무라 겐파치 씨의 「에폭시 퍼티를 이용한 원형 제작」에 관한 책입니다. 원형을 제작할 수 있게 되면 완성된 피규어를 다른 사람에게 보여주고 싶어집니다. 그런 욕구를 채우기 위해서는 SNS나 블로그, 홈페이지에 사진을 올리거나 피규어 전시 판매 이벤트에 출품하는 방법이 있겠죠. 그럴 때 무채색인 상태보다 예쁘게 색을 칠해서 완성한 상태 쪽이 좋습니다. 물론 피규어의 교과서 제1탄에서도 도색하고 완성품으로 만드는 공정을 소개했습니다만, 원형 제작이 메인인 책이다 보니 볼륨이 적은 편이었습니다. 그래서 제2탄은 도색에 중점을 둔 책으로 만들었습니다.

자, 원더 페스티벌을 비롯한 피규어 이벤트에 가면 개인이 제작한 피규어를 「무도색, 미조립 상태」로 팔고 있습니다. 그것이 「레진 캐스트로 만든 피규어 키트」입니다. 수작업이나 디지털로 제작한 피규어 원형을 실리콘 고무를 이용해서 틀을 만들고, 레진 캐스트(무발포 폴리우레탄 수지)를 흘려 넣어서 양산합니다. 이 방법을 이용하면 특별한 설비가 없어도 양산이 가능해서, 취미로 제작한 피규어를 키트로 만들어서 판매할 수 있습니다. 그래서 여기서는 메이커가 상품화하지 않을 것 같은 마이너한 캐릭터의 피규어를 구하는 것도 가능합니다. 단, 완성품이 아니라 조립식 키트로서.

원하는 피규어 키트를 발견하면 일단 구입하는 사람, 전시된 완성 샘플을 보고 괜찮다고 생각은 하지만 조립할 자신이 없어서 구입을 보류하는 사람 등등 다양한 사람이 있을 거라고 생각합니다. 저는 딜러로서 원더 페스티벌 등의 피규어 전시 판매 이벤트에 참가하는 쪽인데, 테이블에 전시해놓은 피규어의 완성 샘플을 보고 "이거 키트죠?", "예", "키트는 못 만드는데"라는 대화… 정말 많이 합니다. "프라모델 조립이랑 똑같습니다"라고 하면서 간단하게 만드는 방법을 설명하고, 부품 수가 적은 데포르메 키트 등을 구입하시도록 하는 경우도 있지만, 사실 최근에는 프라모델에 색을 칠해서 완성해본 경험이 있는 사람도 찾아보기 힘든 상황입니다. 예전에는 모형 잡지 같은 곳에서도 레진 캐스트 키트 조립 방법에 대한 특집이 실리곤 했는데, 최근에는 그것도 안 보이더군요. 그래서 이번에는 레진 캐스트제 복제품을 완성품으로 만드는 과정을 확실하게 다뤄보기로 했습니다.

모티프는 메이커제 컬러 레진 키트와 아마추어 딜러가 만든 일반적인 키트 2가지를 사용합니다. 먼저 프라모델의 연장선 같은 간단한 키트로 도구와 기본적인 작업에 익숙해지고, 그 다음에 본격적인 키트를 만드는 순서입니다. 메이커제 키트는 인연이 있어서 보크스에서 나온 「캬라구민」이라는 키트를 사용할 수 있게 됐습니다. 또 한 가지 키트는 아는 분인 종이팔레트 씨의 오리지널 캐릭터 「수습 마법사 미르카」를 사용했습니다. 저 자신도 피규어 조형을 하다 보니 제가 제작한 피규어를 컬러 레진 키트로 만들어서 사용하는 방법도 생각해봤습니다만, 여러분이 레진 캐스트 키트를 조립하고 도색할 경우에는 대부분이 구입한 피규어, 즉 다른 사람이 원형을 만든 레진 캐스트 키트일 것입니다. 직접 조형, 분할, 틀을 만든 키트일 경우에는 조립과 도색까지 다 생각하고 만들게 되니까, 다른 사람이 제작한 피규어를 사용하는 쪽이 이런 경우에는 이렇게 대응한다든지 등의 시행착오 등을 보여줄 수 있어서 좋을 것 같다고 생각했습니다. 실제로 어떻게 해야 할지 고민하는 등의 새로운 발견도 있어서, 최대한 많이 담아보려고 노력했습니다. 하지만 생각보다 기포가 많아서 작업 시간이 오래 걸린 것은 오산이었습니다…(쓴웃음). 그리하여 표면 처리와 가조립 등의 도색 전에 행하는 작업의 해설이 잔뜩 들어가 있는데, 이런 것들은 아마추어가 만든 레진 캐스트 키트는 물론이고 「직접 복제한 레진 캐스트 키트 제작」 때에도 도움이 될 것입니다. 이 책이 자신이 만든 피규어를 도색하는 분께도, 구입한 레진 캐스트 키트에 도전하는 분께도 도움이 되기를 바랍니다.

후지타 시게토시

제1장
레진 키트란?

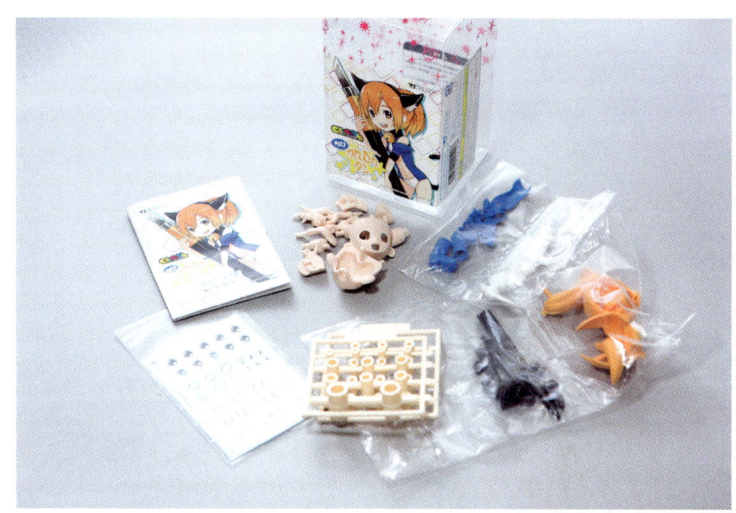

도색, 조립하지 않은 피규어 그것이 「레진 캐스트 키트」입니다

　오락실 경품이나 뽑기 경품, 캡슐 토이나 식완(食玩, 식품 완구). 우리 주위에는 완성품 피규어가 넘쳐나고 있습니다. 많은 분들이 그 피규어들을 구입하여 수집하거나 장식하는 등등 각자 원하는 대로 즐길 수 있는 환경입니다. 그런데 여러분은 「도색과 조립을 하지 않은 피규어」가 팔리고 있다는 것을 알고 계신가요? 전문점이나 피규어 전시 판매 이벤트 등에서 판매되는 그 피규어들을 「레진 키트」, 「캐스트 키트」, 「레진 캐스트 키트」 라고 부릅니다. 도색과 조립을 하지 않은 피규어는 퍼티나 점토, 또는 디지털로 조형한 피규어를 복제해서 상품으로 만든 것입니다. 틀에 흘려 넣는 수지의 통칭이 「레진 캐스트」라서 「레진 캐스트 키트」라고 부릅니다. 「레진 키트」나 「캐스트 키트」는 그것을 줄여서 부르는 이름입니다.

　제1장에서는 이 책에서 다루는 「레진 캐스트 키트」에 대한 기본 사항을 소개해드리겠습니다. 실제 제작에 들어가기 전에 알아두시면 좋은 것들을 정리했으니 꼭 한 번 봐주세요.

제1장
레진 키트란?

CHAPTER 01

레진 캐스트 키트란

레진 캐스트 키트는 실리콘으로 제작한 틀 안에 무발포 폴리우레탄 수지(레진 캐스트)를 흘려 넣어서 제작하는 키트입니다. 레진 키트라고도 합니다. 대규모 설비가 없어도 프라모델과 비슷한 모형을 생산할 수 있어서, 아마추어가 직접 제작한 피규어를 배포하는 수단으로 이용하거나, 메이커가 「금형을 만들어서 양산하면 채산이 안 맞는 아이템의 상품화」의 수단으로 사용합니다. 레진 캐스트도 플라스틱 수지의 일종입니다만, 프라모델용 접착제로는 접착이 안 되는 등, 제작하려면 일정 이상의 지식과 스킬이 필요합니다.

01

02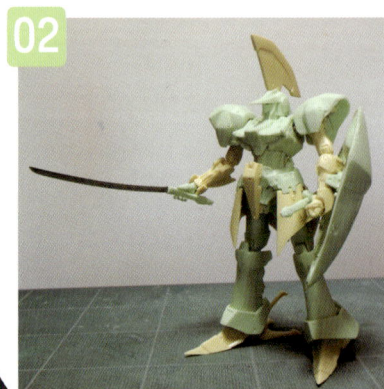

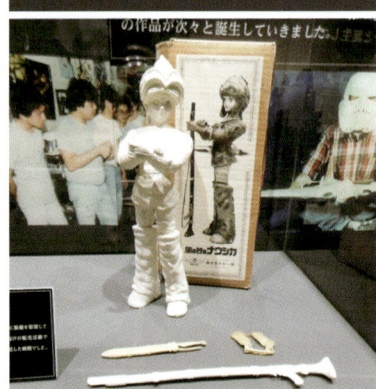

레진 키트의 탄생

1980년대 초반, 토큐핸즈(잡화 전문 쇼핑몰)나 소매점이 츠쿠시 레진크래프트 연구소의 「레진」이나 닛시리의 「프라 캐스트」 등을 취급하기 시작했습니다. 모형지 등에서 틀을 만드는 방법을 소개하고, 이를 이용한 복제가 행해지게 됐습니다. 당시에는 귀중한 절판 키트의 복제에 사용됐습니다. 그러던 중에 「하비 재팬」 1979년 8월호에 FFG제 1/35 스케일 「로비 더 로봇」이 게재됐습니다. 이것이 일본 「레진 캐스트 키트 제1호」로 간주되고 있습니다. 그리고 직접 만든 것을 실리콘 틀을 만들어 레진 캐스트로 복제하는 것이 일반적으로 보급. 이리하여 레진 캐스트 키트가 탄생했습니다.

레진 키트의 발전

처음에는 괴수나 특촬에 나오는 메카닉 등의 프롭(촬영용 미니어처)을 충실하게 재현한 모델이 중심이었지만, 마침내 애니메이션 캐릭터나 로봇 등도 만들어지게 됩니다. 「파이브 스타 스토리즈」의 「모터헤드」나 「기동경찰 패트레이버」에 등장하는 「레이버」 등의 로봇, 「세일러문」이나 「두근두근 메모리얼」, 「카드캡터 사쿠라」의 타이틀이 붐을 이끌었습니다. 캐릭터의 재현도 퀄리티도 향상됐습니다. 그리고 금형에서는 재현할 수 없는 세밀한 디자인이나 유기적인 형태를 지닌 원형을 깔끔하게 성형하기 위해서 복제 기술도 향상됐습니다.

컬러 레진의 등장

도색된 완성품이 대두하면서 쇠퇴해가던 레진 키트. 그것을 막기 위해서「조립하기 힘들다, 색칠하기 힘들다」는 의견을 반영한 컬러 레진 키트가 등장했습니다. 여러 색으로 성형한 부품을 이용해서 컬러링을 재현한 키트의 등장. 이는 마침 건담 등의 캐릭터 프라모델이 색이 들어간 플라스틱을 사용한 것과 같은 길을 따라가고 있습니다. 하지만 컬러 레진은 틀을 만드는 사람에게도 원형사에게도 힘든 일이었습니다. 특히 원형사는 원형을 색별로 분할해야 하니까요. 그런데 디지털 조형에서는 간단하게 분할이 가능합니다. 원형을 색별로 분할할 수만 있으면, 단색으로 성형하더라도 마스킹하는 수고가 줄어들게 됩니다. 레진 캐스트 키트는 앞으로 더 간단해질지도 모릅니다.

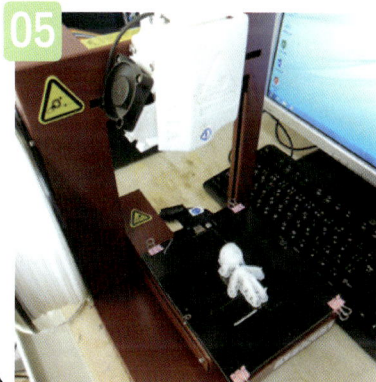

메이커의 등장

레진 캐스트 키트의 생산은 금형을 제작해서 생산하는 프라모델 등과 비교해서 적은 비용으로 개발할 수 있습니다. 하지만 하나의 틀로 생산할 수 있는 것은 50~100개 정도고, 더 생산하려면 실리콘 틀을 다시 만들어야 합니다. 그래서 대량 생산을 해도 필요한 비용은 내려가지 않고, 가격은 어쩔 수 없이 비싸집니다. 하지만 그 가격이라도 구입하는 마니아가 있기 때문에 수지는 맞출 수 있었습니다. 그래서 많은 메이커들이 탄생했습니다.「카이요도」나「보크스」,「타마 공방(현재 코토부키야)」,「라크(현재 웨이브)」,「맥스 팩토리」등, 현재 피규어 메이커로 유명한 많은 회사들도 이 시절에 개러지 키트 메이커로 활동을 시작했습니다.

레진 키트의 쇠퇴

레진 키트 붐이 일어나자 마니악한 전문점이 아니라도 구입할 수 있게 됐습니다. 피규어 전시 판매 이벤트도 다수 개최되기 시작했습니다. 에반게리온 붐으로 판매회에서 팬들이 개러지 키트를 찾게 됐습니다. 완성 샘플을 보고 도색, 조립된 상품이라고 오해하고 구입한 팬들이 제조사에 항의하는 이야기도 전해집니다. 애니메이션이나 게임이 알려지고 캐릭터의 인기가 높아지면서 완성품을 찾는 요구도 많아집니다. 그 무렵, 미국에서 들어온 완성품 피규어(액션 피규어)가 붐을 일으킵니다. 퀄리티가 높은 피규어에 영향을 받은 각 제조사가 완성품 상품화에 착수하면서, 피규어 상품의 주력은 도색된 완성품으로 옮겨가게 됩니다.

레진 키트의 앞날

최근에는 디지털 조형이 보급되고 있습니다. 누구나 간편하게 조형하고 3D 프린터로 출력할 수 있습니다. 하지만 정밀도가 높은 3D 출력물은 비싸기 때문에 출력물을 그대로 판매하는 게 아니라, 복제해서 레진 캐스트한 것을 판매하는 쪽이 주류입니다. 디지털 조형의 증가가 레진 캐스트 키트의 증가로 이어질 것이라고 예상됩니다. 하지만 이 상태는 3D 출력물 1개당 단가가 틀을 짜서 레진 캐스트로 생산한 제품 1개의 비용보다 싸질 때쯤 끝날 것이라고 예상됩니다. 실제로 퀄리티만 신경 쓰지 않으면 풀컬러 프린트 출력물도 싸게 뽑을 수 있어서, 출력물을 그대로 판매하는 경우도 있습니다.

제1장
레진 키트란?

CHAPTER 02

레진 캐스트 키트엔 어떤 종류가 있지?

　레진 키트는 크게 구분하면 제조사가 판매하는 것과 개인이 이벤트 등에서 판매하는 것이 있습니다. 제조사에서 만든 것은 나름대로의 수량을 생산해서 점포(인터넷 판매 등을 포함)에서 판매하기에 구하기 쉽습니다. 그리고 어느 정도 기간 동안 라이센스 계약을 맺고 상품화하기 때문에, 그 기간 동안에는 안정적으로 공급됩니다. 그에 비해 개인이 판매하는 것은 이벤트 당일에만 특별한 허가를 받고 판매하는 경우가 대부분입니다. 그중에는 다음 이벤트나 다른 이벤트에서도 같은 상품을 판매하는 경우도 있고, 많은 양을 생산해서 판매하는 분도 있지만, 기본적으로는 이벤트에서 판매하는 때를 놓치면 그 뒤에는 입수하기가 힘듭니다.

01 컬러 레진 성형
여러 색의 부품으로 성형돼서 도색 없이 조립만 해도 색이 어느 정도 구분된 상태로 완성됩니다. 색 구분을 완전히 재현하려면 씰을 붙이거나 부분 도색을 해야 하는데, 개중에는 홍채나 동공, 하이라이트 등의 눈 부분까지 분할로 재현한 것도 있습니다.

02 단색 레진 성형
컬러 레진 성형과 달리 단색으로 성형된 키트입니다. 성형색은 흰색이나 아이보리가 일반적인데, 피부색이나 핑크색인 경우도 있습니다. 캐릭터 피규어 키트에는 사용하지 않지만, 메카닉 계열 키트에는 회색이나 검정색 등도 사용합니다.

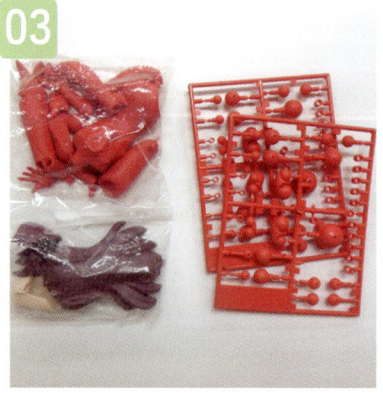

03 가동식
관절 부분에 폴리캡이나 볼 조인트를 사용해서 자유자재로 포즈를 잡을 수 있는 키트입니다. 폴리캡이나 볼 조인트가 들어가기 때문에 부품 분할이 복잡해지고 부품 수도 많아집니다. 그만큼 조립과 도색 난이도도 높아집니다.

04 포즈 고정식
관절 부분이 가동하지 않는 키트입니다. 가동식으로 만들 때보다 부품 수나 구성이 간단하지만, 포즈 고정식이라도 장비품이나 장식품 등이 많으면 부품 수가 늘어납니다. 완전한 고정식과 부품 교체로 포즈나 의상을 변경할 수 있는 것들이 있습니다.

레진 키트 분류도

먼저 메이커제와 아마추어제로 크게 구분됩니다.
그리고 주형 방식으로 구분하면
①수제 성형(상온, 상압)
②업자 성형(원심 주형, 진공 탈포)로 구분됩니다.
마지막으로 상품 사양으로 구별하면
①컬러 레진 성형 키트
②단색 성형 키트
③포즈 고정식 키트
④가동식 키트로 구분됩니다.

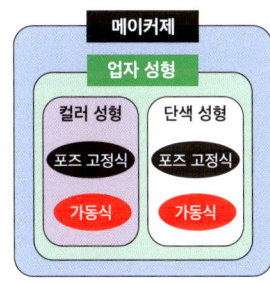
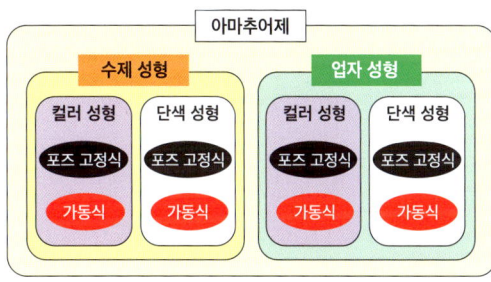

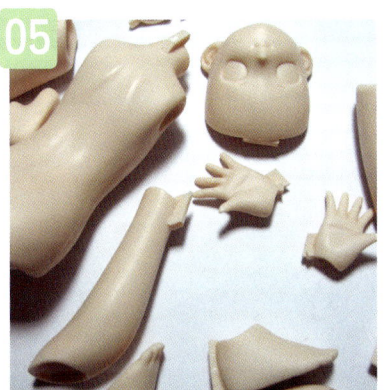

메이커제

기업이 제작하고 판매하는 레진 캐스트 키트입니다. 정식 판권 허가를 받고 제작하며, 매장이나 인터넷 등에서 구입할 수 있습니다. 양산은 자사 공장과 전문 틀 제조 업자가 행하며, 부품 성형 상태도 깔끔합니다.

아마추어제(업자 성형)

원형 제작까지는 아마추어가 하고, 양산(복제) 작업을 전문 업자에게 위탁한 것. 원심 주형이나 진공 탈포 등의 방법으로 부품을 성형해서 기포나 이 빠진 곳이 없는 아주 깔끔한 상태입니다. 성형 상태만 따지면 메이커제와 동등합니다.

아마추어제(수제 성형)

업자에게 의뢰하지 않고 직접 틀 짜기, 주형을 합니다. 업자 성형과 비교해서 부품의 상태가 나쁜 경우가 많습니다. 이런 키트를 구입할 때는 주의가 필요합니다. 진공 탈포기를 사용하거나 복제 작업 기술이 좋아서 깔끔한 부품을 판매하는 아마추어 딜러도 있지만 소수입니다.

선택 방법① 부품 수

부품 수가 많으면 작업량도 많고 힘들어집니다. 단, 부품 수가 적어도 구분 도색할 곳이 많으면 마스킹이나 붓칠 등의 작업이 늘어나서 도색하는 수고가 많아집니다. 가장 난이도가 낮은 것은 「부품 수가 적고 구분 도색할 곳도 적으며 색 구분 선에 맞춰서 부품이 분할된 키트」입니다.

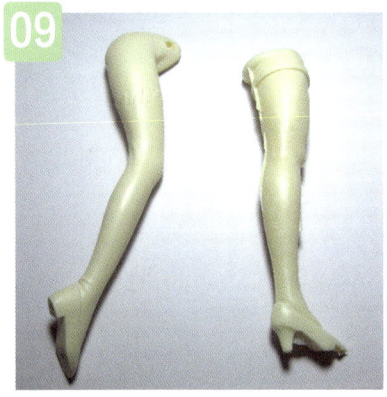

선택 방법② 성형 상태

주형 방식으로는 ①상온, 상압(수제 성형), ②원심 주형, ③진공 탈포로 구분됩니다. ②와 ③은 업자가 만든 깔끔한 성형품입니다. 또한 ②와 ③은 부품 형태에 따라 구분해서 사용하다 보니, 하나의 키트에 양쪽이 다 들어 있는 경우도 있습니다. 처음에는 「업자 성형」을 추천합니다.

선택 방법③ 가동 유무

부품 수에서도 얘기했지만, 가동식 키트는 관절이 들어가기 때문에 부품 숫자가 많아집니다. 무가동에 비교하면 작업량이 많아질 수밖에 없습니다. 도색할 경우에 간단한 것은 무가동 키트지만, 가동식이라도 컬러 레진 성형 키트를 도색 없이 완성하는 경우에는 난이도가 낮아집니다.

제1장
레진 키트란?

CHAPTER
03

레진 캐스트 키트는 어디서 살 수 있지?

전 페이지까지 레진 키트가 어떤 것인지에 대해 알아봤습니다. 다양한 상태의 조립식 피규어가 있다는 것도 알았습니다. 그렇다면 「이것들을 사서 조립하고 싶어!」라고 생각했을 때, 대체 어디서 사야 좋을까요? 메이커제 키트가 갖고 싶을 때와 아마추어가 만든 레어 키트를 갖고 싶을 때의 구입 장소가 다릅니다. 어디서 어떤 피규어를 구하기 쉬운지에 대해 알아보겠습니다.

피규어 전시 판매 이벤트

「원더 페스티벌」이나 「트레저 페스타」 등의 피규어, 모형 전시 판매 이벤트에서 입수하는 것이 가장 확실한 방법입니다. 실제로 상품이나 완성 샘플을 보고 구입할 수 있어서 안심할 수 있습니다. 특히 원더 페스티벌은 규모도 가장 크고, 다양한 장르 캐릭터의 레진 캐스트 키트가 발매돼서, 생각지도 못한 캐릭터의 피규어를 구입할 수 있을지도 모릅니다.

전문점, 하비샵

한때의 개러지 키트 붐 시절과 비교하면 매장도 취급 제품 수도 줄었습니다. 매장에 따라 다소 차이는 있겠지만, 메이커제 상품이라면 비교적 입수하기 쉬울 것입니다. 「보크스」나 「카이요도」 등의 피규어 메이커 상품이라면 직영점에서 구입하는 것이 확실합니다. 어쨌거나 입하 수량이나 종류가 한정돼 있으니 주의해야 합니다.

<구입할 수 있는 키트>
·메이커제 최신 키트
·아마추어 딜러의 최신 키트 또는 재판 키트
·과거에 판매된 메이커제 중고 키트

<구입할 수 있는 키트>
·메이커제 최신 키트
·메이커제 재판 키트
·메이커제 과거 판매 키트의 재고

해적판에 주의!

레진 캐스트 키트는 원체 생산 수가 적습니다. 원하는 사람의 수가 판매 수보다 많으면 구입하지 못하는 사람이 생깁니다. 구입하지 못한 사람은 옥션이나 중고 샵 등에서 프리미엄이 붙은 가격으로 구입하는 수밖에 없습니다. 이렇게 이벤트에서 판매된 입수하기 힘든 인기 피규어는 전매되면서 몇 배~몇십 배의 가격이 붙게 됩니다. 이렇게 비싸게 거래되다 보면, 입수한 레진 캐스트 키트를 원형으로 틀을 떠서 새로 복제한 레진 캐스트 키트를 판매하는 경우도 발생하는데, 이것이 소위 말하는 해적판입니다. 레진 키트를 제작해서 판매한 사람의 허가 없이 멋대로 복제하는 것은 위법이고, 원래 키트와 다르기도 하며, 캐릭터의 권리를 보유한 판권원의 허가도 받지 않았기 때문에 이중으로 위법입니다. 또한 복제를 또 복제하면서 열화되어 원래 키트와 비교하기 힘든 정도로 조악해지는 경우도 있다고 합니다. 갖고 싶은 마음은 알겠지만, 잘 알아보고 해적판을 구입하지 않도록 주의했으면 합니다.

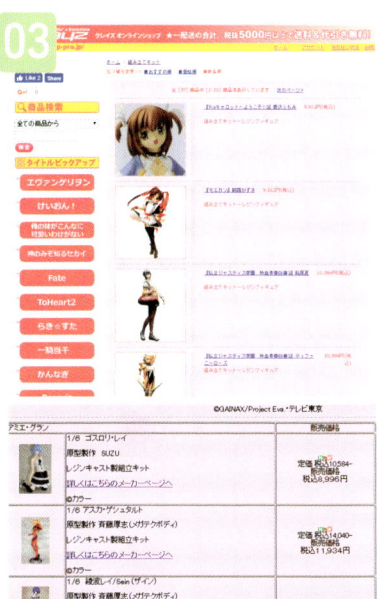

인터넷 샵 등

피규어 메이커가 운영하는 온라인 샵이라면 해당 회사의 키트를 확실하게 구할 수 있습니다. 「웨이브」 등의 온라인 샵 온리 메이커나, 실제 매장도 있는 「보크스」, 「카이요도」 등도 있지만, 대표적인 것은 「크레이즈」나 「사토미 디자인」 등이 있습니다. 개인적으로 허가를 받고 통신판매를 하는 케이스나 오리지널 캐릭터의 키트를 판매하는 회사도 있습니다. 또한 다음 항목과 겹칩니다만, 중고 샵에서 온라인 판매를 하는 경우도 있습니다.

<구입할 수 있는 키트>
· 메이커제 최신 키트
· 메이커제 재판 키트
· 메이커제 과거 판매 키트의 재고
· 아마추어 딜러의 최신 키트나 재판 키트

중고 샵

레진 캐스트 키트를 전문적으로 취급하는 매장과, 완구나 애니메이션 굿즈를 판매하는 매장에서 취급하는 경우가 있습니다. 「만다라케」나 「리버티」 등입니다. 약간 오래된 키트를 입수하기 좋고, 잘 이용하면 싸게 구할 수도 있습니다. 키트의 상태를 확인할 수 있는 곳에서 구입하는 것이 좋습니다.

<구입할 수 있는 키트>
· 메이커가 과거에 판매한 키트
· 아마추어 딜러가 이벤트에서 판매한 키트

인터넷 옥션

꼭 구하고 싶은 키트가 있다면 인터넷 옥션에서 낙찰 받는 것도 방법입니다. 배송료가 들거나 프리미엄이 붙는 경우도 있어서, 싸게 구할 수는 없습니다. 또한 상품의 상태를 확인할 수 없다는 위험부담도 있으니, 정말 갖고 싶은 것이 아니라면 권하지 않는 방법입니다.

<구입할 수 있는 키트>
· 메이커제 최신 키트
· 메이커가 과거에 판매한 키트
· 메이커제 재판 키트
· 메이커제 과거 판매 키트의 재고
· 아마추어 딜러가 이벤트에서 판매한 키트
· 아마추어 딜러의 최신 키트나 재판 키트

제1장
레진 키트란?

CHAPTER 04
피규어 판매 이벤트에 가보자

앞에서 피규어를 살 수 있는 곳으로 소개한 「피규어 전시, 판매 이벤트」. 어떤 이벤트가 언제 어디서 열리는지, 어느 정도 규모인지를 소개하겠습니다. 큰 이벤트는 거의 일본의 수도권에서 개최돼서 지방에서는 가기 힘들 수도 있지만, 소규모 행사는 지방에서도 열리는 경우가 있습니다. 근처에서 개최될 때는 물론이고, 큰마음 먹고 수도권으로 가보는 것도 추천합니다. 이런 이벤트는 레진 캐스트 키트를 구입하는 것은 물론이고, 조립하고 색을 칠한 레진 키트의 완성품을 실제로 볼 수 있는 좋은 기회입니다. 꼭 한 번 가보시기를 권합니다.

원더 페스티벌(원페)

개최 시기	: 여름(7월), 겨울(2월) 연 2회
장소	: 마쿠하리 멧세 국제 전시장 / 치바현
출전자 수	: 1,872(2016년 여름 개최 당시)
방문객 수	: 52,141(위와 같음)
주최	: 카이요도

유명한 세계 최대의 피규어 제전. 찬찬이 둘러보면 하루 만에 둘러보기 힘들 정도. 첫 개최는 1984년. 제네럴 프로덕츠 오사카점에서 딜러 수 약 10이라는 규모로 시작. 1985년부터 도쿄 도립 산업무역 센터로 옮겼고, 그 뒤에 도쿄 국제 견본시 회장, 아리아케 도쿄 빅사이트를 거쳐서 현재는 마쿠하리 멧세에서 개최하고 있습니다. 당초 주최는 제네럴 프로덕츠. 1992년 여름부터 카이요도가 주관하고 있습니다.

트레저 페스타

개최 시기	: 5월, 10월, 12월 연 3회
장소	: 아리아케 도쿄 빅사이트(5, 12월) / 고베 국제 전시장(10월) / 고베
방문객 수	: 3~4,000(2016년 5월 아리아케)
주최	: 그리폰 엔터프라이즈

첫 개최는 2009년 2월 마쿠하리 멧세에서. 그 뒤로 아리아케, 고베에서 개최. 고베는 몇 안 되는 간사이 지역에서 개최되는 이벤트. 천천히 둘러볼 수 있고, 거의 줄을 서지 않아도 구입할 수 있습니다. 행사장 내에 있는 보물 상자 찾기나 피규어 체험교실, 지뢰 제거를 위한 자선 경매 등을 개최합니다.

과거에 있었던 피규어 이벤트

예전에는 그밖에「월드 하비 페스티벌(WHF)」,「하비 콤플렉스(하비콤)」등의 이벤트도 있었습니다. WHF는 1999년 12월에 시작해서 2008년 5월에 종료했습니다. 놀라운 것은 도쿄 외에 삿포로, 요코하마, 나고야, 오사카, 고베, 하카타 같은 각 도시에서 개최됐다는 점. 또한 1년 동안에 여러 번 개최됐습니다. 이것은 주최자인 에스이가 동인지 판매회 등의 노하우를 피드백한 결과로 여겨집니다. 한편 하비콤은 2007년 9월에 시작. 도쿄, 오사카, 고베에서 개최. 이쪽은 아트 스톰에서 주최. 피규어 메이커에서「슈퍼 페스티벌(슈페스)」도 개최했습니다. 슈페스에서 개러지 키트 마켓을 분리하는 형태로 시작했지만, 2009년 9월, 12월에 예정돼 있던 행사가 중지되고 2009년 6월에 종료됐습니다.

03

하비 라운드

개최 시기 : 봄(5월), 겨울(12월)
장소 : 아리아케 도쿄 빅사이트
출전자 수 : 400(2016년 5월 개최 당시)
방문객 수 : 10,000(위와 같음)
주최 : 보크스

첫 개최는 2009년 5월. 아키하바라 히로세 무선 전기의 이벤트 부스에서. 그 뒤에 이케부쿠로 선샤인시티 전시 홀과 도쿄 도립 산업 무역 센터 하마마츠초관에서 개최. 최근에는 도쿄 빅사이트에서 돌즈 파티와 합동으로「조인트 페스티벌」로 개최되고 있습니다. 보크스의 신제품 발표와 선행 발매, 캬라구민 교실 등을 실시. 판매 코너도 충실해서 기존 레진 키트를 입수하기가 쉽습니다. 아마추어는 물론이고 학교나 메이커의 출전 부스도 있습니다.

04

C3 TOKYO(구「캐러하비」)

개최 시기 : 8월 하순
장소 : 마쿠하리 멧세 국제 전시장 / 치바현
출전자 수 : 248(2015년 개최 당시)
방문자 수 : 58,500(위와 같음)
주최 : C3TOKYO 실행위원회

반다이 출판부와 하비 재팬이 공동 개최하는 「재팬 판타스틱 컨벤션」과 「하비 EXPO」, 미디어웍스가 주최하는 「C3」가 통합되며 현재의 명칭이 됐습니다. 「기동전사 건담」관련 당일 판권물이 허락되는 유일한 이벤트지만, 당일 판권물 판매보다 스테이지 이벤트 등의 전시 쪽이 메인이라는 느낌입니다. 개최 기간은 이틀이지만, 개러지 키트 판매는 그중 하루뿐.

05

기타

■「개러지 웍스 커뮤니케이션」
개러지 키트를 중심으로 크래프트, 창작 등의 「만들기」를 테마로 하는 이벤트. 2004년 첫 개최. 현재는 오사카 난바 미도스지 홀에서 연 1회 개최.

■「슈퍼 페스티벌」
아트 스톰이 주최하는 완구 전시, 판매 이벤트. 1992년 첫 개최. 현재는 도쿄 과학기술관에서 연 3회 개최. 수입 완구나 괴수 소프트비닐 등이 메인이지만 개러지 키트도 판매합니다.

■「AK-GARDEN」
가동, 소형, 영역 횡단, 창작계의 4가지 테마를 축으로 하는 입체전 이벤트. 2011년 첫 개최. 도쿄도 산업무역 센터 다이토관에서 개최.

그 밖에「CGM 마켓 플레이스」나「크리에이터즈 카니발」(현재 중지 중) 등도 있습니다.

제1장
레진 키트란?

CHAPTER **05**

레진 캐스트 키트가 나오기까지

레진 캐스트 키트는 대체 어떻게 만들어지는 걸까요. 실리콘으로 틀을 만들고 거기에 레진 캐스트를 부어서 만듭니다. 메이커제 키트도 규모나 사용하는 도구만 다를 뿐, 거의 같은 방법으로 만들어집니다. 레진 캐스트 키트가 나올 때까지의 공정을 몰라도 피규어를 조립하고 도색할 수는 있지만, 알아두면 부품 다듬기나 디테일 향상의 필요성에 대한 이해가 깊어지게 될 것입니다.

01 유점토에 고정

원형을 절반만 유점토에 고정합니다. 이것은 틀의 분할 라인을 이상적인 위치로 만들기 위한 과정입니다. 물론 고정하기 전에 어떻게 배치할 것인지, 어떤 방향으로 고정할 것인지 등을 결정합니다. 또한 틀에 수지를 넣기 위한 구멍이나 수지가 흐르는 통로 등을 생각하고 배치합니다.

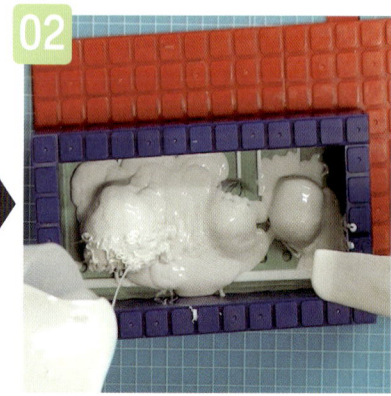

02 실리콘 붓기

원형을 점토에 고정하면 주위를 틀로 둘러싸고 실리콘을 부어줍니다. 실리콘은 경화제와 섞은 뒤에 부어줍니다. 경화될 때까지 6~8시간 정도 걸립니다.

03 유점토 벗기기

실리콘이 굳으면 뒤집어서 유점토를 벗겨줍니다. 원형이 실리콘에서 빠지지 않게 주의해서 벗기고, 틈에 남은 점토를 주걱 등으로 조심해서 제거해줍니다.

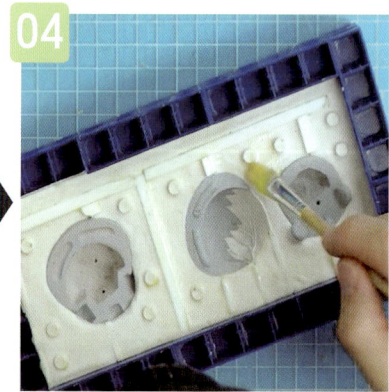

04 이형

실리콘 위에 실리콘을 부으면 단단하게 달라붙습니다. 그렇게 되면 굳이 유점토에 고정해서 분할면을 만든 의미가 없어지게 됩니다. 그래서 이형제를 발라서 붙지 않게 해줍니다.

원형 제작

점토나 퍼티 등을 이용해서 피규어를 처음부터 만듭니다. 원형 제작 방법은 책들도 많이 나와 있으니 그쪽을 참고해주세요. 최근에는 컴퓨터로 3D 데이터를 제작하고 3D 프린터로 출력하는 방법도 보급되고 있습니다. 여담이지만 피규어를 복제할 때 비로소 원형이라고 부릅니다. 복제하지 않은 피규어는 원형이 아니라 원 오프 피규어입니다.

반대편 실리콘 붓기

이형제를 바른 뒤에 틀을 추가하고 반대쪽에 실리콘을 부어줍니다. 다 부은 뒤에 굳을 때까지 기다립니다.

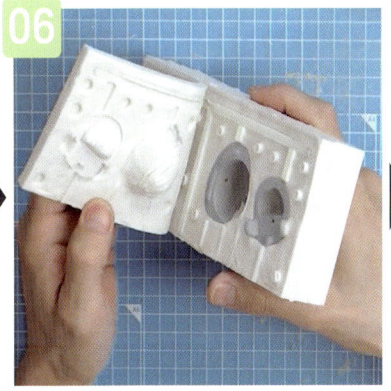

틀 가르기

실리콘이 굳으면 형틀을 빼고 천천히 갈라줍니다. 이형제를 잘 발랐다면 깔끔하게 갈라집니다. 이렇게 만든 틀을 「양면 틀」이나 「이면 틀」이라고 합니다.

원형 빼기

원형은 실리콘 틀 중에 한쪽에 붙어 있습니다. 원형을 틀에서 빼줍니다. 레진이 흐를 통로나 공기를 뺄 구멍을 만들면 틀이 완성됩니다.

클램핑

틀을 맞추고 주형재가 새어 나오지 않도록 고무밴드나 테이프를 둘러서 고정합니다. 이것을 「클램핑」이라고 합니다.

주형

레진 캐스트 A액과 B액을 혼합하고 주입구에 흘려 넣습니다. 혼합하고 경화되는 시간이 의외로 짧으니, 빨리 넣어야 합니다.

완성

혼합한 레진 캐스트는 5~20분이면 굳어집니다. 레진이 굳으면 틀에서 빼줍니다. 이 뒤에 완성된 부품을 설명서 등과 함께 봉투나 상자에 넣어주면 레진 캐스트 키트가 완성됩니다.

COLUMN 01 — 개러지 키트와 레진 캐스트 키트의 관계

이 책에서는 개러지 키트라는 말이 나옵니다. 「개러지 키트란 마니아용으로 소수 생산된 레진 캐스트 키트」라고 설명하기도 하는데, 잘못된 설명입니다. 그렇다고 완전히 틀린 말도 아니라는 것이 귀찮은 점입니다.

개러지 키트라는 것이 마니아용 소수 생산 키트라는 말은 틀리지 않았습니다. 하지만 레진 캐스트제에 한정되는 것은 아닙니다., 소프트 비닐제도 있고, 화이트 메탈제도 있으며, 프라판을 버큠 폼으로 성형한 것이나 종이로 만든 페이퍼 크래프트도 개러지 키트에 포함됩니다. 레진 캐스트 키트는 개러지 키트 중의 한 장르이지, 레진 캐스트 키트=개러지 키트는 아닙니다. 오른쪽 표를 보면 쉽게 이해할 수 있을 것입니다.

그리고 또 하나. 이것은 정신적인 부분인데, 일반 상품과의 차이입니다. 개러지 키트는 대형 메이커의 매스 프로덕트 제품에 대한 카운터로서 탄생했습니다. 「애들용 상품밖에 없다」든지 「주요 캐릭터만 상품화된다」는 이유로, 자신이 직접 상품화한 것이 개러지 키트입니다. 그래서 그 반골정신이 없으면 개러지 키트라고 부를 수 없습니다. 그래서 대형 메이커에서 발매되는 키트는 레진 캐스트제 키트이기는 해도 개러지 키트는 아닙니다. 반대로 인젝션 성형(소위 플라스틱 모델 키트와 같은 생산방법)이라고 해도, 위와 같은 정신으로 만들었다면 개러지 키트입니다. 하지만 최근에는 예전의 개러지 키트 메이커가 완성품이나 프라모델을 발매하는 대형 메이커로 성장한 경우도 있어서, 개러지 키트의 경계선이 애매해졌습니다.

개러지 키트

버큠 폼 키트
열을 가해서 부드러워진 플라스틱 판을 틀에 눌러줍니다. 이때 청소기 등으로 사이의 공기를 빼내고 딱 밀착하게 해서 성형합니다. 남은 부분을 잘라내고 부품을 사용합니다.

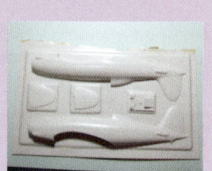

레진 캐스트 키트
실리콘 틀에 레진 캐스트(무발포 폴리우레탄 수지)를 흘려 넣어서 제작한 부품으로 구성된 키트. 현재 가장 많이 남아 있는 개러지 키트의 형태입니다.

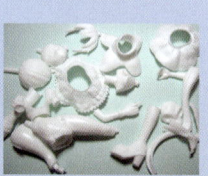

메탈 캐스트 키트
내열성 실리콘에 녹인 화이트 메탈(아연과 주석 합금)을 부어서 제작한 부품으로 구성된 키트. 지금도 자동차 키트나 밀리터리계 미니어처 키트로 남아 있습니다.

소프트비닐 키트
소프트비닐이라고 부르는 PVC 수지로 만든 부품으로 구성된 키트. 개인 생산은 불가능하지만, 비교적 값싸게 개발할 수 있어서 여명기의 개러지 키트를 지탱했습니다.

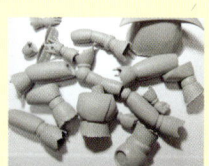

인젝션 키트
금속 틀에 녹인 스티롤 수지를 고온 고압으로 주입해서 제작하는 「사출 성형」으로 만들어진 부품으로 구성된 키트. 소위 말하는 일반적인 프라모델입니다.

페이퍼크래프트 키트
말 그대로 종이로 만든 키트. 인쇄소에 주문하지 않아도 가정용 프린터로 인쇄해서 생산 가능. 또한 구입자도 가위나 칼, 풀(접착제) 등이 있으면 조립할 수 있어서 문턱이 낮은 편입니다.

제2장
컬러 레진 키트를 만들자

프라모델
조립하는 것과 똑같습니다!

자, 드디어 레진 캐스트 키트 조립입니다. 제1장에서 설명한 것처럼 본격적인 레진 캐스트 키트는 전체를 도색해서 만들어야 하는 난이도가 높은 물건입니다. 그래서 이번 장에서는 컬러 레진 캐스트로 성형된 피규어를 조립하겠습니다. 컬러 레진 키트는 최근의 캐릭터 프라모델과 마찬가지로 색이 구분된 부품으로 구성된 키트입니다. 기본적인 컬러링은 성형색을 살리고, 거기에 씰을 붙이거나 부분적으로 도색해서 완성합니다.

실제로 작업해보면 부품 수가 적어서 프라모델보다 간단하게 느껴질 수도 있습니다. 뭐, 최근에는 프라모델을 만들어본 적도 없는 분들이 많을지도 모르겠습니다만…. 첫 레진 캐스트 키트로서 도전해보세요.

또한 제목에서는 「컬러 레진 키트」라고 적었습니다. 「컬러 레진 캐스트 키트」나 「컬러 레진 캐스트제 키트」 쪽이 정확하겠지만, 피규어 업계에서는 「컬러 레진 키트」로 통하니까, 이 명칭으로 설명하겠습니다.

01	컬러 레진 키트 제작 준비	018
02	컬러 레진 키트의 게이트 처리와 가조립	026
03	컬러 레진 키트의 부품 다듬기	044
04	컬러 레진 키트 도색	058
05	컬러 레진 키트 조립	080

제2장 ①
컬러 레진 키트 제작 준비

CHAPTER 01

만들어보자! (키트 구성)

레진 캐스트 키트는 단색(흰색이나 아이보리색)으로 성형된 부품으로 구성된 것이 많고, 제대로 완성하려면 모든 부품을 구분해서 도색해야 합니다. 하지만 최근에는 「조금이라도 간단하게 조립할 수 있도록 하자」는 메이커나 딜러의 배려에 의해 컬러 레진제 키트도 발매되고 있습니다. 이것은 거의 「본격적인 프라모델」과 「건프라 등의 색 프라」의 관계와 비슷합니다. 여기서는 입문용으로 좋은 「컬러 레진제 키트」를 사용해서 레진 키트 제작의 기본을 배워보겠습니다. 먼저 키트에 대해 알아보겠습니다. 그리고 작업을 시작하기 전에 해야 할 것들을 배워보도록 하겠습니다.

이번에 사용할 키트
보크스에서 발매된 「캬라구민」이라는 시리즈의 컬러 레진 키트로, 「치비 간단땅」이라는 오리지널 캐릭터입니다. 「캬라구민」 시리즈에는 판권 캐릭터도 다수 있으니, 그중에서 첫 레진 키트를 고르는 것도 좋습니다.

키트 내용물
「치비 간단땅」 내용물을 책상 위에 펼쳐놨습니다. 조립 설명서, 부품, 씰과 데칼 등의 부속품으로 구성됐습니다. 런너(틀)이 없는 프라모델이라는 느낌입니다. 메이커나 키트에 따라 약간 차이는 있지만 대략 이렇게 구성돼 있습니다.

조립 설명서
메이커제 컬러 레진 키트다 보니, 꼼꼼한 설명서가 들어 있습니다. 필요한 도구의 소개, 기본 공작 가이드 등도 들어 있습니다. 하지만 사진이나 일러스트로 된 부품 리스트가 없는 것이 아쉽습니다. 조립 설명을 순서대로 보면서 부품을 확인했습니다.

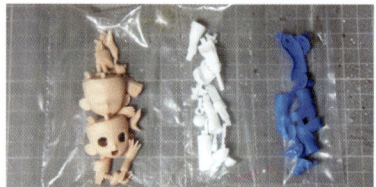

부품
같은 색 부품별로 정리돼서 봉투에 들어 있습니다. 이 키트는 흰색, 검정, 파랑, 오렌지색, 피부색 5색 부품으로 구성돼 있습니다. 여담입니다만 최근에는 색연필이나 크레파스 등에서는 피부색을 「살구색」 등으로 표기하기도 합니다.

만약 내용물이 부족하거나 불량품이 있을 경우에는

부품은 물론이고 내용물이 부족하거나 불량품이 있는 경우에는 고객센터를 이용해야 합니다. 각 메이커마다 AS 담당이 있고, 아마추어 딜러도 E-mail 등의 연락처가 조립 설명서나 패키지에 기재돼 있습니다. 단, 구입하고 2주 이내 등의 기한이 정해져 있는 경우도 있으니 주의하세요. 특히 구입하고 한참동안 쌓아뒀다가 만드는 분은 주의하세요. 나중에 만들더라도, 구입하고 바로 확인하는 편이 좋습니다.

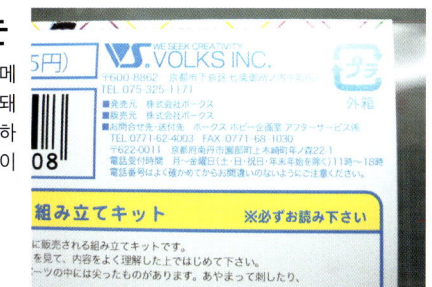

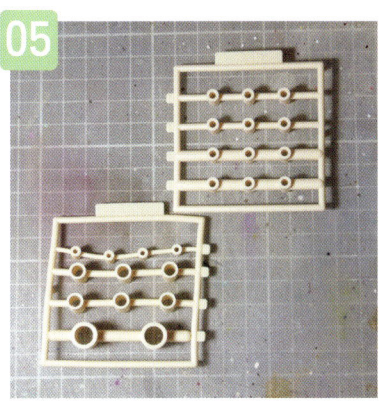

폴리캡

폴리에틸렌제 부품이고 마모에 강하기 때문에 프라모델 등의 가동 부분에 사용됩니다. 가동식 레진 캐스트제 키트에도 들어 있는 경우가 있지만, 포즈 고정식 키트에는 보통 포함되지 않습니다. 이 키트는 팔 등의 교체용으로 사용합니다.

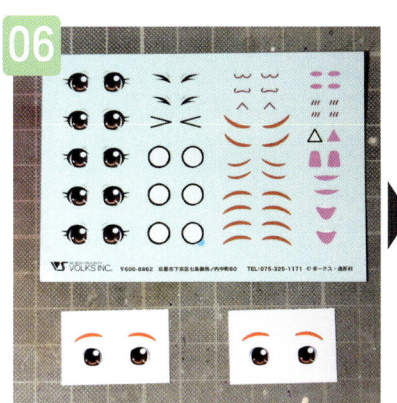

데칼, 씰

데칼도 씰도 투명한 필름에 그림이나 글자, 마크가 인쇄된 것입니다. 피규어에서는 눈 부분 등 칠하기 힘든 부분에 사용됩니다. 씰은 벗겨서 그대로 붙이기만 하면 되지만, 데칼은 물에 담가서 종이에서 분리한 뒤에 붙입니다. 슬라이드 마킹이라고도 합니다.

조립만 한 상태

원래 어느 정도 색이 구분된 키트라서 조립하고 씰만 붙이면 이렇게 됩니다. 이 정도로도 나름대로 괜찮지만, 기왕이면 완성도를 더 높이고 싶습니다. 그리고 사진으로는 알아보기 힘들지만, 게이트라는 남는 부분을 잘라낸 흔적 등도 처리하지 않았으니 손보고 싶습니다.

부분 도색으로 완성한 상태

목 부분의 방울과 아트나이프의 금속 부분, 입 안쪽을 칠했습니다. 그리고 원래 색이 있는 부분의 광택도 조정해서 보다 완성도가 높아졌습니다. 먼저 이 수준을 목표로 합니다.

제2장 ①
컬러 레진 키트 제작 준비

CHAPTER 02

공작에 필요한 도구

레진 캐스트 키트를 조립하는 데 필요한 도구는 아트나이프와 니퍼 등의 프라모델 조립에 사용하는 도구와 거의 같습니다. 이런 도구들은 가전 양판점의 하비 코너, 모형 전문점 외에 토큐핸즈나 홈센터, 미술 용구점 등에서도 구입할 수 있습니다. 싸게 구입하고 싶다면 가전 양판점의 하비 코너가 제일 좋습니다. 그 다음이 홈센터나 미술 용구점. 그런 곳에서 팔지 않는 것을 모형 전문점이나 토큐핸즈에서 구입하면 됩니다. 100엔샵에서 구입할 수도 있지만, 전문적인 도구 구입에는 추천하지 않습니다. 그리고 색을 칠하는 데 필요한 도구는 62페이지에서 소개합니다.

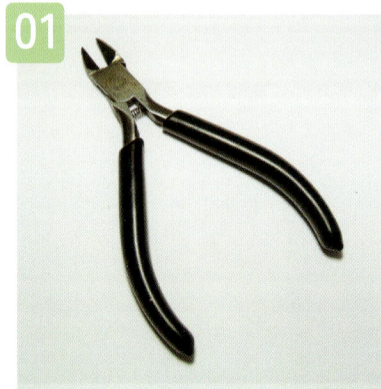

01 니퍼
게이트라고 불리는 불필요한 부분을 잘라내는 데 사용합니다. 금속용이 아니라 프라모델에 사용하는 것이면 충분합니다. 단, 레진 캐스트 키트의 게이트는 프라모델보다 굵기 때문에, 게이트 커트용 얇은 날 니퍼가 아니라 일반적인 모형용 니퍼가 좋습니다.

02 아트나이프
디자인나이프라고도 합니다(엄밀히 말하자면 날이 작은 것이 디자인나이프라서 틀린 호칭이지만). 부품의 불필요한 부분을 깎거나 자르는 데 사용하고, 마스킹 테이프나 데칼 커팅에도 사용합니다. 포함되는 직선날 외에 곡선날(사진 아래쪽)도 준비하는 것을 추천합니다.

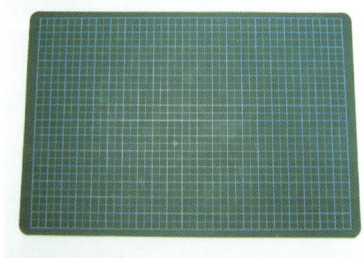

03 커팅 매트
부품 가공이나 데칼 커팅 할 때, 책상에 흠집이 나지 않게 깔아줍니다. 마스킹 테이프를 직접 매트에 붙이고 커팅하는 방법도 있습니다. 도색할 때도 책상을 더럽히지 않게 깔아주면 좋습니다. 사진은 100엔 샵에서 구입한 작은 사이즈. 따로 준비해두면 편리합니다.

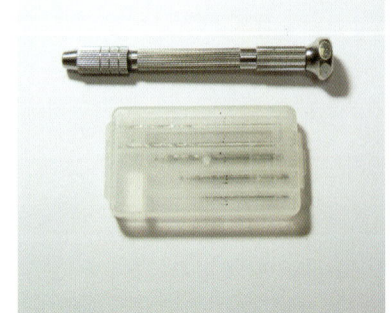

04 핀바이스
수동식 드릴. 구멍을 뚫을 때 사용합니다. 드릴 날은 교체가 가능해서 필요에 따라 다른 굵기로 사용합니다. 캡을 돌려서 풀어주고, 척에 드릴 날을 끼운 뒤에 캡을 닫아서 날을 고정합니다.

아트나이프 날 교체

날이 무뎌지면 쓸데없는 힘이 들어가서 위험합니다. 아트나이프 칼날은 일찌감치 교체해주세요. 교체할 때는 먼저 그립 부분을 돌려서 풀어줍니다. 그립을 벗길 필요는 없습니다. 풀어준 뒤에 앞에 있는 홈에 날을 꽂아줍니다. 날 끝에 손가락이 다치지 않게 조심하세요. 곡선날을 끼울 때(사진 참조)도 마찬가지입니다만, 제품에 편차가 있고 작은 나이프에는 들어가지 않는 경우도 있습니다.

05
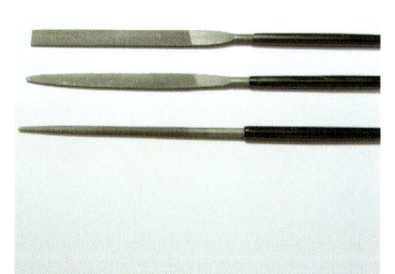

금속 줄
부품의 요철을 다듬는 데 사용합니다. 다양한 용도가 있는데, 프라모델용으로 준비하세요. 일단 평면과 반원, 원형의 기본적인 3종 세트가 있으면 됩니다. 만약 여유가 된다면 5~10개로 구성된 정밀 줄 세트를 구입하는 것도 좋습니다.

06
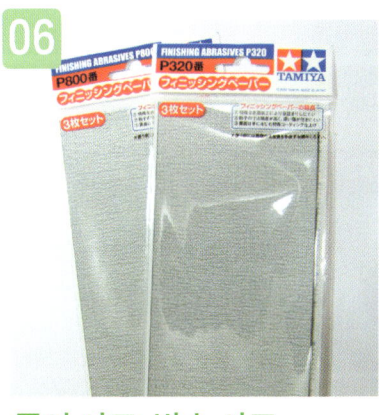

종이 사포, 방수 사포
금속 줄로 생긴 흠집을 다듬는 데 사용합니다. 또한 금속 사포가 안 들어가는 틈새나 우묵한 부분을 연마하는 데도 사용합니다. 사용 시 적당한 크기로 잘라줍니다. 또한 물에 적셔서 사용할 수 있는 것을 방수 사포라고 합니다. 방수 여부는 크게 상관없습니다.

07
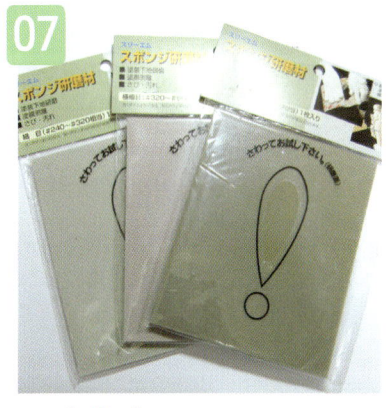

스펀지 사포
스펀지 표면에 사포를 입힌 것입니다. 종이 사포와 마찬가지로 금속 줄로 생긴 흠집을 다듬는 데 사용합니다. 이쪽도 종이 사포와 같이 잘라서 사용합니다. 종이 사포보다 곡면에 사용하기 편한 것이 특징입니다. 또한 스펀지 사포는 방수 사포와 마찬가지로 물을 적셔서 사용할 수 있습니다.

08
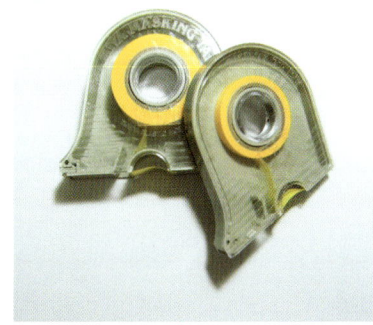

마스킹 테이프
원래는 도색할 때 도료가 묻지 않도록 붙여주는 것입니다. 도색면이 상하지 않게 접착력이 약하고, 부품을 가고정할 때에도 사용합니다. 폭은 6mm와 10mm를 준비했습니다. 사진처럼 케이스에 들어 있는 것을 먼지가 묻지 않아서 추천합니다.

09
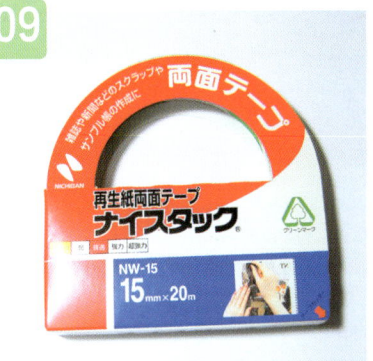

양면테이프
부품 고정이나 종이 사포를 손잡이에 고정할 때 사용합니다. 메이커는 상관없으니, 100엔샵에서 사도 문제없습니다. 단, 접착제가 부품 등에 남으면 뒤처리가 귀찮으니까 잘 묻지 않는 타입으로 사용해주세요.

10

프라봉, 프라판
스티롤 수지로 만든 봉과 판입니다. 굵기나 두께가 다양하고, 프라봉은 단면이 둥근 봉과 사각형의 각봉이 있습니다. 모두 적당한 크기로 잘라서 종이 사포를 사용할 때 손잡이로 사용합니다.

제2장 ①

컬러 레진 키트 제작 준비

CHAPTER **03**

조립하기 전에

처음 만드는 레진 키트.「빨리 조립하고 싶다, 빨리 완성하고 싶다」고 서두르는 마음과「잘 조립할 수 있을까, 완성할 수 있을까」라는 마음이 반반이겠죠. 운동하기 전에는 준비운동이 필요하고, 시합에 나가기 전에 규칙을 알아둬야 합니다. 이 항목에서는 작업을 시작하기 전에 해야 할 것을 설명합니다. 사소한 부분이지만 알아두면 손해 볼 것은 없습니다. 부품을 확인하지 않으면 꼭 불량이나 부족한 부품이 생깁니다. 귀찮더라도 꼭 실천하세요.

01 먼저 설명서를 숙독

패키지에서 내용물을 꺼내면 먼저 조립 설명서를 잘 읽어봅니다. 어떤 부품이 있는지, 어떤 것을 어떤 순서로 조립하는지 머릿속에서 시뮬레이션합니다., 실제로 조립하거나 색을 칠할 때 변경되는 부분도 있지만, 먼저 전체적인 흐름을 알고 이미지를 파악해둡니다.

02 봉투를 연다

조립 설명서를 본 뒤에 부품을 확인합니다. 그러려면 봉투에서 부품을 꺼내야 하겠죠. 비닐 봉투를 찢어서 꺼내면 부품이 파손되거나 날아갈 수도 있습니다. 부품을 아래쪽으로 모으고 흠집이 나지 않도록 가위 등으로 봉투 가장자리를 잘라 주세요.

03 부품을 꺼낸다

봉투를 열고 부품을 꺼냅니다. 떨어지지 않게 조심하세요. 부품을 꺼낸 뒤에 봉투를 버려도 되지만, 안에 작은 부품이 남아 있지 않은지 잘 확인하고 버리세요.

04 꺼내놓은 부품

분실이나 파손에 주의하며 봉투에서 꺼낸 부품을 색깔별로 모아둡니다. 이러면 설명서를 보면서 부품을 확인하기가 편합니다. 사진에서는 커팅 매트 위에 직접 올려놨지만, 높이가 낮은 상자나 쟁반에 올려두면 분실을 막는 데 효과적입니다.

커터칼로도 OK

부품이 들어 있는 봉투를 자를 때는 가위가 아니라 커터칼을 사용해도 됩니다. 단, 책상에 흠집이 나지 않게 커팅 매트 등을 깔고 하세요. 또한 부품에 흠집이 나지 않게 하려면 가위로 자를 때처럼. 부품을 봉투 한 쪽으로 모으고, 빈 부분을 커터칼로 잘라서 개봉합니다. 사진에서는 보통 커터칼을 사용했습니다. 직선으로 자를 때는 아트나이프보다 이런 커터칼이 편하기 때문인데, 자를 수만 있다면 아트나이프를 써도 됩니다.

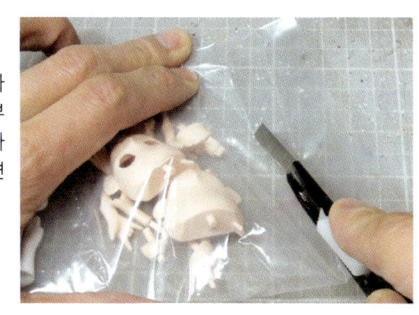

05 부품 개수 확인

기본적으로 조립 설명서에 부품 리스트가 있으니, 그것과 대조하면서 부품이 다 있는지 확인합니다. 이 키트에서는 부품 리스트가 없어서, 설명서의 조립 순서를 보면서 부품이 다 있는지 확인했습니다.

06 블록별로 확인

먼저 얼굴 부분 부품을 모아봤습니다. 얼굴은 2종류를 바꿔 끼울 수 있습니다. 눈 부분이 하얀 부품일 거라고 생각하며 찾아봤지만 안 보여서 설마 빠졌나 싶었는데, 까만 부품이었습니다.

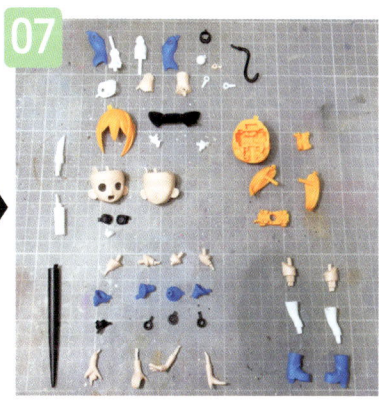

07 확인 완료

조립 설명서에 맞춰서 공정별로 부품을 늘어놨습니다. 총 52개. 일단 부족하지 않은 것 같지만 약간 불안한 구석이 있습니다. 팔과 다리의 부품입니다.

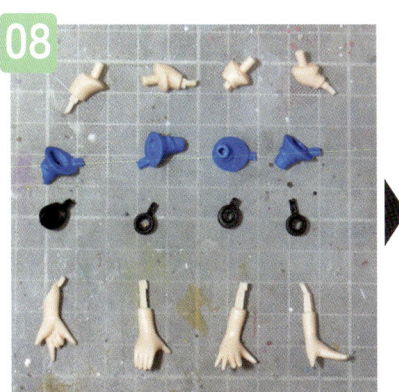

08 뭐가 뭔지

예를 들어서 이 키트는 팔 부품이 정말 많습니다. 왼손은 하나지만 오른손은 뻗은 것과 구부린 것, 그리고 아트나이프를 잡은 손까지 세 종류입니다. 그래서 비슷한 모양의 부품이 네 개씩 있는 상태…. 끼우는 부분의 모양이 다르니까, 조립하면서 확인하기로 했습니다.

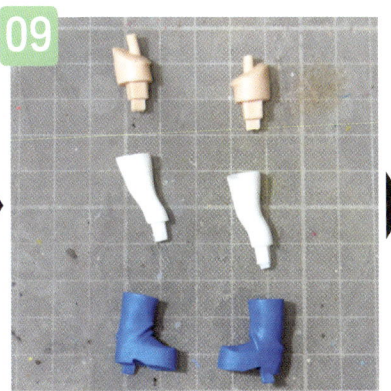

09 부족과 중복 확인!

왼손과 오른손은 바로 구분할 수 있지만, 좌우 모양이 비슷한 부품은 판단하기 어렵습니다. 좌우 대칭이나 비슷한 부품에 주의. 같은 쪽 부품이 두 개 들어 있고 반대쪽이 없는 경우도 흔합니다. 이런 경우에는 AS 센터로 연락해서 대처하세요.

10 각인도 참고

부츠 등의 부품은 잘 확인하세요. 주름 모양이 확실히 다르니 괜찮을 것 같습니다. 사진 아래는 눈 부품인데, 뒤쪽에 L, R 각인이 있어서 좌우를 구분할 수 있습니다. 이렇게 좌우를 구분하기 쉽도록 각인이 되어 있는 경우도 있으니 참고하세요.

제2장 ①
컬러 레진 키트 제작 준비

CHAPTER 04

부품에 관한 기초 지식

부족한 부품이 없는지 확인했으면 다음엔 부품 상태를 확인합니다. 그러기 위해서는 먼저 부품 각 부분의 명칭과 역할에 대해 알아야 합니다. 그리고 어떤 것이 정상인지를 알아둬서 수정과 가공의 기준으로 삼습니다. 도저히 대응할 수 없는 경우에는 불량 부품으로서 교환 받아야 할 수도 있습니다. 여기서 나오는 명칭 중에 일부는 프라모델에서도 똑같이 사용합니다. 프라모델도 틀에 수지를 흘려 넣어서 만드니까 게이트, 런너, 파팅 라인, 지느러미 등이 존재합니다.

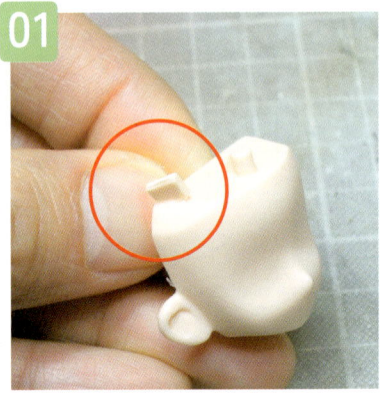

게이트
○로 표시된 부분의 돌기는 부품을 성형할 때 수지가 틀로 들어가는 입구 부분입니다. 이것을 「게이트」라고 합니다. 완성 상태에서는 불필요한 부분이라서 잘라줘야 합니다.

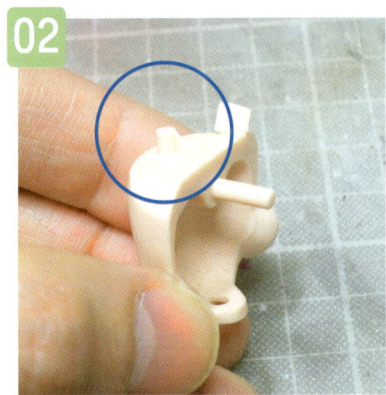

보조핀
○부분, 삼각형 판 모양 부분은 수지가 핀이나 머리카락 끝부분까지 들어가도록 만든 「보조핀」입니다. 이 부분도 부품의 원래 모양에는 불필요한 부분입니다. 게이트와 마찬가지로 잘라줍니다.

파팅 라인
부품 표면에는 「틀 접합선」이 가는 선 모양의 돌기로 남아 있습니다. 이 틀의 접합선을 「파팅 라인」이라고 합니다. 이것도 원래 부품에는 없는 부분이니 아트나이프나 줄로 매끈하게 처리해줍니다.

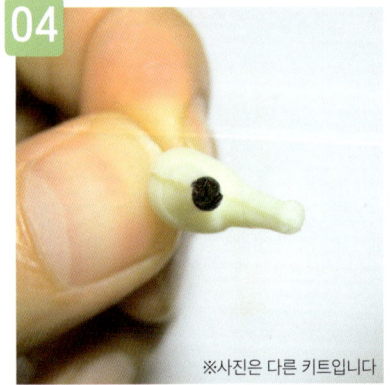

※사진은 다른 키트입니다

어긋남
틀이 잘못 물리거나 틀을 오랫동안 사용하면서 모양이 틀어지면, 파팅 라인 부분에 단차가 생기는 경우가 있습니다. 수정해서 사용해야 하지만, 너무 심한 경우에는 제조사나 딜러에 연락해서 교환받도록 하세요.

핀과 홈은 양쪽 모두 돌기

핀과 홈도 접합 부분의 돌기를 가리키는 말입니다. 전에 어디선가 「핀은 돌기고 홈은 구멍」이라는 말을 듣고 계속 그렇게 생각했는데, 알아보니 홈도 돌기 부분을 가리키는 말이고, 그 증거로 홈 구멍이라는 말이 있었습니다. 부품을 가공해서 돌기를 만들고 다른 쪽 구멍에 연결할 경우, 가공한 돌기 부분을 홈이라고 합니다. 엄밀하게 말하자면 핀은 돌기를 가리키는 말이 아닙니다. 부품 양쪽에 구멍을 내고 그것을 조인트로 이을 때, 그 조인트를 핀이라고 합니다. 그리고 핀이 들어가는 홈이 핀 구멍입니다. 피규어 용어로서는 접합부의 돌기를 핀이나 홈이라고 하는 정도로 생각하면 됩니다. 단, 홈=핀 구멍이 아니라는 점은 기억해두세요.

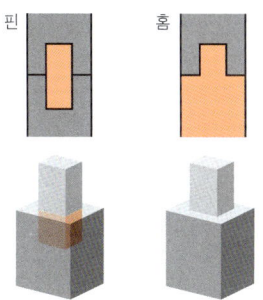

05 지느러미

틀의 이음매에 큰 틈이 있는 경우에 수지가 그곳으로 들어가서 얇은 판 모양으로 삐져나오게 됩니다. 이 삐져나온 부분을 「지느러미」라고 부릅니다. 틀 이음매 부분에 생기니 파팅 라인 위에 있습니다. 나이프나 니퍼로 잘라내고, 잘라낸 자국은 파팅 라인과 똑같이 처리합니다.

06 핀, 핀 구멍

부품을 조립할 때 위치나 방향 가이드가 되는 돌기를 「핀」이라고 합니다. 핀이 들어가는 우묵한 곳을 「핀 구멍」이라고 부릅니다. 사진의 핀은 단순한 직사각형 단면이지만, 정해진 각도로만 들어가게 사다리꼴 등의 다각형이나 L자 모양으로 된 경우도 존재합니다.

07 가는 핀

이쪽도 끼우기 위한 돌기 부분입니다. 보다 가늘고 긴 경우가 많습니다. 운송 중에 부러지는 경우도 많습니다. 도구나 재료를 이용해서 직접 수리할 수도 있습니다. 어려운 경우에는 교환 받으세요. 수리 방법은 41페이지를 참조해주세요.

08 런너

부품이 달려 있는 가지나 틀 같은 모양 부분이고, 주형재(수지)가 들어가는 길입니다. 많은 키트가 이 런너에서 떼어낸 상태로 봉투에 담아서 판매하지만, 작은 부품이나 가느다란 부품 등은 분실이나 파손을 막기 위해서 런너에 달린 상태로 봉투에 들어 있는 경우가 있습니다.

09 주입구

게이트와 같은 의미로 사용되기도 하지만, 틀에 주형재를 넣는 부분을 말합니다. 그곳으로 들어간 주형재가 런너를 통해서 부품으로 들어가다 보니 주입구가 직접 부품에 달린 경우는 없지만, 부품 위쪽에서 주형재를 넣는 「톱 게이트」라는 종류의 틀에는 부품에 주입구가 붙기도 합니다.

10 기포

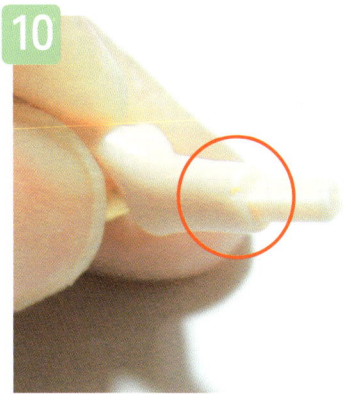

부품 표면에 디테일과 별개의 작은 구멍이 난 경우가 있습니다. 이것은 틀에 넣은 수지 속에 들어간 공기가 표면으로 나타난 것으로, 기포라고 합니다. 레진 캐스트 키트 성형에서 작은 기포는 어떻게 할 수가 없습니다. 너무 심한 경우가 아니면 불량이라고 할 수 없으니 직접 대처합니다.

제2장 ②
컬러 레진 키트의 게이트 처리와 가조립

CHAPTER **05**

먼저 게이트 처리

앞 페이지의 「부품에 관한 기초 지식」에서도 설명했지만, 부품에는 게이트라는 불필요한 부분이 달려 있습니다. 부품은 틀 안에 수지가 잘 들어갈 수 있는 방향으로 배치돼 있습니다. 그래서 조립할 때 방해가 되는 부분에 게이트가 존재하는 경우도 있고, 그 상태에서는 쉽게 조립할 수가 없습니다. 먼저 이 불필요한 게이트를 제거해서 잘 맞물리도록 가공해줍니다. 본문에도 나옵니다만 완성한 뒤에 노출되지 않는 게이트는 처음부터 아슬아슬한 곳까지 잘라도 됩니다. 단, 처음에 가조립을 해보기 전에는 어디가 노출되는지 알 수 없으니, 익숙해질 때까지는 모든 게이트를 신중하게 작업하는 쪽이 무난합니다.

01 게이트는 니퍼로 잘라낸다

부품의 불필요한 부분인 게이트. 여기서는 머리(머리카락) 정수리 부분에 있는 게이트를 예로 처리 방법을 설명하겠습니다. 완성한 뒤에도 보이는 부분이니 신중하게 처리해야 합니다.

02 니퍼 방향에 주의

날의 평평한 부분이 부품 쪽으로 가도록 대고 자릅니다. 니퍼는 게이트의 얇은 쪽을 끼우고 잘라줘야 날과 부품에 대한 부담이 적어져서 깔끔하게 잘립니다.

03 두꺼운 쪽으로 자르지 말 것

이것은 부적절한 예입니다. 이 방향으로 자르면 날이 크게 벌어지게 됩니다. 굳이 게이트의 두꺼운 쪽에 힘을 줘서 자르게 되며, 니퍼와 게이트에 부담이 갑니다. 그 결과 부품이 파이거나 갈라질 수도 있습니다.

04 게이트는 조금 남기고 자른다

조립할 때 보이지 않는 부분의 게이트라면 크게 신경 쓰지 않아도 됩니다. 하지만 표면에 노출되는 부분의 게이트를 자를 때는 너무 바짝 자르면 부품이 파일 위험이 있으니 조금 남기고 잘라줍니다. 이 사진처럼 조금 남기고 자릅니다.

눌러서 잘라도 OK!

이 부품처럼 게이트가 평평한 면에 있는 경우에는 니퍼로 자른 뒤에 커팅 매트 위에 부품을 놓고 움직이지 않도록 고정한 상태에서, 남은 게이트 부분 위에 나이프 칼날을 대고 눌러서 잘라도 됩니다. 물론 이 경우에도 조금씩 잘라냅니다.

05 니퍼로 자른 뒤엔 나이프로

남은 부분은 아트나이프로 조금씩 깎아내며 다듬습니다. 안쪽에서 바깥쪽을 향해 칼을 움직이며 깎아줍니다. 나이프 잡는 방법, 움직이는 방법은 사진 07~09를 참조해주세요. 다치지 않게 조심해서 작업하세요.

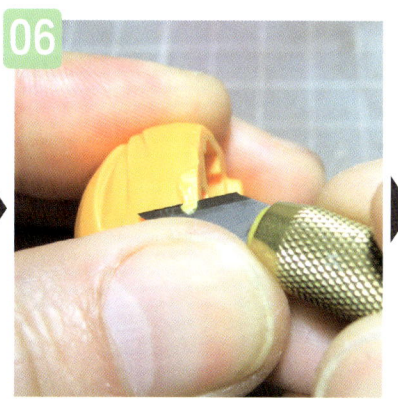

06 나이프는 편한 방향으로

또한 바깥쪽을 향해 깎는 방법도 있습니다. 자신의 편한 방향이나 게이트의 위치 등에 따라서 작업해주세요. 이 방법도 07의 잡는 방법, 08~09의 움직이는 방법을 참고해주세요.

07 나이프 잡는 방법

나이프는 연필처럼 잡아줍니다. 오른손(주로 쓰는 손)의 엄지, 집게손가락, 가운데손가락 세 개로 고정합니다. 부품은 왼손으로 꼭 잡아줍니다. 나이프를 든 손의 약손가락을 세워서 깎을 부품이나 부품을 잡은 손에 대줍니다.

08 나이프 움직이는 방법

약손가락을 댄 상태에서 나이프를 움직입니다. 이러면 나이프의 움직임이 제한되면서 칼날이 미끄러져서 손가락을 다치는 일이 줄어듭니다. 또한 양쪽 팔꿈치를 대거나 잡은 손 손바닥 측면을 책상 등에 대서 안정적으로 작업하면 좋습니다.

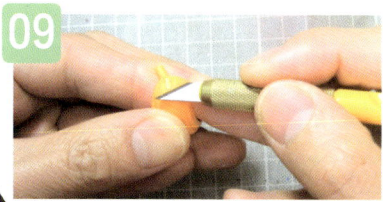

09 잡은 손 엄지손가락으로 눌러도

바깥쪽으로 깎을 때는 나이프 칼등을 잡은 손 엄지로 누르고 깎아도 됩니다. 사람에 따라서는 나이프를 미는 것보다 부품을 당기는 느낌으로 움직이는 쪽이 편할 수도 있습니다.

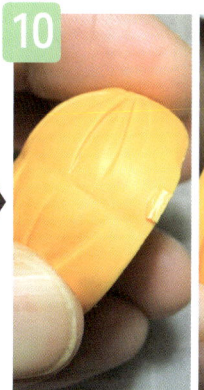

10 일단 여기까지!

니퍼로 자르고 나이프로 깎는다. 이것으로 게이트 처리의 첫걸음은 끝났습니다. 물론 조립했을 때 노출되는 부분의 게이트는 사포 등으로 연마해야 하지만, 가조립 때는 일단 여기까지면 됩니다.

제2장 ②
컬러 레진 키트의 게이트 처리와 가조립

CHAPTER 06

앞머리와 고양이 귀 조립

앞 페이지에 이어서 게이트를 처리합니다. 처음에는 한 번에 모든 부품을 하려 들지 말고, 조립 설명서에 따라서 진행하면 좋습니다. 익숙하지 않을 때는 어떤 것이 게이트인지 알기 힘듭니다. 접속 핀과 구분하기 힘들기 때문에 실수로 필요한 부분까지 자르거나, 게이트인 줄 알고 잘랐더니 사각형 양각 디테일인 경우도 있습니다. 고민되면 실제로 조립해서 확인하며 진행하는 쪽이 좋습니다.

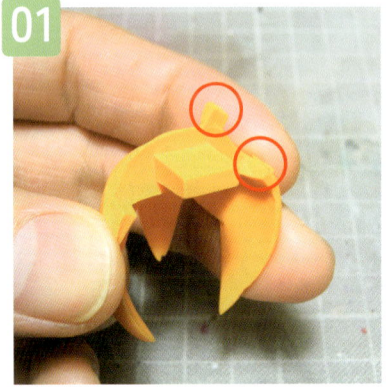

01 앞머리 부품
○로 표시한 곳이 게이트입니다. 오른쪽 아래 ○의 큰 것은 알기 쉽지만, 왼쪽 위 ○ 부분, 귀가 달리는 구멍 쪽에도 게이트가 존재합니다.

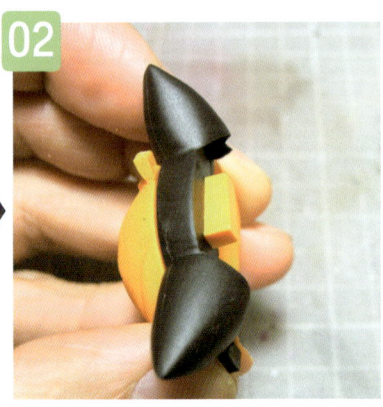

02 일단 끼워보자
이 부품에는 크고 네모난 핀이 있고, 거기에 까만 귀 부품을 끼우게 되어 있습니다. 얼핏 보면 잘 들어간 것 같지만, 끝까지 들어가지 않았습니다.

03 문제는 게이트
다른 각도에서 보면 이렇습니다. 귀 아래쪽에 있는 게이트에 걸렸습니다. 앞머리 위쪽에 있는 게이트는 의외로 부품에 닿지 않으니 일단 뒤로 미룹니다.

04 일단 먼저
먼저 앞머리와 고양이귀는 같은 핀으로 뒷머리와 연결하게 되어 있습니다. 조립 순서에서는 뒷머리와 조립하는 것이 마지막이지만, 확인을 위해서 지금 끼워보기로 했습니다.

잘라낸 게이트는 챙겨두자

니퍼로 잘라낸 필요 없는 부분이지만, 기포를 메우거나 보수할 때 사용합니다. 특히 컬러 레진 키트는 퍼티 등의 다른 소재로 보수하면 색 차이가 눈에 띕니다. 108페이지에서 소개하는 방법에서 이용할 수 있으니, 지퍼백 등에 넣어서 보관해주세요.

05 역시 문제는 게이트

여기서도 같은 부분의 게이트 때문에 잘 끼워지지 않는 걸 알 수 있습니다. 앞머리 부분보다 현저합니다. 이걸로 귀 아웃라인 형태로 잘라내도 괜찮다는 걸 알았습니다.

06 게이트를 절단

불필요하다는 걸 알았으니 니퍼로 잘라냅니다. 거듭 말하지만 약간 여유를 두고 잘라줍니다.

07 게이트 다듬기

니퍼로 자른 뒤에 아트나이프로 깔끔하게 다듬어줍니다. 니퍼로 게이트를 조금 남기고 자르고 아트나이프로 깎는다. 게이트 처리는 기본적으로 이것의 반복입니다.

08 앞머리 쪽도…

앞머리 쪽의 튀어나온 부분은 그리 크지 않아서, 처음부터 니퍼가 아니라 나이프로 깎아줍니다. 앞머리 위쪽 게이트는 딱 맞도록 해주기 위한 가공과 상관없어서 그냥 뒀지만, 이 단계에서 처리해도 됩니다.

09 이제 됐다

다듬은 뒤에 앞머리와 귀 부품을 맞춰보면 딱 맞습니다. 03 사진과 비교해보세요. 다른 각도지만 틈새가 없어진 걸 알 수 있을 겁니다.

10 뒤쪽도 OK

뒷머리와도 맞춰봤습니다. 양쪽 모두 문제없는 것 같습니다. 마찬가지로 앞머리 위쪽의 게이트와 귀 쪽 게이트도 처리했습니다.

제2장 ②

컬러 레진 키트의 게이트 처리와 가조립

CHAPTER 07

얼굴 조립

머리카락에 이어서 얼굴 부품입니다. 이 키트에는 얼굴 부품이 두 개 들어 있고 선택해서 조립할 수 있습니다. 하나는 눈, 입을 별도 부품으로 끼워주는 타입. 또 하나는 눈, 입의 디테일이 없고 데칼을 붙여서 표정을 만드는 타입입니다. 여기서는 부품 수가 많은 앞쪽을 이용해서 설명하는데, 후자에서 사용하는 평평한 얼굴도 마찬가지로 게이트나 주입구를 처리해 줍니다.

01

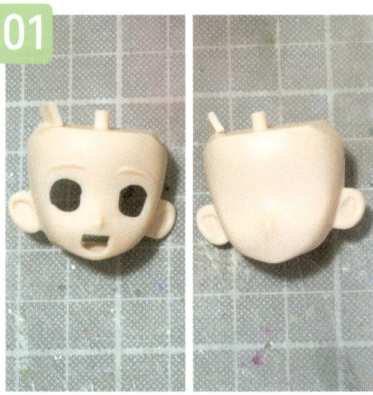

같은 부분에 게이트

눈과 입의 구멍 외에는 같은 모양이라서, 양쪽 모두 같은 부분에 게이트가 있습니다. 마찬가지로 잘라내 주세요.

02

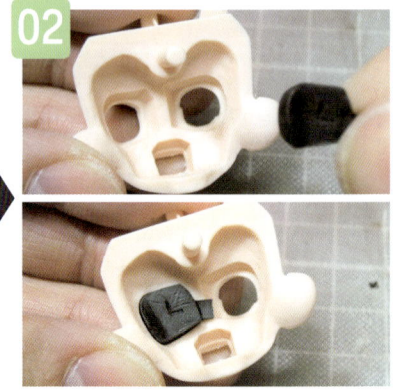

눈 부품을 끼운다

눈 부품은 얼굴 부품 안쪽에서 끼워줍니다. L, R 각인을 참고해서 끼워주세요.

03

두 눈을 끼워보니

L 각인이 있는 왼쪽 눈은 꽉 들어갔지만, R 각인이 있는 오른쪽 눈을 끼우려고 하니 잘 들어가지 않습니다. 중앙 부분에 튀어나온 부분이 닿았기 때문입니다. 이 부분은 게이트니까 잘라줍니다.

04

잘 들어갔다!

게이트를 잘라내니 닿는 부분이 없어지고 딱 들어갔습니다. 앞에서 봐도 깔끔하게 들어갔습니다.

얇은 막 모양 지느러미

구멍 부분 가장자리에 파팅 라인이 있는 경우 얇은 막 모양의 지느러미가 생기기 쉽습니다. 대부분 손으로 뜯어낼 수 있을 정도로 얇지만, 개중에는 얇은 막이 연결돼서 구멍을 막는 경우도 있습니다. 두꺼운 것은 제거할 때 나이프를 사용하고, 그 뒤에 사포로 깔끔하게 처리하세요.

05 지느러미 발견
입 안의 부품이 끼워지는 구멍 가장자리에 지느러미를 발견했습니다. 부품을 끼울 때 걸릴 것 같으니 아트나이프로 깎아줍니다.

06 깔끔하지는 않지만…
지느러미는 제거했습니다. 사포로 깔끔하게 해 줄 수도 있지만, 가조립이 목적이니 다음 공정으로 미루기로 합니다. 입 부품을 끼워보니 문제없는 것 같습니다.

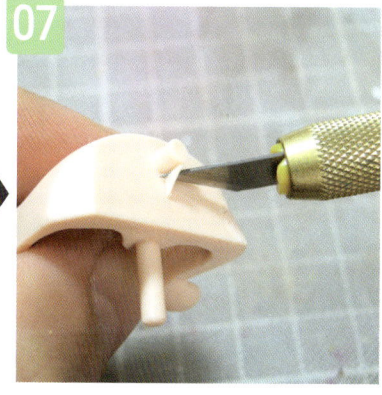

07 보조 핀 처리
핀 옆에 있는 보조 핀도 핀을 끼울 때 방해되니 잘라줍니다. 핀을 부러뜨리지 않도록, 핀과 평행 방향으로 나이프를 대고 잘라줍니다.

08 2단계로 커팅
나이프로 칼집을 넣고, 이번엔 수직 방향으로 잘라줍니다. 먼저 그은 칼집 부분까지 칼날이 들어가면 잘립니다. 잘리지 않으면 07처럼 다시 한 번 핀과 수평 방향으로 잘라줍니다.

09 니퍼로도 2단계
보조 핀은 니퍼로 잘라도 됩니다. 나이프 때와 마찬가지로 핀과 평행 방향으로 자른 뒤에, 핀과 수직 방향으로 잘라줍니다.

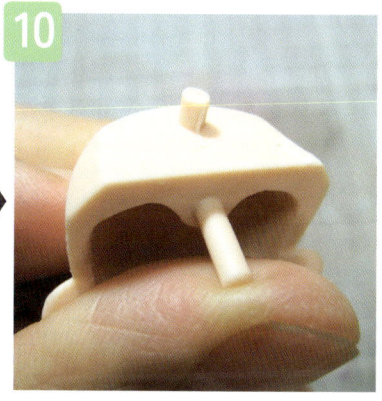

10 커팅 완료
어느 방법으로도 문제없이 잘라냈습니다. 약간 남은 부분은 나이프로 깎아내거나 사포로 다듬어줍니다. 단, 이 핀은 끼우는 핀이기 때문에 너무 많이 깎으면 헐렁해질 것 같아서 이대로 뒀습니다.

제2장 ②
컬러 레진 키트의 게이트 처리와 가조립

CHAPTER 08

뒷머리 조립

앞머리와 얼굴 다음은 뒷머리입니다. 뒷머리에는 얼굴 부품과 트윈 테일, 그리고 목을 접속하게 됩니다. 얼굴과 뒷머리 접속은 접착이 아니라 끼워 넣게 되어 있고, 두 가지 얼굴 부품을 교체할 수 있습니다. 또한 목(몸통)과 머리도 접착하지 않아서, 고개를 돌릴 수 있습니다. 또한 탈착이나 회전이 원활하도록, 축을 끼우는 부분에 폴리캡이 들어가는 구조로 되어 있습니다. 여기서는 폴리캡 가공 방법 등을 소개하겠습니다.

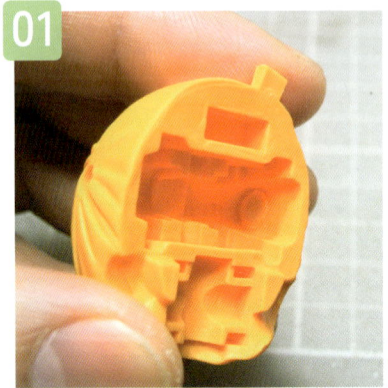

01 뒷머리에는 큰 구멍이 있다
제일 위쪽의 직사각형 구멍은 앞머리를 끼우는 곳입니다. 그 아래쪽의 큰 구멍은 트윈 테일용 폴리캡을 끼우고 고정하는 부품이 들어가는 곳입니다.

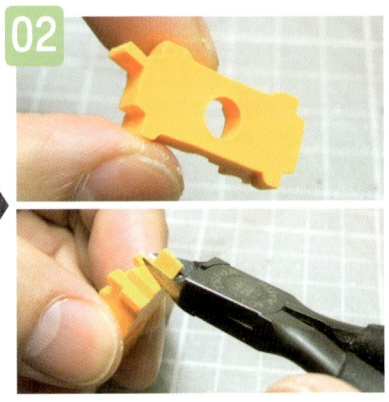

02 폴리캡 고정 부품
이 사진의 부품에 폴리캡을 끼운 뒤에 뒷머리의 구멍에 넣어서 폴리캡을 고정합니다. 그대로는 들어가지 않아서 게이트를 잘라줬습니다.

03 폴리캡을 잘라낸다
먼저 지정된 크기의 폴리캡을 런너에서 잘라냅니다. 폴리캡은 축을 약간 남기고 잘라냅니다.

04 축을 크기에 맞춰서 절단
잘라낸 폴리캡을 부품에 끼웁니다. 삐져나온 축 부분을 니퍼로 잘라줍니다. 가운데 있는 폴리캡은 얼굴을 끼우기 위한 것입니다.

드릴 날과 척의 크기가 안 맞을 때는

드릴 날의 사이즈에 맞는 척을 사용하지 않으면 날이 고정되지 않습니다. 홈이 좁아서 날이 들어가지 않거나, 캡을 조여도 날이 고정되지 않는 것은 척의 크기가 안 맞기 때문입니다. 캡을 벗겨서 척을 꺼내고, 앞뒤를 바꿔서 끼우거나 핀바이스 뒤쪽에 수납된 다른 척을 사용해서 날을 확실하게 고정해주세요. 참고로 모든 핀바이스가 이런 구조인 것은 아닙니다. 척이 한 종류만 있는 타입도 있습니다.

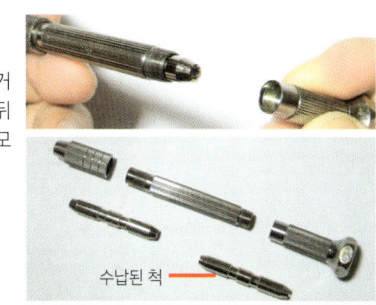

수납된 척

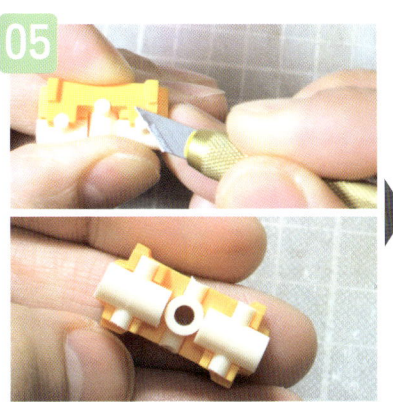

나이프도 사용해서
니퍼로 잘라낸 뒤에 남은 부분은 아트나이프로 잘라줍니다. 처음부터 나이프로 잘라도 되지만, 너무 길면 휘어져서 자르기 힘듭니다.

딱 들어갔다!
목 연결 부분에도 폴리캡이 들어가는데, 마찬가지로 가공해서 끼워줬습니다. 폴리캡 고정 부품의 게이트 부분이 완전히 보이지 않습니다. 이런 부분의 게이트는 자를 때 신경 쓰지 않아도 됩니다.

막힌 구멍은 핀바이스로 뚫자
트윈 테일 접속 구멍 한쪽이 막혀 있습니다. 이대로는 끼울 수 없죠. 가지고 있는 드릴 날을 대보니 직경 3mm가 딱 맞는 것 같습니다.

핀바이스에 드릴 날을 장착
끝부분 캡을 반시계방향으로 돌려서 풀어줍니다. 풀어지면 척에 드릴 날을 끼웁니다. 드릴 날이 잘 들어가면 캡을 시계방향으로 돌려서 조이고 고정해줍니다.

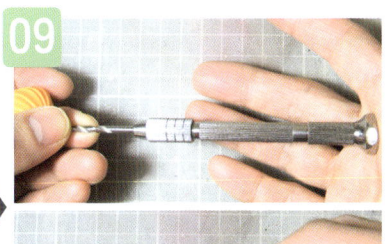

핀바이스 잡는 방법
핀바이스 뒤쪽의 원반 부분은 돌아가게 되어 있습니다. 이 부분을 손바닥의 집게손가락과 가운데손가락 뿌리 부분쯤에 대고, 핀바이스를 감싸는 모양으로 손가락을 구부립니다. 엄지, 집게, 가운데손가락 세 개로 핀바이스 본체를 지탱하듯이 잡아줍니다.

구멍 뚫기 완료!
구멍을 뚫을 부분에 드릴 끝부분을 대고 살짝 눌러주면서 엄지, 집게, 가운데손가락을 이용해 화살표 방향으로 핀바이스 본체를 돌려줍니다. 부품을 꽉 잡고, 손바닥에 댄 핀바이스 원반 부분이 밀리지 않도록 하는 것이 드릴 날을 흔들지 않고 회전시키는 요령입니다.

제2장 ②
컬러 레진 키트의 게이트 처리와 가조립

CHAPTER 09

팔다리 조립

팔과 다리 부분을 조립하겠습니다. 이 키트는 교체용 팔이 세 개나 있어서 잘 맞춰가며 조립해야 합니다. 보통 키트에서도 팔다리는 비슷한 부품이 좌우 두 개씩 있으니 주의해야 합니다. 지금까지는 확인을 위해서 조립해봤지만, 여기서부터는 게이트 처리 등의 가공을 한 뒤에 블록으로서 조립합니다. 핀을 끼우기만 해도 꽉 들어맞는 부분은 괜찮지만, 헐렁한 부분은 테이프 등으로 고정하는 수밖에 없습니다. 하지만 표면에 너무 달라붙으면 완성 상태의 이미지를 파악하기 힘들 것 같습니다. 그래서 노출되지 않는 핀 부분에 마스킹 테이프를 붙여서 조절하는 방법을 사용했습니다. 이 방법은 가조립은 물론이고 완성품의 접착하고 싶지 않은 부분에도 사용할 수 있습니다.

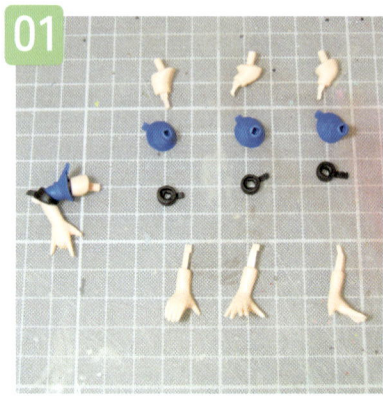

비슷한 부품은 조합해서 확인
부품을 확인할 때 숫자는 맞지만, 보기만 해서는 조합을 알 수 없었던 팔 부분입니다. 구부러진 오른손(사진 왼쪽)만은 핀 부분에 게이트가 없어서 조합할 수 있었습니다.

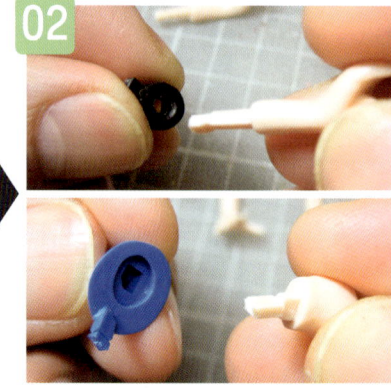

핀 끝에 게이트가!
부품 끝에 게이트가 있어서, 잘라주지 않으면 부품이 들어가지 않습니다. 단, 게이트와 핀의 경계를 알기 쉬워서 과감하게 잘라줄 수 있습니다.

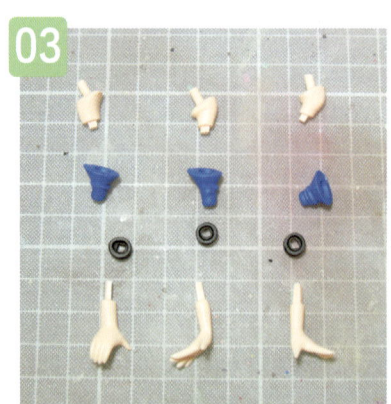

게이트 커팅 완료
모든 부품의 게이트를 잘라주고 늘어놨습니다. 하는 김에 다른 축 부분의 게이트도 처리했습니다. 어느 부품과 어느 부품을 조합하는지는 핀 모양을 보고 판단할 수 있습니다. 세 종류 핀의 굵기와 모양이 달랐기 때문입니다. 역시 메이커 제품이라고 할까요.

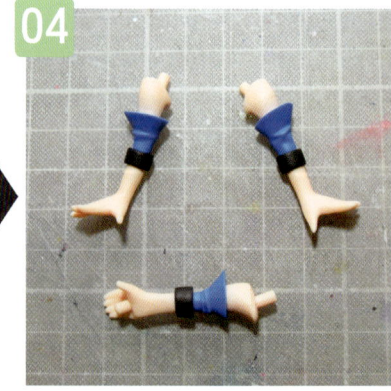

이제 퍼즐 맞추기
게이트를 처리하면 핀이 구멍에 잘 들어갑니다. 핀의 모양이 제각기 달라서, 딱 맞는 것들끼리 조합하면 이렇게 팔 세 개를 조합할 수 있습니다. 부품의 과부족은 없었던 것 같습니다.

접합부를 순간접착제로 굵게 만들자

순간접착제를 핀에 발라서 굵게 만들어 조절하는 방법도 있습니다. 이 방법의 단점은 핀에 바른 순간접착제가 완전히 마르기 전에 끼우면 나중에 빠지지 않는다는 점입니다. 그것을 방지하기 위해서라도 순간접착제용 경화 촉진 스프레이 등을 사용합니다. 또한 본격적으로 도색할 때는 핀 부분에도 서페이서나 도료가 묻게 됩니다. 그러면 도막 때문에 두꺼워져서 안 들어갈 때도 있습니다. 그것을 생각하면 가조립 때에 순간접착제로 조절하는 것은 추천할 수 없습니다. 또한 순간접착제가 묻은 부분을 다시 접착하려고 하면 접착이 잘 안 되는 경우가 많아서 일단 제거하고 다시 접촉할 필요도 있으니, 최종적으로 접착할 접합 부분을 순간접착제로 조절하는 것은 추천하지 않습니다.

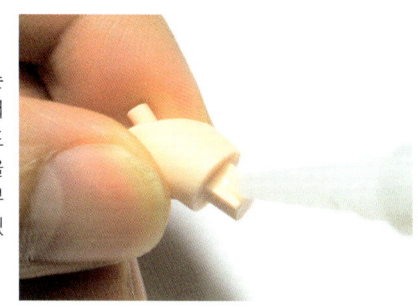

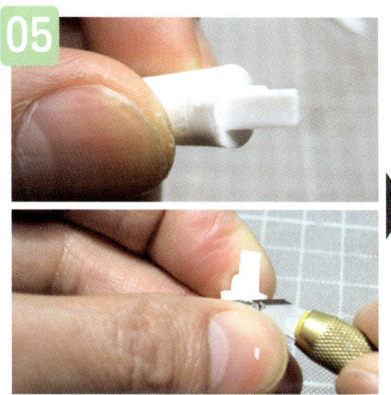

05 아트나이프 부품

이 부품도 핀 끝부분에 게이트가 있습니다. 끼우면 틈이 생기니까 다른 부품들처럼 니퍼와 아트나이프로 잘라서 잘 맞게 해줍니다. 자루 부분에 지느러미가 있어서 이곳을 나이프로 잘라줬습니다.

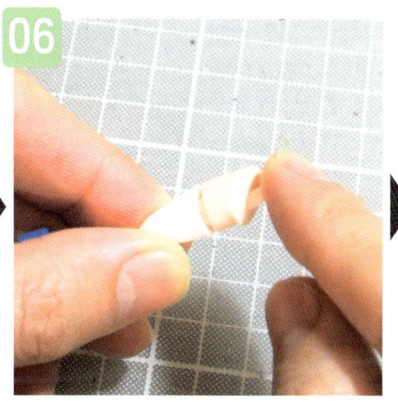

06 끼워봤는데…

다리 부품의 핀을 끼워봤는데 헐렁거려서 흔들립니다. 바로 빠지면 불편하지만, 가조립한 뒤에 다시 빼서 작업해야 하니까 접착할 수도 없습니다. 그래서 접속 부분을 굵게 해서 빠지지 않게 해줬습니다.

07 마스킹 테이프를 사용

마스킹 테이프를 적당히 빼서 커팅 매트 위에 붙여줍니다. 마스킹 테이프는 원래 도색할 때 도료가 묻지 않게 마스킹하는 테이프입니다. 하지만 접착력이 약하고 접착제가 표면에 남지 않아서, 부품 가조립 등의 작업에도 사용합니다.

08 마스킹 테이프를 자른다

나이프로 적당한 길이로 잘라주고, 나이프 끝을 이용해서 매트에서 떼어냅니다. 핀셋을 사용해도 됩니다. 가늘게 자른 마스킹 테이프 접속부를 핀에 붙여서 굵기를 조절해줍니다.

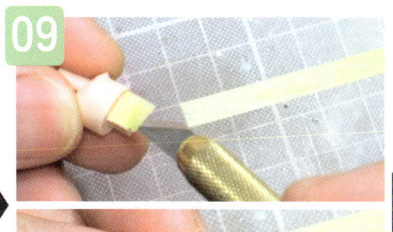

09 마스킹 테이프를 핀에 붙인다

나이프 칼날에 붙은 마스킹 테이프를 핀 부분으로 옮겨줍니다. 손가락으로 테이프를 누르고 칼날을 빼준 뒤에, 손가락으로 테이프를 눌러줍니다.

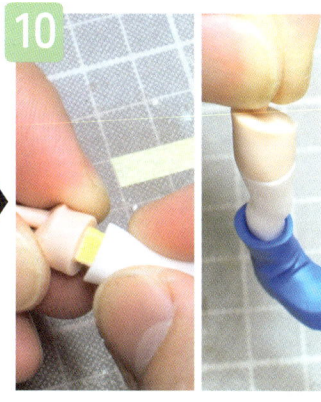

10 테이프를 붙인 핀을 끼운다

마스킹 테이프 두께만큼 틈새가 없어져서 흔들리지 않습니다. 마스킹 테이프를 붙여도 틈새가 남고 흔들리거나 바로 빠질 경우에는, 테이프를 더 붙여줍니다. 이렇게 잡아도 빠지지 않으면 OK.

제2장 ②

컬러 레진 키트의 게이트 처리와 가조립

CHAPTER 10

몸통 조립 ①

팔다리, 머리를 끼우는 몸통 부분. 머리와 마찬가지로 접속을 위한 폴리캡을 가공해서 끼워주게 되어 있습니다. 또한 피부, 팬티, 옷, 장식 등 색 구분도 많은 부분입니다. 필연적으로 많은 부품을 조합하게 됩니다. 하지만 등신이 낮은 데포르메 피규어이다 보니 부품들이 상당히 작습니다. 분실하지 않도록 신중하게 작업하세요. 부품 수가 많아서 다음 페이지까지 이어집니다.

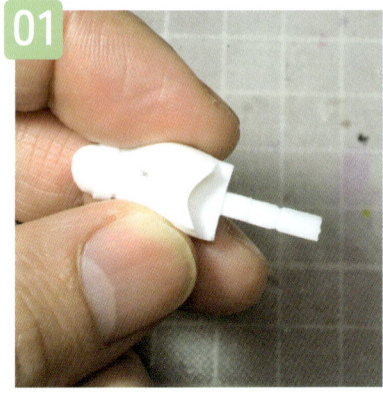

01 어디까지가 부품?

핀과 게이트 부분의 경계에 홈과 단차가 있어서 알기 힘든 경우가 있습니다만, 이 부품은 줄이 두 개 있어서 어디까지가 부품인지 모릅니다.

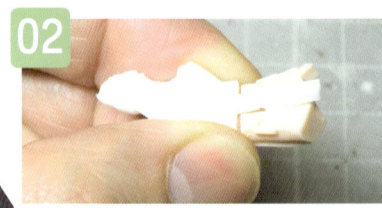

02 확인한 뒤에 절단

사진처럼 조합할 부품에 대보면 어디까지 필요한지를 알 수 있습니다. 두 개의 홈 중에 부품에 가까운 쪽까지만 필요하다는 걸 알았습니다. 그래서 그곳을 잘랐습니다.

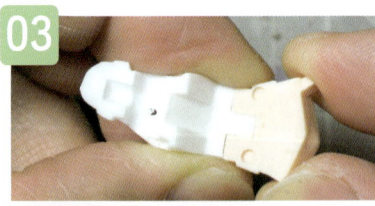

03 딱 맞았습니다!

맞춰본 뒤에 잘라서 너무 자르거나 남는 것 없이 딱 맞았습니다. 부품 바깥쪽에서 봐도 딱 맞네요.

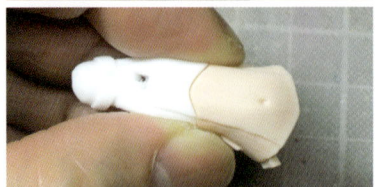

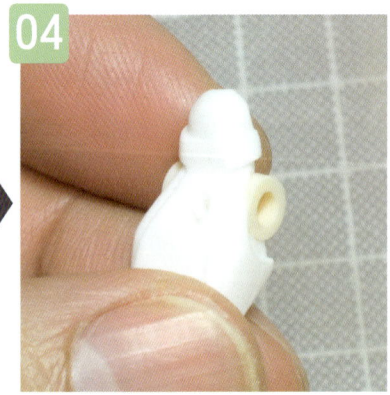

04 팔을 끼우는 부분

몸통 부품에 팔을 끼우기 위한 폴리캡을 끼웠습니다. 위고 갈수록 좁아져서 폴리캡이 삐져나옵니다.

도색도 접착도 못 합니다

이 키트의 접속 부분에 사용하는 폴리캡. 탄력이 있고 부드러운 폴리에틸렌 부품입니다. 폴리에틸렌은 가동하는 레진 캐스트 키트의 관절 부분 조인트 부품(오른쪽 사진) 등에도 사용합니다. 폴리캡과 달라서 이런 조인트 부품은 완성된 뒤에도 노출되는 부분에 사용합니다. 당연히 도색하고 싶은 경우도 있겠죠. 하지만 그 유연성 때문에 도료가 벗겨집니다. 그리고 접착제로 접착할 수도 없어서 너무 자르거나 힘을 줘서 깨지거나 핀을 부러트리지 않도록 주의해야 합니다. 키트에 포함된 폴리에틸렌 부품에는 대부분 예비가 있어서 괜찮지만, 만에 하나의 경우에는 별매품을 구입하거나 부품 구입을 해야 합니다.

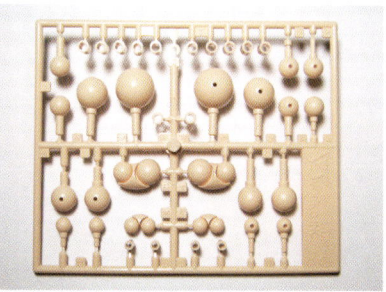

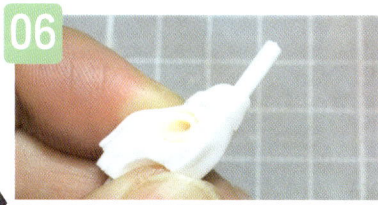

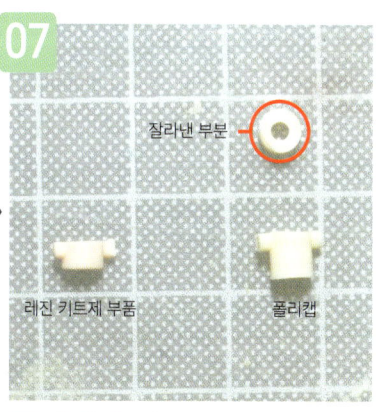

05 八자 모양으로 자른다
조립 설명서에 자르라고 되어 있습니다. 커팅 매트 위에 놓고 아트나이프로 눌러서 자릅니다. 아래 사진은 잘라낸 뒤. 가운데가 사용하는 부품, 좌우가 잘라낸 부분입니다.

06 삐져나온 곳은 나이프로
자른 폴리캡을 끼워주고, 몸통 앞뒤 부품을 맞춰보니 약간 삐져나왔습니다. 이대로는 좌우에 끼우는 부품이 뜨게 되니, 뒤쪽 부품을 빼내고 나이프로 삐져나온 부분을 깎아줬습니다.

07 폴리캡과 레진 부품
이것은 꼬리를 끼우는 데 사용하는 폴리캡입니다. 조립설명서대로 가공한 것이 오른쪽입니다. 위에 있는 것이 잘라낸 부분. 왼쪽은 폴리캡을 사용하지 않을 경우에 사용하는 레진 캐스트제 부품입니다.

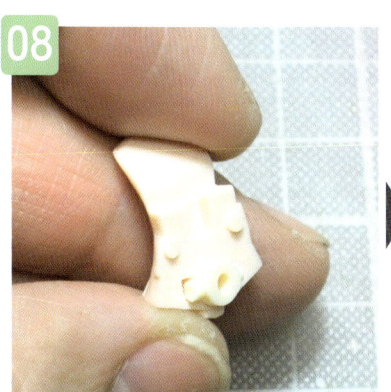

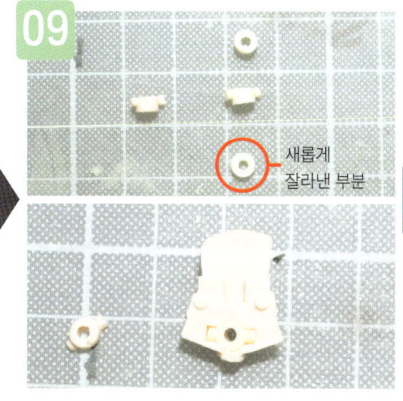

08 이럴 수가!
폴리캡이 튀어나와서, 가공한 상태 그대로 들어가지 않습니다. 앞쪽 부품에 우묵한 곳이 없이 평평해서, 이 등 쪽 부품에만 폴리캡이 전부 들어가야 합니다.

09 실물에 맞추기
그래서 레진 캐스트 부품에 맞춰서 아래쪽도 잘라줬더니 딱 들어갔습니다. 때로는 설명서에 의존하지 말고 실물에 맞춰가며 대응할 필요도 있습니다.

10 레진 부품을 선택
이것은 다리 접속부, 소위 말하는 팬티 부분 부품입니다. 여기도 폴리캡과 레진 캐스트제 부품을 선택하는 부분입니다. 다리는 교체 부품이 아니라 고정되는 부분이라서, 폴리캡이 아닌 레진 캐스트제 부품을 선택했습니다.

제2장 ②

컬러 레진 키트의 게이트 처리와 가조립

CHAPTER 11

몸통 조립 ②

폴리캡 가공이 끝나면 몸통 부품을 조립합니다. 꼭 들어맞지 않으면 게이트 자국이나 지느러미를 처리하지 않았기 때문입니다. 그런 부분은 지금까지와 마찬가지로 대처하면 됩니다. 딱 들어맞게 되면 끼우고, 고정되지 않는 부분에는 마스킹 테이프를 붙여서 고정합니다. 이번에는 간단히 마스킹 테이프를 사용했지만, 양쪽의 파란 부품에는 양면테이프를 사용하면 마스킹 테이프가 보이지 않고 깔끔한 상태로 조립할 수 있습니다. 사실은 19페이지의 비교용 무도색 완성품에는 양면테이프를 사용했습니다.

01
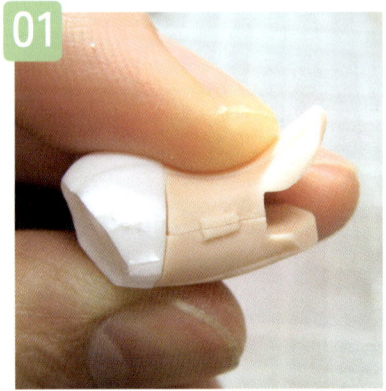

게이트가 아님

배 부품에 폴리캡을 끼운 뒤에 팬티 부품을 끼웠습니다. 피부색 부품을 결합한 면 옆에 있는 네모난 부분은, 측면 부분에 끼우는 옷 부품의 위치를 맞추기 위한 핀입니다. 이렇게 얇은 핀을 게이트로 오인해서 깎아버리지 않게 조심하세요.

02

옷 부품을 끼워보자

레오타드 같은 의상의 파란 부품이 양쪽 측면에 달립니다. 그런데 오른쪽 부품 아래쪽, 하얀 팬티와의 사이에 틈이 생깁니다.

03

아래에서 보니

다리 연결 부분 쪽에서 보면 팬티 부품에 있는 튀어나온 부분이 걸린 것을 알 수 있습니다. 이번에는 아니지만, 얇은 판 모양 부품의 경우에는 부품이 일어나는 경우도 있습니다. 그럴 때는 뜨거운 물이나 열풍으로 데워서 고치는 방법을 사용합니다. 95페이지를 참고해주세요.

04
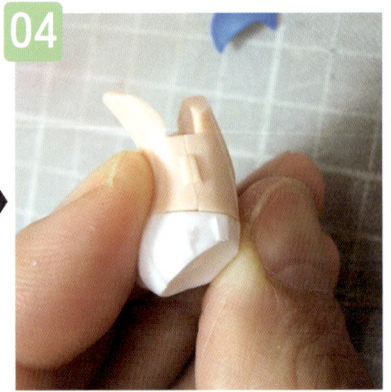

핀이 아니었다

사실 이 하얀색 튀어나온 부분이 피부색 부분처럼 옷과의 위치를 맞추기 위한 핀이라고 생각해서 그대로 뒀는데, 게이트 자국이었습니다. 구입한 단계에서 어느 정도, 아슬아슬한 정도까지 잘려 있어서 게이트라고 생각을 못 했습니다.

스카치테이프나 양면테이프로 고정하면?

스카치테이프나 양면테이프로 고정해도 됩니다. 단, 스카치테이프의 경우에는 접착제가 남거나 부품 표면의 유분 때문에 접착력이 약해지는 경우도 있어서 추천하지 않습니다. 또한 가조립 상태를 확인할 때, 테이프 표면이 빛을 반사하는 것도 문제. 사물의 형태를 알기 힘듭니다. 양면테이프는 접합부에 잘 붙이면 노출되지 않고 좋은 상태로 조립 상태를 확인할 수 있지만, 부품에 붙인 뒤에 종이를 벗기고 다른 부품을 붙이는 게 꽤 손이 갑니다. 대충 조립해서 확인할 때는 적합하지 않습니다.

05 차라리 다행이지

불필요한 부분이라고 판명돼서 바로 잘라냈습니다. 이렇게 처리를 빠트린 게이트 등의 불필요한 부분을 맞춰보면서 알아차리고 처리하면 됩니다. 필요한 부분을 잘라버리면 그 뒤처리가 큰 일이니까요.

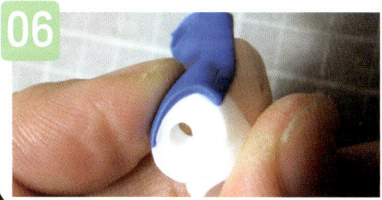

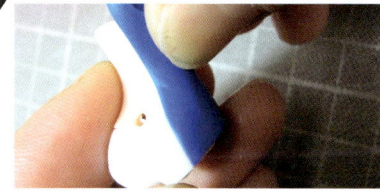

06 임기응변

아래쪽에서 봐도 뒤쪽에서 봐도 틈새가 없습니다. 다른 부분도 착각했거나 놓친 곳이 있겠지만, 발견했을 때 처리하면 됩니다.

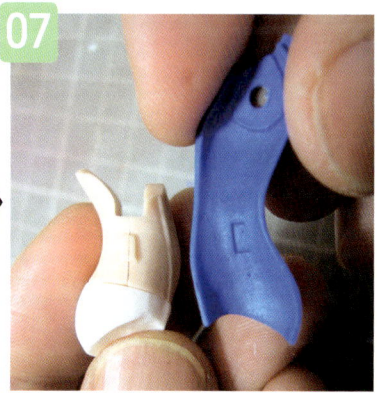

07 고정할 수 없는 부품은

자, 가공해서 딱 맞기는 했지만 핀은 얇고 핀 구멍도 얕아서 꽉 잡아주질 않습니다. 이런 곳은 마스킹 테이프를 붙여서 고정합니다.

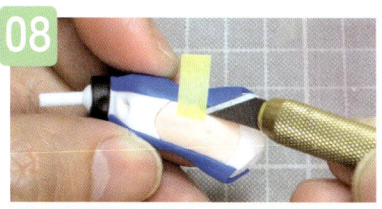

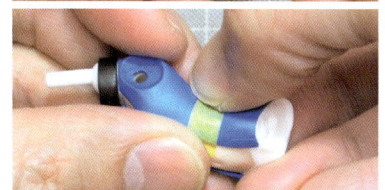

08 테이프는 필요 최소한으로

손으로 잡지 않으면 떨어지는 좌우의 파란 부품은, 적당한 길이로 자른 마스킹 테이프를 부품 경계면에 걸쳐서 붙여주고 고정합니다. 손가락으로 눌러주면 딱 붙습니다.

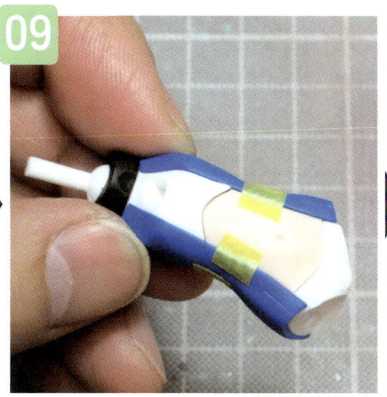

09 고정 완료

다른 부분에도 마스킹 테이프를 붙여서 파란 부품을 고정했습니다. 앞부분은 좌우를 따로 붙였습니다. 배 부분의 디테일 등을 가려버리면 완성했을 때의 분위기나 형태를 확인하기 힘들 것 같았기 때문입니다.

10 좌우를 한 장으로

뒤쪽은 신경 쓰지 않아도 될 것 같아서 한 장으로 붙였습니다. 옆에 있는 09의 사진, 앞부분은 마스킹 테이프를 좌우로 나눠서 붙였으니 비교해보세요. 둘 다 똑같다고 생각하는 분은 앞에도 한 장으로 붙이셔도 됩니다.

제2장 ②
컬러 레진 키트의 게이트 처리와 가조립

CHAPTER

12

각 부분 결합!

지금까지 조립한 각 부분을 설명서에 따라서 조합합니다. 드디어 가조립 상태가 완성됩니다. 완성할 때까지 해야 할 작업은 아직도 많지만, 일단 끝나고 나면 기분이 좋습니다. 가조립에서 만족하지 말고 다음 단계로 가봅시다! 가조립 상태에서 확인해야 할 것은 다음 페이지에서 설명합니다.

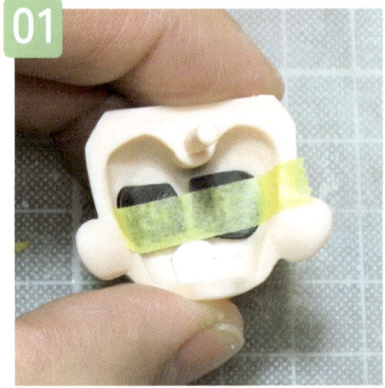

01 눈과 입의 고정
게이트를 자른 눈과 입 부품을 머리 부품에 끼웠는데, 아직 고정한 건 아닙니다. 이대로는 조금만 기울여도 빠져버립니다. 다른 부품과 마찬가지로 마스킹 테이프로 고정했습니다.

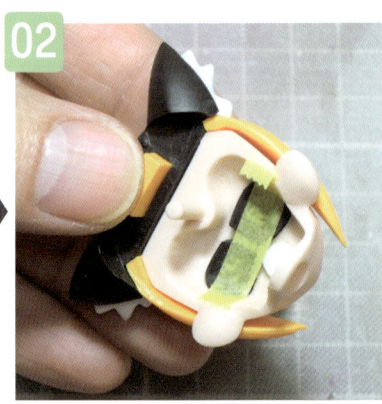

02 앞머리와 얼굴 접합
앞머리 부품에 얼굴 부품을 끼웠습니다. 하얀 귓속 털 부품을 끼운 고양이귀 부품도 앞머리에 끼워져 있습니다.

03 순서가 중요
앞머리와 얼굴을 뒷머리에 끼워줍니다. 얼굴 부품은 앞머리 부품에 아래쪽에서부터 끼우게 되어 있습니다. 앞머리를 달지 않고 먼저 얼굴을 뒷머리에 끼우면 앞머리를 끼울 수 없게 됩니다.

04 얼굴과 뒷머리를 고정
앞머리와 뒷머리가 헐렁해서, 앞뒤를 마스킹 테이프로 고정했습니다. 완성한 뒤에 실제로 조립할 때는 확실하게 고정합니다. 이 단계에서는 얼굴의 핀을 끼우는 폴리캡을 고정하는 부품(트윈테일을 고정하는 부품과 같음)을 접착하지 않은 것이 원인입니다.

접속 핀이 부러진 경우에는

레진 캐스트 부품은 의외로 약해서, 접속 핀 등의 작고 가는 것은 뿌리에서 부러지기 쉽습니다. 부러진 경우에는 부러진 면 양쪽에 핀바이스로 구멍을 뚫고 알루미늄이나 황동 등의 금속선을 끼워서 접착합니다. 부러질 것 같은 곳에 사전에 구멍을 내고 금속선을 끼워두는 것도 예방책입니다.

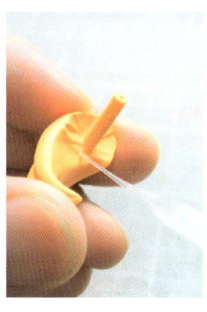

05 트윈 테일 끼우기

뒷머리 속에 넣어준 폴리캡에 트윈 테일 접속 핀을 끼웁니다. 레진 캐스트제 핀은 부러지기 쉬우니 조심하세요. 양쪽 모두 굵기가 같으니까 부품의 요철을 보고 잘 끼워줍니다.

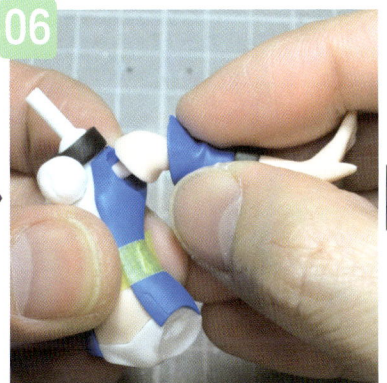

06 몸통에 팔을 접합

조립한 몸통에 팔을 끼웁니다. 왼손은 한 종류뿐이지만 오른손은 세 종류 중에 하나를 골라서 끼웁니다. 폴리캡이라서 꽉 끼우면 고정됩니다.

07 몸통에 다리를 접합

팔에 이어서 다리도 끼웁니다. 다리 연결 부분은 폴리캡이 아니라 레진 캐스트 부품을 사용해서, 헐렁할까 싶었지만 잘 끼워졌습니다.

08 몸 완성

양쪽 다리를 끼워서 몸이 완성됐습니다. 이 키트에서는 괜찮지만 헐렁할 경우에는 핀을 굵게 만들어주는 수밖에 없습니다. 다리 연결 부분은 완성할 때는 접합하니까, 마스킹 테이프로 조절하는 게 좋습니다. 팔은 교체식이라서 순간접착제로 굵게 만들어줬습니다.

09 몸과 머리 접합

마지막으로 머리와 몸을 끼워줍니다. 여기도 폴리캡을 사용해서 쉽게 끼울 수 있습니다. 단, 목 접속 핀이 긴 모양이니까 부러지지 않게 조심하세요.

10 가조립 완성입니다!

이것으로 전체 부품을 조립했습니다. 완성했을 때의 모양이나 볼륨을 확인할 수 있습니다. 사실은 이 뒤에 꼬리를 빠뜨렸다는 걸 알고 끼워줬습니다.

제2장 ②
컬러 레진 키트의 게이트 처리와 가조립

CHAPTER 13

가조립 완료!

가조립이 완성됐습니다. 이 상태에서 파팅 라인과 기포, 게이트 자국 등의 처리가 필요한 부분을 확인합니다. 물론 모든 파팅 라인과 게이트 자국, 기포를 처리해도 좋지만, 완성했을 때 보이지 않는 부분까지 할 필요는 없겠죠. 가조립도 했으니 완성했을 때 보이지 않는 부분을 알 수 있습니다. 그 부분의 작업을 생략해서 수고를 줄일 수 있습니다.

01

<정면>

<뒷면>

<옆면>

<대각선 뒤쪽>

<나이프를 잡은 버전>

<포즈 버전>

가조립을 해보고

조립했으면 정면, 옆면, 뒷면 등등 다양한 각도에서 확인하세요. 부품이 잘 맞물리지 않은 부분도 없고, 아무 문제가 없는 것 같습니다. 팔 부품을 교체해서 세 가지 상태를 즐길 수 있는데, 그만큼 처리해야 할 부품이 많습니다. 구분 도색 계획도 생각합시다. 색이 구분돼 있어서 조립만 해도 컬러풀하고 완성 상태도 상상하기 쉽습니다. 눈 부분에 씰을 붙이고 입 안과 목의 방울만 칠해주면 문제없겠죠. 나이프를 든 버전에서는 칼날과 손잡이 부분도 금속색으로 칠해주면 완성도가 높아질 것 같습니다.

혼자 서기는 하지만…

조립한 이 피규어. 평평한 책상 위에서라면 균형을 잡고 잘 서 있지만, 조금만 흔들려도 쓰러집니다. 데포르메 피규어는 머리가 크고 무거워서 어쩔 수 없습니다. 이런 피규어를 완성하고 전시하기 위해서는 베이스에 고정해야 합니다. 적당한 사이즈의 베이스를 구입하고 배치를 정했다면, 발바닥 설치면에 핀바이스로 구멍을 뚫고 금속선으로 고정합니다. 가능하다면 양쪽 발을 전부 고정하세요. (58페이지 참조)

게이트 자국 체크

잘라낸 게이트 자국이 표면에 노출되는 부분을 확인합니다. 처리가 필요한 부분은 샤프펜슬이나 연필 등으로 동그라미 표시를 해두면 좋습니다.

파팅 라인도

마찬가지로 파팅 라인도 확인합니다. 이쪽도 표시해두면 잊어버리지 않고 처리할 수 있습니다.

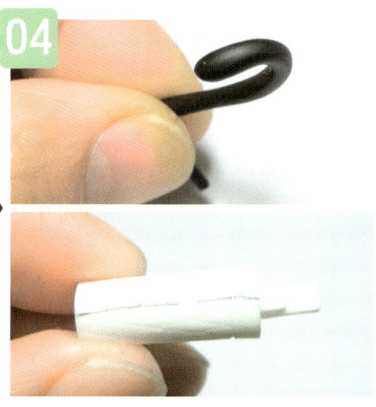

검정과 흰색에 주의!

이 키트는 5색 부품으로 구성됐습니다. 색에 따라서는 표면 상태를 보기 힘드니 주의하세요. 흰색과 검정은 의외로 놓치기 쉬우니 잘 확인합니다.

부품을 분리하고

게이트나 파팅 라인을 처리할 부분을 표시할 때, 다리 사이 등의 표시하게 힘든 부분은 부품을 분리해서 표시합니다.

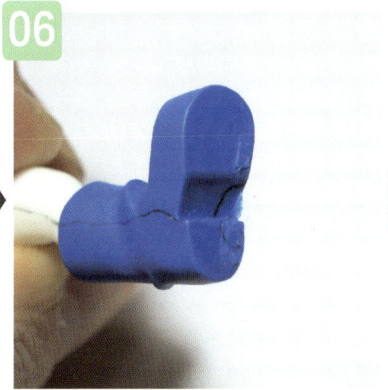

지느러미가 있었다

가조립 전에 게이트나 주입구 처리를 했습니다. 그때 찾아낸 지느러미도 같이 처리했는데, 놓친 부분도 있었습니다. 여기도 표시해두고 이 다음 작업 때 같이 처리합니다.

각도에 따라서는 보인다

그냥 봐서는 안 보이지만, 각도를 바꾸면 보이는 파팅 라인이 있습니다. 목 연결 부분, 뒷머리 아래쪽 부분이 그랬습니다. 다양한 각도에서 보고 처리할 곳을 확인하세요.

제2장 ③
컬러 레진 키트의 부품 다듬기

CHAPTER 14

게이트와 파팅 라인 처리 ①

드디어 게이트와 파팅 라인을 처리합니다. 여기서 사용하는 것은 나이프와 각종 줄입니다. 줄로 게이트 표면을 깎는 작업을 「연마」라고 합니다. 연마 방법은 여러 가지가 있는데, 기본적으로 금속 줄→사포→스펀지 사포 순서로 합니다. 먼저 금속 줄의 기본적인 사용 방법을 설명합니다. 금속 줄은 눈이 거친 것과 중간, 가는 것 등이 있는데, 피규어나 모형 제작에서는 중간, 고운 눈 줄을 사용합니다. 눈의 종류와 단면 형상은 45페이지 위쪽의 금속 줄의 종류에서 설명합니다.

01 눌러서 깎는다
평평한 부분에 튀어나온 것을 깎을 때는 평줄을 사용합니다. 모든 금속 줄은 눌렀을 때 깎입니다. 깎고 싶은 부분에 딱 대고 화살표 방향으로 눌러줍니다.

02 당길 때는 떼어서
줄의 눈이 없는 부분(손잡이) 직전까지 움직인 뒤에 줄을 띄워서 당기며 줄 끝이 깎고 싶은 부분에 오도록 해줍니다. 금속 줄의 눈은 당길 때는 깎이지 않으니, 힘을 줘서 당겨도 아무 소용이 없기 때문입니다.

03 계속 반복
01과 02를 반복해서 깎아줍니다. 샥, 샥, 샥… 느낌으로. 익숙해지면 일일이 들어 올리지 않고 가볍고 매끈하게 줄을 되돌려도 됩니다.

04 평행으로 움직인다
평평한 면을 깎을 때, 깎는 면에 대해 평행으로 움직이는 것이 중요합니다. 줄이 비스듬하게 닿으면 평평한 면에 각도가 생기거나 끝부분만 깎여서 평평하지 않게 돼버립니다.

금속 줄의 종류

금속 줄은 표면에 요철 홈이 있는데 이것을 눈이라고 부릅니다. 눈이 고운 정도의 차이가 성능 차이가 되고, 용도에 맞춰 구분해서 사용합니다. 또한 같은 눈의 줄이라도 단면이나 위에서 본 모양에 여러 종류가 있어서 절삭할 장소에 맞춰서 사용합니다. 피규어나 모형 제작에 사용하는 것은 비교적 작고 눈이 많은 쪽입니다. 단면 형상은 평, 반원, 원, 타원, 양면 둥근, 삼각, 사각, 쐐기형 등이 있습니다. 그리고 단면은 평줄과 같지만 끝으로 갈수록 줄눈이 고와지는 줄도 있습니다. 참고로 오른쪽 그림의 단면 형상의 호칭은 평, 반원, 삼각, 타원, 양면 둥근, 둥근, 사각, 쐐기형, 사다리꼴, 마름모꼴입니다.

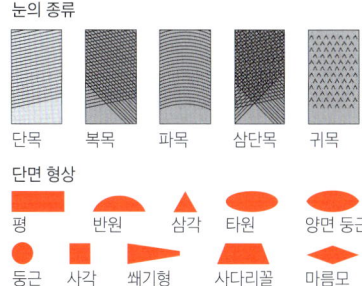

눈의 종류: 단목, 복목, 파목, 삼단목, 귀목
단면 형상: 평, 반원, 삼각, 타원, 양면 둥근, 둥근, 사각, 쐐기형, 사다리꼴, 마름모

05 작업 전후를 비교
위쪽이 니퍼로 자르고 나이프로 깎아서 다듬은 게이트 부분이고, 아래쪽은 줄질을 마친 게이트 부분입니다. 약간 하얀 부분이 줄로 깎은 부분. 중앙 부분이 약간 우묵해서 깎이지 않았지만, 접합 부분이라서 주위가 평평하면 문제없습니다.

06 곡면 줄질
원기둥 표면 같은 둥근 부분에 있는 게이트나 파팅 라인도 평줄로 깎아줍니다. 줄은 파팅 라인에 수직으로 댑니다. 눌러서 깎는 것은 평면과 마찬가지입니다.

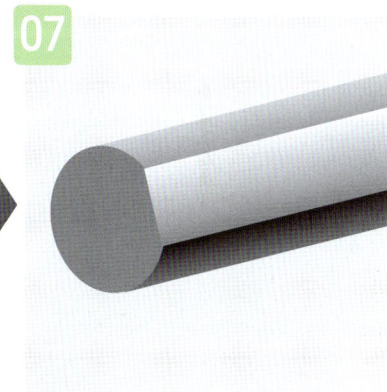

07 평행으로 하면 안 됨
평면 때는 깎는 면에 평행으로 움직였지만, 원기둥 측면에 평행으로 대고 파팅 라인 부분만 깎으면 그곳만 평평하게 깎입니다(이 평평하게 깎인 부분을 「플랫 스팟」이라고 합니다). 위의 그림처럼 되지 않도록 주의하세요.

08 각도를 바꿔가면서
파팅 라인은 곡면에 맞춰서 줄의 각도를 바꿔가며 깎아줍니다. 줄 끝을 올린 경우에는 파팅 라인보다 좀 더 몸 쪽을 깎는 느낌이 됩니다.

09 주위를 깎는다
줄 끝을 내린 경우에는 파팅 라인 너머를 깎는 느낌으로 파팅 라인 전후를 깎아 원기둥의 둥근 부분을 남기면서 다듬을 수 있습니다. 알기 쉽게 줄의 각도를 바꿨는데, 부품 쪽을 회전시키면서 깎아도 됩니다.

10 줄의 폭이 좁아서
이 부품은 길어서 06~09 작업을 파팅 라인을 따라서 가로 방향으로 이어가야 합니다. 여기서도 요철이 생기지 않도록, 한 번에 일부를 깎는 게 아니라 골고루 깎아주세요.

제2장 ③
컬러 레진 키트의 부품 다듬기

CHAPTER

15

게이트와 파팅 라인 처리 ②

금속 줄로 다듬은 뒤에는 종이 사포나 스펀지 사포를 써서 표면을 다듬어줍니다. 금속 줄로 깎은 부분에는 작은 흠집이 생기니까, 이 흠집을 지우기 위해서 사포로 표면을 연마합니다. 이 작업을 「사포질」또는 「샌딩」이라고 합니다. 도구 부분에서 설명한 것처럼 종이 사포는 방수 기능이 있는 것과 없는 것 두 종류가 있는데, 여기서는 물에 적시지 않으니 어느 쪽을 써도 상관없습니다.

01 적당한 크기로 잘라서

종이 사포 사이즈는 다양합니다. 적당한 크기로 잘라 사용합니다. 모형용 금속 줄로 깎은 직후에는 320번부터 시작합니다. 하지만 금속 줄의 종류에 따라서 흠집의 깊이, 거친 정도가 다르니까 직접 써보고 안 지워지면 낮은 번호로 바꿔주세요. 이번 경우에는 320→240번으로 바꿉니다.

02 반으로 접어서

이 부품처럼 원기둥 모양의 대상에는 종이 사포를 감아서 사용할 수도 있지만, 그렇게 되면 전체를 깎아버리게 됩니다. 파팅 라인 부분만 연마하고 싶으니까, 반으로 접어서 사용했습니다. 반으로 접으면 종이 사포라도 적당히 힘이 생겨서 사용하기 편합니다.

03 어느 방향으로 움직여도

금속 줄과 달라서 종이 사포는 어느 방향으로 움직여도 깎입니다. 하지만 마구 깎으면 안 됩니다. 먼저 원기둥의 곡선을 따라서 상하 방향으로 움직여주세요.

04 슬라이드하면서

이어서 폭과 길이에 맞춰서 좌우방향으로도 깎아줍니다. 손가락의 탄력으로 밀착시키고 움직이는 것이 잘 하는 요령입니다. 여기서도 금속 줄 때와 마찬가지로 일부분만 깎아서 평평해지지 않도록 주의해주세요.

종이 사포 관리

종이 사포를 사용하기 편한 크기로 자른 뒤에, 같은 번호의 것들을 집게로 모아두면 편합니다. 종이 사포 뒷면에 있는 번호는 사포를 자르면 알아볼 수 없게 되기도 합니다. 가능하다면 전부 번호를 써두면 좋지만, 숫자를 적기 귀찮은 경우에는 마커 등을 이용해서 번호별로 다른 색으로 표시해두는 것도 좋습니다. 그리고 최근에는 처음부터 잘라서 메모지처럼 판매되는 것도 있습니다. 그쪽을 쓰는 것도 좋습니다.

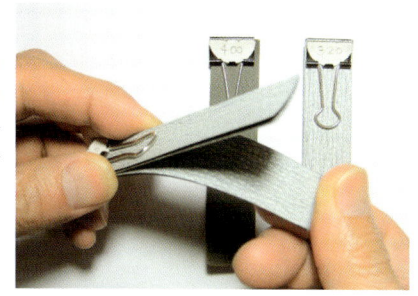

05 금속 줄의 흠집은 사라지고

320번 사포로 파팅 라인을 다듬고 찌꺼기를 털어냈습니다. 금속 사포의 깊은 상처는 사라지고 종이 사포로 생긴 고운 흠집이 됐습니다. 이 다음에 보다 고운 사포로 연마해줍니다. 400번, 그리고 600번으로 연마합니다. 보통은 600번 정도면 충분할 것입니다.

06 종이 사포 대신에

다음 작업은 400번 종이 사포 연마인데, 여기서 종이 사포 대신 스펀지 사포를 사용합니다. 사용하는 것은 320~600번의 스펀지 사포입니다. 이것 한 장으로 400번과 600번 두 장의 역할을 해주니까 시간도 단축할 수 있습니다.

07 사용 방법은

스펀지 사포도 어느 방향으로 움직이건 깎입니다. 종이 사포와 마찬가지로 곡선을 따라서 움직이거나 슬라이드하면서 연마합니다. 곡면에 딱 들어맞아서 상당히 사용하기 편합니다.

08 힘 조절을 바꿔서

처음에는 세게 누르면서 연마하고, 서서히 힘을 빼주면 번호를 바꾼 것과 같은 효과가 납니다. 이런 곡면을 연마할 때는 스펀지 사포가 편한데, 평평한 면이나 틈새에는 불편하니 꼭 종이 사포와 같이 써야 합니다.

09 아직도 흠집이…

이 정도 상태까지 연마하면 됩니다. 물론 종이 사포만으로도 같은 상태까지 만들 수 있습니다. 그리고 사포질한 부분과 아닌 부분은 표면의 광택에 차이가 나는데, 그건 다음 작업에서 처리할 수 있으니 신경 쓰지 마세요.

10 사포의 번호와 용도

종이 사포	스펀지 사포	용도
180		게이트 처리 파팅 라인 처리
240	240~320	
320		
400	320~600	금속 줄의 흠집 처리
600		
800	800~1000	표면 처리
1000		
1200	1200~1500	연마
1500		
2000		

번호에 대해

종이 사포의 번호는 40번 정도부터 2000번 정도까지가 일반적인데, 그중에서도 피규어 제작에서 사용하는 것은 180~1000번 정도. 일단 320, 400, 600번 세 종류가 있으면 됩니다. 여유가 있으면 더 거친 240번과 고운 800번을 추가해서 5종류를 준비하세요.

제2장 ③
컬러 레진 키트의 부품 다듬기

CHAPTER

16

나이프를 이용한 파팅 라인 처리

 금속 줄로 깎아서 파팅 라인을 처리하는 방법 외에, 아트나이프를 세워서 대패질하듯이 처리하는 방법도 있습니다. 이 방법은 단차가 크지 않고 가느다란 줄 모양으로 튀어나온 파팅 라인에 적합합니다. 하지만 이 방법은 의외로 잘 깎여서, 단차가 있는 부분에 사용하면 너무 깎여서 평평한 부분(플랫 스팟)이 생기게 됩니다. 그리고 금속 줄이 들어가지 않는 우묵한 곳도 처리할 수 있지만, 곡선 칼날을 사용해야 합니다.

01 대패질하듯이

날 끝을 파팅 라인에 수직으로 대줍니다. 원통형의 측면에 있는 파팅 라인을 깎을 때는 끝이 직선으로 된 날을 사용합니다.

02 여러 번 해주자

파팅 라인을 따라 평행으로 움직입니다. 힘을 많이 주지 않고 가볍게 해주세요. 이 경우에는 사포질 때와 마찬가지로, 같은 곳만 깎아서 평평한 부분이 생기지 않도록 주의해주세요.

03 처리 종료

이 뒤에 금속 줄 때와 마찬가지로 사포질을 해줍니다. 물론 스펀지 사포로 마무리해도 좋습니다.

04 끝부분은 남기 쉽다

시작 부분과 끝부분은 힘을 주기 힘들어서 깔끔하게 처리되지 않고 남는 경우가 있습니다. 이럴 때는 금속 줄로 끝부분만 깎아주세요.

아까워도 자주 갈아주자

아트나이프의 날은 서서히 무뎌집니다. 무뎌지면 부품에 부하가 걸려서 깔끔하게 잘리지 않고, 갈라지거나 변색되는 경우도 있습니다. 그리고 작업 중에 괜한 힘이 들어가서 다치기도 쉬워집니다. 서서히 무뎌지는 게 또 문제라서, 익숙하지 않을 때는 바꿀 타이밍을 잘 모릅니다. 의식하고 정기적으로 새 날로 바꿔주세요! 오른쪽 사진에서는 곡선도도 직선도도 왼쪽이 사용한 것, 오른쪽이 신품입니다. 사용한 날의 끝부분이 빠진 게 보이시나요. 이렇게 바로 알 수 있는 상태라면 다행이지만, 끝이 빠지지 않아도 날이 무뎌지는 경우가 많습니다. 어느 정도 쓰면 새 날로 바꿔서 그 차이를 직접 느껴보세요.

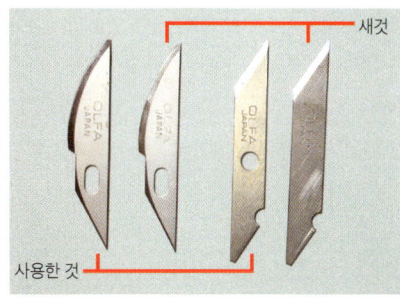

트윈 테일 부품

잘 보이지 않는 부분이지만, 안쪽 중앙 부분에 파팅 라인이 있습니다. 뒷머리에 달리기 때문에 중앙 부분이 우묵합니다. 금속 줄을 쓰면 다른 부분에 닿고 파팅 라인까지 들어가지도 않지만, 종이 사포를 접어서 쓰면 어떻게든 처리할 수 있습니다.

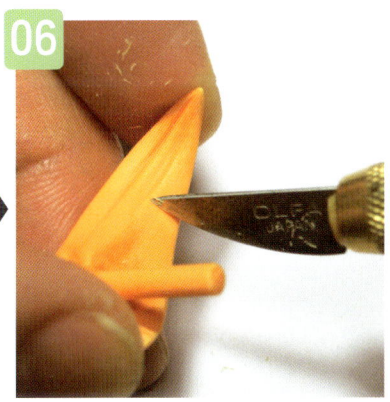

우묵한 부분은

아트나이프 날 끝이라면 닿을 것 같지만, 일반적인 직선 날을 쓰면 중앙까지 가지 않고 잘 깎아낼 수도 없습니다. 이런 부분에 곡선 날이 필요합니다. 사진처럼 끝부분만 파팅 라인에 닿은 것을 알 수 있습니다.

처리 후

나이프로 깎았을 뿐인데 거의 알아볼 수 없습니다. 시간도 그리 오래 걸리지 않았습니다. 이런 부분에 아트나이프(곡선 날) 처리가 효과적이라는 것을 이해하셨는지요.

파팅 라인 처리 요령 ①

가조립 단계에서 노출되는 파팅 라인을 체크. 연필로 표시해뒀습니다. 이렇게 해두면 깎인 부분을 알 수 있고, 깜빡하는 것을 막을 수 있습니다. 특히 표면 상태를 알기 힘든 하얀 부품에 효과적입니다.

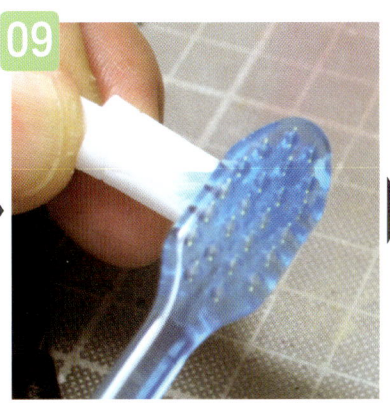

파팅 라인 처리 요령 ②

금속 줄이건 나이프건, 표면에 찌꺼기가 붙게 됩니다. 이러면 표면 상태를 알 수 없으니 털어내야 합니다. 이 부품처럼 표면에 홈이 있으면 그 홈에 찌꺼기가 끼게 됩니다. 이럴 때는 칫솔을 이용하면 간단히 제거할 수 있습니다.

파팅 라인 처리 요령 ③

파팅 라인도 게이트도 틀이 맞닿는 부분에 생깁니다. 게이트는 알아보기 쉬우니까, 거기서부터 파팅 라인을 따라가면 놓치지 않을 수 있습니다. 또한 게이트를 처리하면서 같이 해주면 효율이 좋습니다.

제2장 ③
컬러 레진 키트의 부품 다듬기

CHAPTER 17

**부품 다듬기 ①
머리카락**

금속 줄이나 종이 사포를 이용한 파팅 라인과 게이트 처리의 기본을 알았으니, 실제로 이 키트의 부품을 처리할 때의 포인트를 보겠습니다. 물론 다른 키트에서도 비슷한 부분에 적용할 수 있습니다. 어느 부분에서 어디를 신경 써야 하는지를 보겠습니다.

01

파팅 라인은 테두리에 많다

얇고 가느다란 앞머리 부품. 이런 부품은 앞면과 뒷면이 만나는 부분에 파팅 라인이 들어가는 경우가 많습니다. 왜 이런 부분에 생기는지는 직접 틀을 만들어보면 쉽게 알 수 있습니다.

02

가조립 상태에서 확인

완전히 뒷쪽에 있으면 조립했을 때 보이지 않으니까 문제없지만, 측면에 있는 경우에는 각도에 따라 보이게 됩니다. 오른쪽도 왼쪽도 대각선 방향에서 보면 잘 보입니다.

03
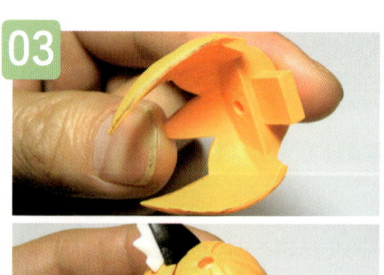

앞머리라기보다 옆머리

귀 앞에 있는 머리카락이 길면 뒷쪽에서 끝부분이 보이기 때문에 꼭 처리해야 합니다. 롱 헤어의 경우에는 조립하면 안 보이는 부분이기도 해서 의외로 놓치기 쉽습니다. 헤어스타일에 따라서 보일지 여부가 결정되니까, 뒷머리와 조립하고 잘 확인해야 합니다.

04

평줄로

테두리 부분의 파팅 라인은 정석대로 금속 평줄로 깎아줍니다. 또는 반원 줄의 평평한 부분으로 깎아도 됩니다. 만약 반원을 사용한다면 다음 05 같은 부분을 작업할 때 줄을 바꾸지 않아도 됩니다.

금속 줄의 손질

줄눈에 찌꺼기가 끼면 연마력이 크게 떨어지니까 칫솔로 털어내 주세요. 와이어 브러시(금속 솔)로도 털어낼 수 있고 그쪽이 더 빠르지만, 줄눈이 상하게 됩니다. 그렇게 되면 연마력이 떨어지니까, 줄을 오래 사용하려면 칫솔을 사용하는 쪽이 좋습니다(사진 왼쪽이 손질 전, 오른쪽이 손질 후). 또한 물로 씻는 분도 있는데, 금속이라서 금세 녹이 생기니까 절대로 하지 마세요. 툴 클리너에 담그는 분도 있는데, 그쪽은 금세 휘발되고 녹이 안 생기니까 괜찮습니다.

05 반원도 이용해서

머리카락이 겹치는 부분 등의 평줄이 안 들어가는 부분은, 반원 등의 끝이 가는 줄로 깎아줍니다. 삼각이나 마름모꼴도 괜찮습니다.

06 종이 사포 모서리는

금속 사포로 깎은 뒤에는 종이 사포로 바꿔서 더 연마해줍니다. 반으로 접은 사포의 모서리 부분은 힘이 있어서 세밀한 부분을 연마하기 좋습니다. 홈이나 L 모양 단면의 한쪽 면만 연마할 수 있습니다.

07 틈새에도

종이 사포는 얇아서 머리카락 다발 사이의 틈새 부분 연마에도 잘 사용됩니다. 반으로 접거나 접지 않고 그대로 밀어 넣어서 연마합니다.

08 작업 종료

파팅 라인을 깔끔하게 없앴습니다. 01 사진과 비교해보세요. 파팅 라인을 처리한 덕분에 머리카락 테두리의 라인과 끝부분도 샤프해졌습니다.

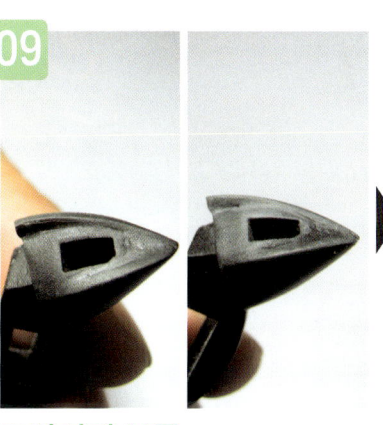

09 고양이귀 부품

고양이귀 부품 가장자리 부분에 파팅 라인이 있습니다. 바깥쪽 테두리가 아니라 약간 안쪽이라서 놓치기 쉬우니까 조심하세요. 왼쪽이 처리 전, 오른쪽이 처리 후입니다.

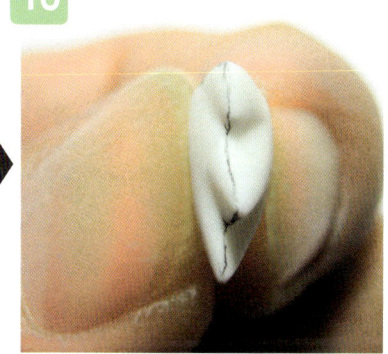

10 귀 안쪽 털

고양이귀 부품 안쪽에 달리는 털 부품. 눈에 안 보이는 가장자리 부분에 파팅 라인이 있는 경우가 많은데, 이 부품은 돌기 부분 중앙에 파팅 라인이 있습니다. 부품이 하얀색이라서 놓치기 쉬우니 신경 써주세요.

제2장 ③
컬러 레진 키트의 부품 다듬기

CHAPTER 18

부품 다듬기 ② 얼굴

이어서 이 키트의 부품을 처리할 때의 포인트를 보겠습니다. 금속 줄 선택이나 종이 사포 사용 방법에 대해서도 설명했습니다. 둥근 줄과 반원 줄을 사용할 곳, 그리고 종이 사포를 둥근 줄이나 사각 금속 줄처럼 사용하는 방법에 대해 소개하겠습니다. 또한 파팅 라인이나 게이트 처리 외에도 신경 쓰이는 부분은 손을 댔습니다. 세밀한 작업을 할 때는 평, 반원, 둥근 줄에 삼각까지 있으면 편리합니다. 필요에 따라서 마련해주세요.

01 얼굴 부품

얼굴 부품도 테두리 부분에 파팅 라인이 있는데, 이쪽은 뒷머리와 접하는 면이고 앞머리가 달리면 가려지니까 처리할 필요는 없습니다.

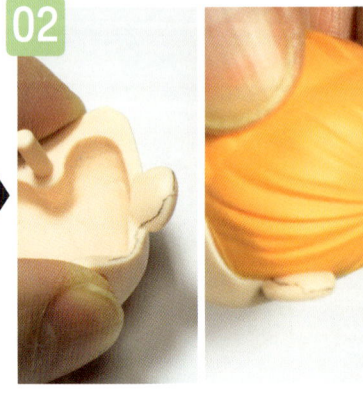

02 귀 뒤쪽은

하지만 귀 뒤쪽에 연필로 선을 그린 부분의 파팅 라인만은 뒷머리와 조합해도 다 보이기 때문에 처리해야 합니다.

03 적재적소

귀 뒤쪽의 튀어나온 부분은 정석대로 평줄을 이용합니다. 귓불 뒤쪽, 목으로 향하는 쪽은 우묵하게 되어 있습니다. 이런 부분은 금속 평줄로 깎을 수 없으니 반원 줄을 사용합니다.

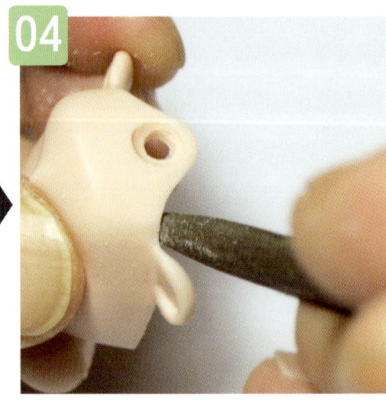

04 둥근 부분을 우묵한 면에 대고

반원 줄은 양면에 눈이 있고, 양쪽 모두 연마가 가능합니다. 이 경우에는 둥근 부분을 댑니다. 이 각도에서 보면 우묵한 부분에 딱 닿았다는 걸 알 수 있습니다.

표면의 요철이 신경 쓰여서

사진은 입 안에 끼우는 부품입니다. 조형적으로는 혀를 데포르메했다고도 할 수 있습니다. 왼쪽이 원래 키트의 부품. 그림자를 보면 표면에 요철이 약간 있는 것을 알 수 있습니다. 그래서 표면을 사포로 살짝 다듬은 것이 오른쪽 부품입니다. 표면에 사포를 대고 상하좌우 여러 방향으로 움직이고, 때로는 원을 그리면서 움직이는 것도 효과적입니다. 이렇게 해주면 표면의 요철이 없어지고 매끈한 곡면이 됩니다.

05 깔끔하게 처리했다

파팅 라인 부분에 그어뒀던 연필 라인이 사라졌습니다. 이렇게 우묵한 부분에 적절한 것이 반원입니다. 사실은 이 부분, 조립하면 안 보이니까 작업을 안 해도 괜찮았습니다.

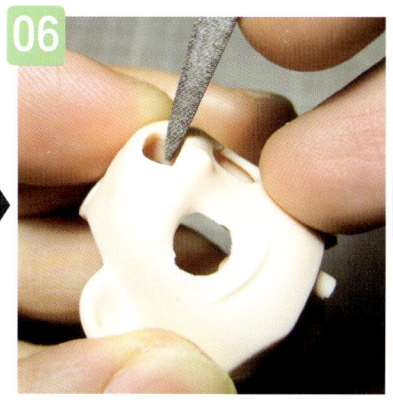

06 반원은 구멍 안쪽에도

입 속의 지느러미는 나이프로 제거했지만, 이런 부분도 반원 금속 줄로 다듬어줍니다. 만약 구멍이 좁아서 안 들어갈 때는 원이나 타원 금속 줄을 써서 깎아줍니다.

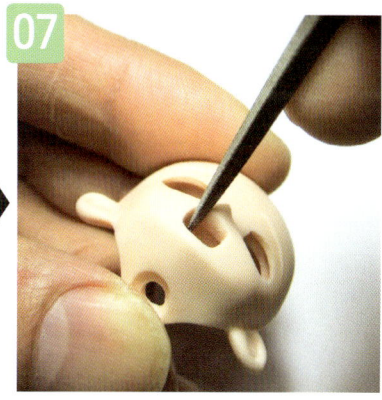

07 입 모서리 부분에는

벌린 입은 아래쪽이 둥근 반원 모양입니다. 입 양쪽 끝, 위쪽 끝은 직각에 가까운 모서리입니다. 이 부분은 반원 줄로는 깔끔하게 다듬기가 힘듭니다. 삼각형 줄을 잘 사용해서 처리하세요.

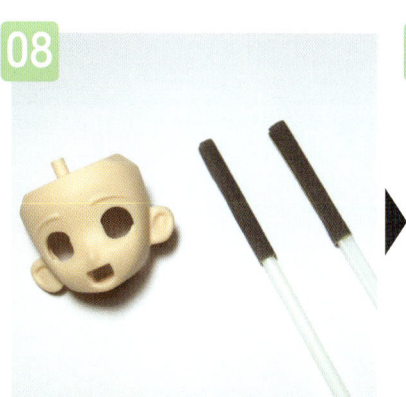

08 종이 사포는 가공해서

금속 줄 다음에는 종이 사포로 처리하는데, 그냥 사용할 수는 없습니다. 그래서 적당할 굵기의 각 봉이나 둥근 봉에 양면테이프 등으로 사포를 붙여서 사용합니다.

09 회전하지 말고

원형 구멍이라면 사포를 붙인 봉을 회전해서 깎아도 문제가 없지만, 반원형 입은 앞뒤로 움직여서 깎아줍니다. 커브 부분은 둥근 봉, 모서리 부분은 각봉에 붙인 종이 사포를 사용합니다.

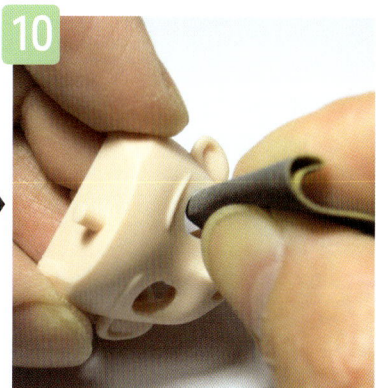

10 큰 구멍이라면

눈처럼 큰 부분은 둥글게 만 종이 사포 끝을 이용해서 연마하는 방법도 있습니다.

제2장 ③
컬러 레진 키트의 부품 다듬기

CHAPTER

19

부품 다듬기 ③
뒷머리 등

여기서는 뒷머리와 트윈 테일, 손 부품을 다듬습니다. 이어서 신경 쓰이는 포인트와 줄을 구분해서 사용하는 방법 등을 보여드릴 테니 참고해주세요. 줄 선택 요령은 깎고 싶은 부분에 딱 맞는 것을 고르는 것. 그리고 원래 있는 몰드를 다치지 않게 다듬을 수 있는 줄을 고르는 것입니다.

01 뒷머리 부품

연필로 그린 부분이 파팅 라인입니다. 이번에도 테두리 부분에 존재합니다. 사진 왼쪽 아래가 목과 연결되는 부분입니다. 목 뒤쪽의 파팅 라인은 뒤에서는 잘 보이지 않지만, 아래쪽에서는 보이니까 깔끔하게 처리합니다.

02 안 보이긴 하지만…

귀 모양의 우묵한 부분 안에 파팅 라인이 있습니다. 여기는 얼굴 부품을 끼우면 안 보이지만, 파팅 라인 때문에 부품이 약간 뜨는 것 같으니 곡선날 아트나이프로 깎아줬습니다. 줄로 연마할 필요는 없습니다.

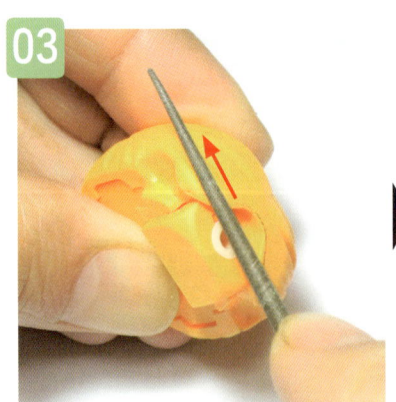

03 홈에 맞춰서

뒷머리 아래쪽, 목과 만나는 부분. 그 부분에 파팅 라인이 있습니다. 여기는 머리카락의 흐름을 표현하는 홈이 여러 개 있습니다. 그래서 그 홈에 따라 둥근 금속 사포로 깎아줍니다.

04 트윈 테일 안쪽

아트나이프로 대패질을 해서 깎은 파팅 라인 자국을 종이 사포로 다듬어줍니다. 우묵한 부분이라서 반으로 접은 종이 사포를 한 번 더 접어서 사용했습니다.

종이 사포가 무뎌지면

종이 사포는 반으로 접어서 사용합니다. 사용하다 보면 찌꺼기가 껴서 무뎌집니다. 길게 자른 것을 반으로 접었으니, 무뎌진 면의 반대쪽을 사용하면 한동안 쓸 수 있습니다. 양쪽 면이 다 무뎌지면 다른 곳에서 접어줍니다. 끝부분을 사용했을 때, 다른 부분은 새것이나 마찬가지니까 새로 접은 부분 양쪽을 또 쓸 수 있습니다. 그리고 그 부분도 무뎌지면 또 다른 곳을 접어서 전체를 사용한 뒤에 새것으로 바꿉니다.

  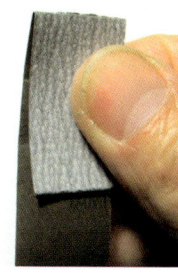

05
 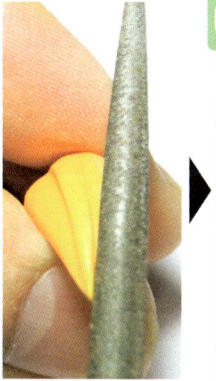

머리카락 끝

트윈 테일 끝에는 뾰족하게 갈라진 부분이 있습니다. 이 부분이 다치지 않도록 다듬어야 합니다. 평줄이 아니라 반원이나 쐐기 모양을 사용합니다.

06
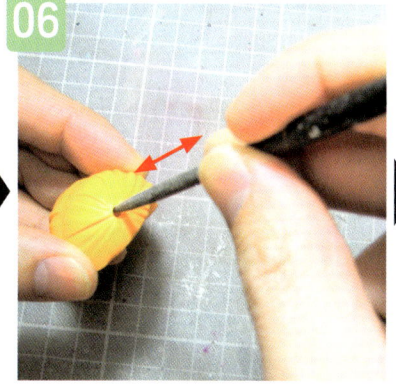

구멍 안쪽 다듬기

뒷머리 부품은 지느러미가 있어서 핀바이스로 뚫어줍니다. 이런 구멍 안쪽을 다듬을 때는 둥근 금속 줄이 좋습니다. 또한 핀바이스로 뚫은 구멍을 넓히고 싶을 때도 이용합니다. 다듬을 때는 사진처럼 엄지, 집게, 가운데손가락 세 개로 잡고 위 아래로 움직여서 깎아줍니다.

07
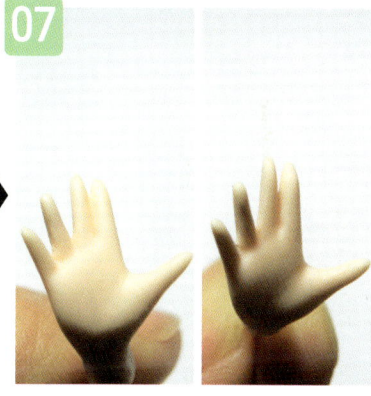

벌린 오른손

파팅 라인이 손가락 한복판을 지나갑니다. 집게손가락과 가운데손가락은 아래쪽이 붙어 있고 틈새에 지느러미가 있었습니다. 나이프로 V자 모양 칼집을 내서 잘라줬습니다.

08

작은 부품은

소매 부품입니다. 아주 작아서 잡기 힘드니, 손 부품에 끼운 상태에서 작업했습니다. 핀이 다각형이다 보니 헛돌지도 않아서 측면에 있는 게이트를 처리하기가 편했습니다.

09
 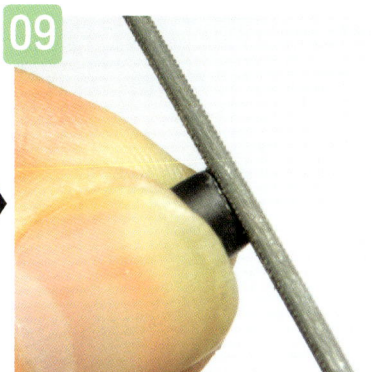

꽉 잡고

손의 핀이 튀어나온 면에 파팅 라인이 있습니다. 여기는 손 부품을 빼고 작업할 수밖에 없습니다. 날아가거나 떨어뜨리지 않게 조심하면서 작업합니다.

10
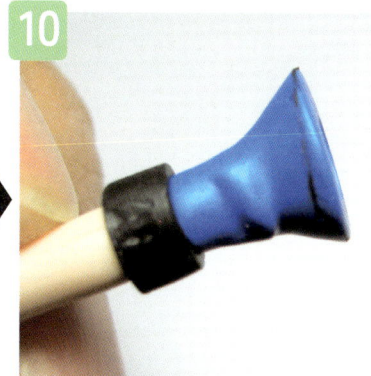

쉽지 않네

파란 부품의 평평한 면의 테두리 부분에 있는 파팅 라인이 중간부터 옆으로 옮겨갑니다. 이런 부분은 놓치기 쉬우니 잘 확인하세요.

제2장 ③
컬러 레진 키트의 부품 다듬기

CHAPTER 20

부품 다듬기 ④ 다리와 몸통

드디어 부품 다듬기도 끝입니다. 게이트와 파팅 라인을 가공한 뒤에는 「세척」을 해줍니다. 하지만 그 전에 해야 할 작업이 있습니다. 캔 스프레이나 에어브러시로 도색할 때는 부품에 손잡이를 달아줍니다. 핀 같은 집게로 잡을 수 있는 부분이 있는 부품이나 구멍에 봉을 끼워서 고정할 수 있는 부품은 괜찮지만, 그렇지 않은 부품은 완성한 뒤에 보이지 않는 부분 등에 고정용 구멍을 뚫어줘야 합니다. 세척한 뒤에 그 작업을 하면 또 찌꺼기 등이 묻을 수 있으니, 부품 다듬기 마지막에 해줍니다.

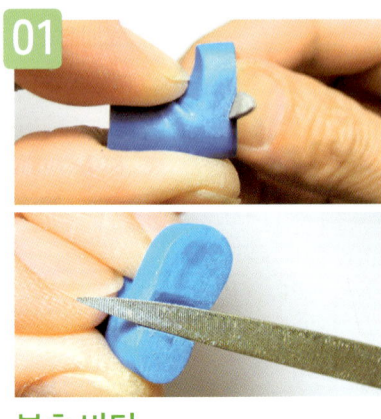

01 부츠 바닥

힐 부분에 L 모양으로 파인 곳이 있습니다. 반원 줄로 해도 되지만, 쐐기 모양이 좋습니다. 바닥을 연마할 때는 줄을 눕혀서 깎아줍니다. 눈이 없는 등 부분을 힐 쪽에 대고 연마하면 흠집이 생기지 않습니다.

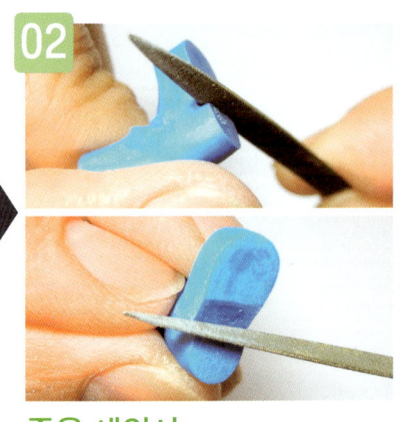

02 줄을 세워서

힐 앞면을 연마할 때는 줄을 세워서 해줍니다. 줄의 등 부분이 발바닥 쪽으로 향하게 합니다.

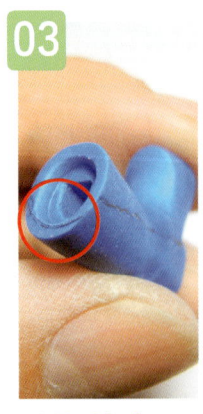

03 부츠 윗면

부츠 옆면에 있는 파팅 라인은 눈에 띄어서 놓치지 않겠지만, 부츠 윗면 부분에도 파팅 라인이 있습니다. 잊지 말고 평줄로 깎아서 처리합니다. 또한 부츠가 얇은 경우에는 테두리 부분에 파팅 라인이 생기니 놓치지 않도록 신경 써야 합니다.

04 옷 부품

옷의 몰드 근처에 파팅 라인이 있습니다. 테두리에서 약간 들어간 부분이니 놓치지 마세요.

잊지 말고 처리하기 위해서

게이트나 파팅 라인 처리는 꽤 귀찮은 작업입니다. 가조립과 달라서 어느 부품부터 해도 문제는 없습니다. 하지만 수량이 많고 비슷한 부품도 있으니, 처리한 것과 아닌 것을 구분해둘 필요가 있습니다. 제 경우에는 상자를 두 개 준비해서 한 쪽에 부품을 전부 넣어두고, 거기서 꺼내며 작업합니다. 작업이 끝나면 다른 상자에 넣습니다. 이렇게 하면 처리할 부품이 얼마나 남았는지도 알 수 있고, 중간에 작업을 중단해도 그냥 잊고 넘어가는 것을 막을 수 있습니다.

05

초커
초커 단면에도 파팅 라인이 있습니다. 아래로 향하는 면이라서 눈에 띄지 않지만 처리해서 나쁠 건 없습니다. 왼쪽이 처리 전, 오른쪽이 처리 후입니다.

06

방울
중간의 라인 모양 한복판에 파팅 라인이 있습니다. 하얀 부품이라서 알기 힘들지만 잊지 말고 처리해주세요. 여기는 금색으로 칠하는 부분이지만, 금속색을 칠하면 부품의 요철이 상당히 눈에 띕니다. 칠하기 전에 확인해두는 것이 좋습니다.

07
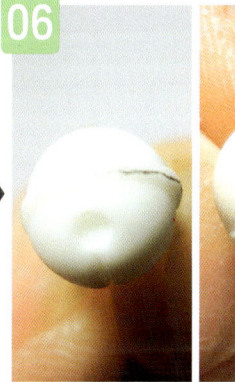

테두리 처리
라인 모양의 튀어나온 부분을 강조해주고 싶어서, 골 부분을 깎아서 샤프하게 해줬습니다. 쐐기 모양 금속 줄 모서리를 사용하면 이런 것도 가능합니다.

08

잡는 위치 확인
도색할 때는 부품을 손으로 직접 잡는 게 아니라 손잡이를 사용합니다. 완성한 뒤에 보이지 않는 핀이 있는 부품은 그곳을 클립으로 잡아서 사용하면 됩니다.

09
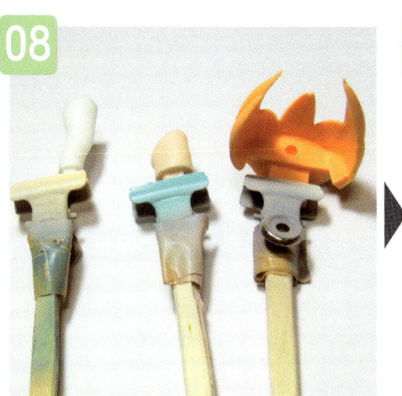

손잡이 연결부 가공
핀이 없어서 잡을 수가 없는 부품은 손을 좀 봐야 합니다. 완성한 뒤에 보이지 않는 부품 뒤쪽 등에 지지대를 연결할 구멍을 뚫어줍니다.

10

부품에 맞춰서
뚫은 구멍에 금속선을 꽂아서 고정합니다. 부품에 맞춰서 구멍을 뚫을 위치나 굵기를 생각합니다. 큰 부품에는 큰 구멍을 뚫고 굵은 금속선을 꽂아서 확실히 고정합니다.

제2장 ④
컬러 레진 키트 도색

CHAPTER 21

베이스 준비

가조립 때 혼자 설 수는 있지만 베이스에 고정하는 게 더 좋다는 걸 확인했습니다. 베이스를 준비하고 발바닥과 베이스 양쪽에 구멍을 뚫어서 금속선으로 고정합니다. 완성한 뒤에 이 작업을 해도 되지만, 도색한 뒤에는 도색면이 상할 수도 있습니다. 가능한 한 도색 전, 그것도 세척 전에 해두는 게 좋습니다. 베이스는 데코파쥬라고 부르는 목제 제품을 사용했습니다. 토큐핸즈나 홈센터에서 구입할 수 있습니다. 물론 피규어용 전문 베이스를 사용해도 좋습니다. 또한 원형이나 사각형으로 자른 플라스틱이나 아크릴 판도 좋습니다. 원하는 것을 사용하세요. 단, 어느 정도 무게와 크기가 있어야 안정적인 베이스 역할을 하게 됩니다.

01 위치 결정

다음은 부품을 가조립하고 고정할 위치와 방향을 검토합니다. 중심이 베이스 한복판에 오는 쪽이 좋습니다.

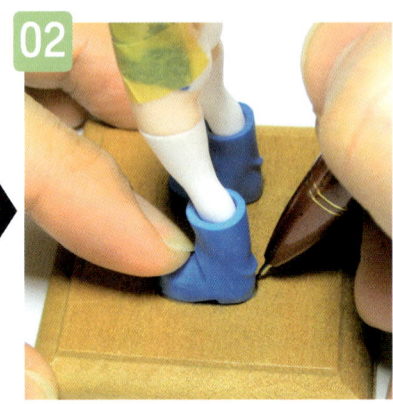

02 대중을 잡는다

위치가 정해지면 연필이나 샤프 등으로 베이스에 발바닥 윤곽을 그려줍니다. 밀리지 않게 꽉 잡고 그려주세요.

03 구멍 위치 결정

양쪽 발 위치를 베이스에 그렸습니다. 사선 부분은 접지되지 않는 부분이니 그곳을 피해서 구멍을 뚫습니다. 기본적으로는 구멍을 깊게 뚫어도 문제가 없는 뒤꿈치에 뚫는 쪽이 좋지만…

04 핀바이스로 구멍을 낸다

오른발은 앞쪽, 왼발은 뒤꿈치에 구멍을 뚫기로 했습니다. 양쪽 모두 뒤꿈치에 뚫어도 되지만, 대각선으로 하는 쪽이 확실하게 고정될 것 같아서. 구멍은 베이스 뒷면까지 관통해서 뚫어줍니다. 드릴은 2mm를 사용했습니다.

구멍의 깊이

이번처럼 앞쪽에 구멍을 뚫을 때는 너무 깊이 뚫으면 발등으로 뚫고 나올 수 있습니다. 그렇다고 너무 얕으면 금속선이 고정되지 않아서 의미가 없습니다. 여기서 추천하는 것이 드릴 날이 들어가는 뿌리를 손톱으로 잡고 뚫는 방법입니다. 손톱 앞부분이 안으로 들어가는 부분이라서, 대략적인 깊이를 알 수 있습니다. 그리고 그것을 측면에 대보면 어느 정도까지 뚫어도 되는지 파악할 수 있습니다. 두껍지 않은 부분에 관통하지 않으면서 최대한 깊이 뚫고 싶을 때에 이용해보세요.

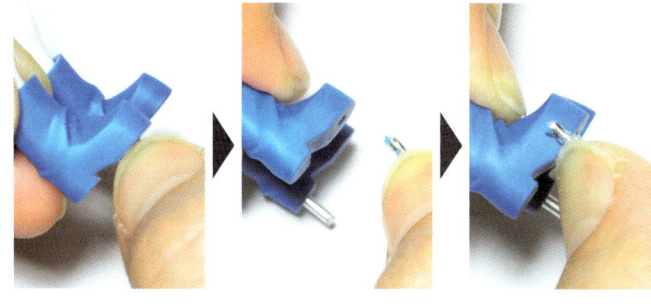

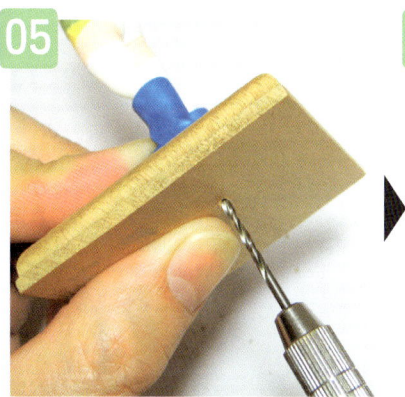

05 구멍에 맞춰서 발바닥을 뚫자

베이스 앞면에 그린 발바닥의 위치에 딱 맞춰서 피규어를 대고, 베이스 뒷면의 구멍에서 드릴 날을 꽂고 핀바이스를 돌립니다. 이러면 처음에 잡은 위치에 딱 맞게 구멍을 뚫을 수 있습니다.

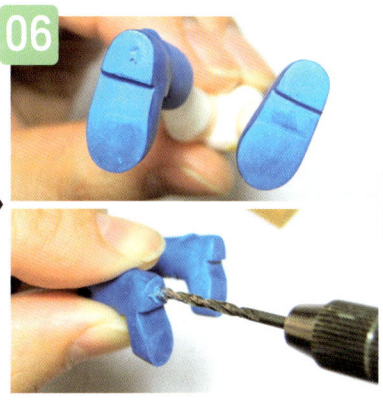

06 위치를 맞춰서

핀바이스를 어느 정도 돌리면 발바닥에 자국이 생깁니다. 그러면 베이스를 빼고 그 자국에 맞춰서 핀바이스로 구멍을 깊이 뚫어줍니다.

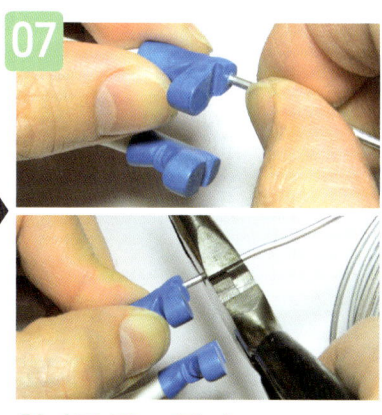

07 철사를 꽂고 절단

구멍에 알루미늄 철사를 꽂고, 펜치를 이용해서 적당한 길이로 잘라줬습니다. 발에서 나온 철사는 베이스 두께보다 짧게 해줍니다.

08 한쪽이 됐으니까

접속용 알루미늄 철사를 꽂은 왼발을 베이스에 꽂아줍니다. 그리고 오른발을 구멍에 맞춰서 잘 고정한 뒤에, 왼발처럼 베이스 아래쪽에서 드릴 날을 넣고 핀바이스를 돌려서 발바닥에 자국을 내줍니다.

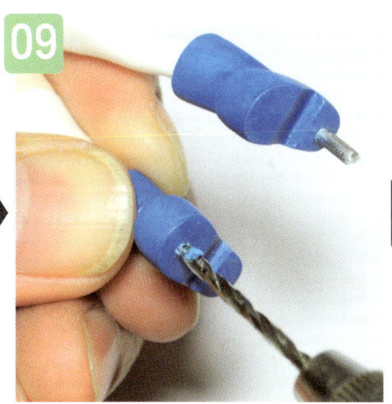

09 뚫리지 않게

그대로 구멍을 깊게 뚫어도 되지만, 자국이 생기면 일단 베이스에서 분리하고 구멍을 뚫는 게 좋습니다. 왼발과 달리 발등의 두께가 얇으니까, 발바닥에 구멍을 낼 때 완전히 뚫어버리지 않게 조심하세요.

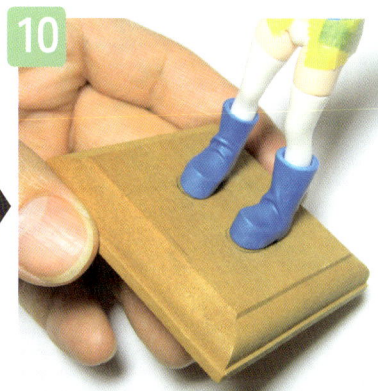

10 고정용 구멍과 핀의 완성

양쪽 발에 꽂은 알루미늄 선을 베이스의 구멍에 끼워서 고정할 수 있게 됐습니다. 이걸로 도색한 뒤에 구멍을 뚫거나 가공하지 않아도 됩니다.

제2장 ④
컬러 레진 키트 도색

CHAPTER 22

부품 세척

지금까지 작업하면서 부품에 깎은 찌꺼기나 손때 등이 묻었습니다. 또한 부품엔 원래 이형제가 묻어 있습니다. 이형제란 양산할 때 부품이 실리콘 틀에서 잘 벗겨지게 하기 위해서 틀 표면에 바르는 것입니다. 이것이 표면에 묻어 있으면 열심히 칠한 도료가 쉽게 벗겨집니다. 이를 제거하는 것이 세척 작업입니다. 세척 방법에는 여러 가지가 있는데, 예산과 시간에 맞춰서 선택하세요.

01

스프레이식 이형제 제거제
다양한 제품이 있습니다. 사진은 보크스의 「조형촌 캐스트 클린 스프레이」입니다.

02

제일 간단한 방법
플라스틱 비커 등에 넣고 뿌려주기만 하면 됩니다. 닦아낼 필요도 없습니다. 그릇을 살짝 흔들면서 뿌리면 꼼꼼히 뿌려집니다.

03

액체 타입 제거제
레진 워시라는 명칭으로 판매합니다(사진은 가이아노츠의 「T-03 레진 워시」). 용기에 부품을 넣고 부품이 잠길 정도로 부어줍니다.

04

부품 끝까지 잠기게
가늘고 긴 부품 끝부분이 밖으로 나올 수도 있으니 조심하세요. 그리고 사진에서는 플라스틱 비커에 넣었는데, 휘발성 용제니까 뚜껑을 닫으라는 주의 문구가 있습니다. 뚜껑이 달린 용기에 넣거나 랩으로 싸주세요.

부품 세척 타이밍

구입한 레진 키트를 개봉하고 부품을 확인한 뒤에 제일 먼저 「부품을 세척한다」고 적혀 있는 기법서나 제작 기사 등이 있습니다. 옛날 키트에는 만지면 끈적거릴 정도로 이형제가 잔뜩 묻어 있고 미끄러져서 작업하기 힘든 경우도 있어서 처음에 세척을 해야 했습니다. 최근엔 실리콘의 내구성과 이형제가 개량되면서 레진 캐스트 표면에 많이 남지 않는 이형제와 이형제를 전혀 사용하지 않고 양산하는 경우도 있어서 처음부터 세척할 필요가 없는 경우가 많습니다. 물론 도색 전에는 손때와 찌꺼기 등을 제거하기 위해서 세척하는 공정이 필요합니다. 오른쪽 사진은 옛날 키트 부품인데, 이형제 때문에 표면이 번들거리는 것이 보입니다.

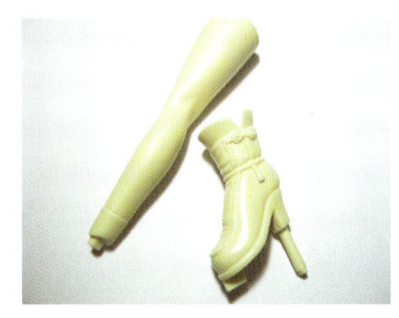

05 부품을 꺼낸다

일정 시간(이 상품은 10분 정도) 레진 워시에 담근 부품을 핀셋으로 꺼내서 대야에 옮깁니다. 사용한 레진 워시는 다섯 번 정도 더 사용할 수 있으니 다시 용기에 부어주거나, 다른 용기에 옮겨서 보관합니다. 처분할 때는 하수구에 버리지 말고 오일팩 등으로 흡수해서 처리하세요.

06 부품을 물로 씻는다

부품을 넣은 대야에 물을 붓고 중성세제를 조금 넣습니다. 레진 워시에 담그지 않고 여기서부터 시작하는 사람도 있습니다. 옛날에는 레진 워시가 없어서 보통 여기서부터 시작했습니다.

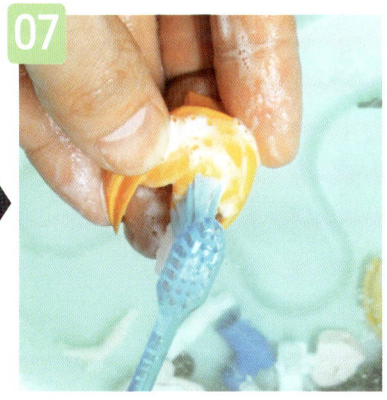

07 부품을 칫솔로 닦는다

중성세제를 살짝 묻힌 칫솔로 닦아줍니다. 중성세제에 연마제가 들어간 클렌저를 섞어서 닦는 방법도 있습니다. 최근 키트는 이형제가 많지 않아서 그렇게까지 할 필요는 없을 것 같습니다만….

08 부품을 헹군다

대야의 물을 버리고 새 물로 바꿔서 헹궈줍니다. 물을 버릴 때는 손을 대서 작은 부품이 흘러나가지 않게 해줍니다. 걱정이 되면 체 위에 부어주거나 배수구에 망을 쳐두면 분실을 막을 수 있습니다.

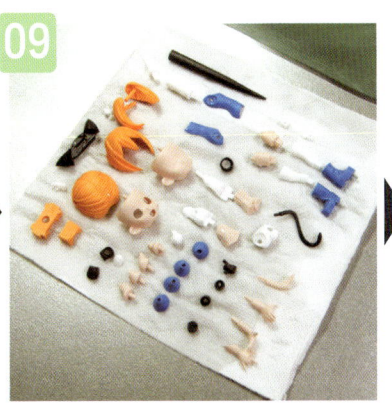

09 부품을 물에서 꺼낸다

잘 정리해서 부품이 다 있는지 확인하세요. 이때 키친타월 위에 놓으면 물도 흡수해줘서 일석이조입니다. 그리고 젖은 키친타월은 말려서 도색 용구를 닦을 때 쓰면 됩니다.

10 부품을 말린다

자연건조로 수분을 말립니다. 급할 때는 천이나 키친타월로 물기를 닦아냅니다. 핀 구멍이나 우묵한 곳에 들어간 물도 잘 닦아주세요. 섬유가 묻을 수 있으니 티슈로 닦는 것은 권하지 않습니다.

제2장 ④
컬러 레진 키트 도색

CHAPTER

23

도색에 필요한 도구

레진 캐스트 키트를 칠하는 데 사용하는 붓과 물감(도료)은 거의 프라모델에 사용하는 것과 같습니다. 에어브러시나 콤프레서 같은 본격적인 도구도 있지만, 여기서는 심플하게 물감과 붓만 사용하겠습니다. 이런 도구도 가전 양판점 하비 코너나 모형 전문점, 홈센터, 미술 용구점 등에서 구입할 수 있습니다.

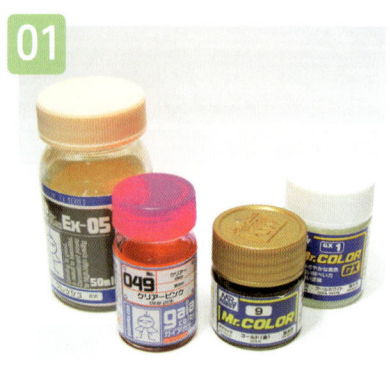

01 래커계 도료
사진 왼쪽의 2개가 가이아노츠의 「가이아 컬러」, 오른쪽 2개가 GSI 크레오스의 「Mr.컬러」. 이것들은 래커계 도료입니다. 건조가 빠르고 도막이 강한 것이 특징입니다. 양쪽 메이커 모두 보통 사이즈의 병 도료 외에 많이 사용하는 색은 대용량 큰 병도 있습니다.

02 수성 아크릴계 도료
사진 왼쪽부터 GSI 크레오스의 「수성 하비 컬러」, 타미야의 「타미야 컬러 아크릴 도료」, 수입 판매원 보크스의 「바예호 컬러」. 이것들은 수성 아크릴계 도료입니다. 건조는 느리지만 붓자국이 덜 남는 것이 특징입니다. 냄새도 순해서 유기용제를 싫어하는 사람에게 좋습니다.

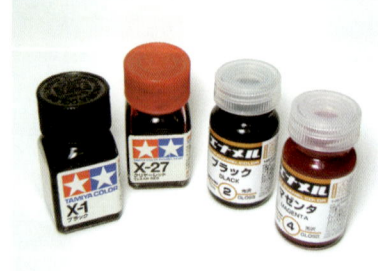

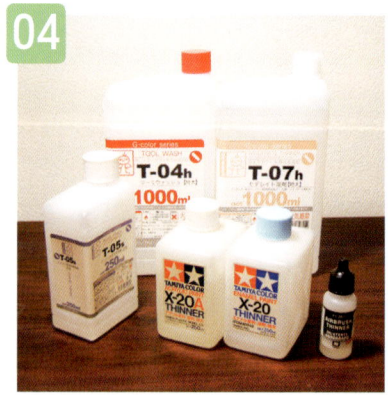

03 에나멜계 도료
사진 왼쪽부터 타미야의 「타미야 컬러 에나멜 도료」, 가이아노츠의 「가이아 에나멜 컬러」. 다른 도료 위에 덧칠하거나 먹선을 넣을 때 사용합니다. 그리고 앞서 말한 것처럼 타미야 컬러에는 아크릴 도료가, 가이아노츠에는 래커계 도료(가이아 컬러)가 있으니 혼동하지 않도록 주의하세요.

04 희석액, 툴 클리너
희석액(용제라고도 합니다)는 각각 전용이 있고, 다른 것을 쓰면 안 됩니다. 단, 같은 라커 계열이라면 「가이아 컬러」와 「Mr.컬러」는 호환성이 있습니다. 툴 클리너는 강력하고 하위 호환이 돼서 모든 도료를 녹입니다.

도료 덧칠에 대해

위에 색을 칠했더니 밑색이 녹았다…. 이런 경험은 없으신지요. 이것은 도료에 포함된 용제 성분 문제입니다. 포스터컬러를 덧칠하면 아래의 색이 녹는 것은, 포스터컬러가 마른 뒤에도 물에 녹는 성질 때문입니다. 그런데 아크릴 과슈는 일단 마르면 물에 담가도 녹지 않습니다. 모형용 도료도 마찬가지입니다. 래커계 도료는 전용 희석액에는 녹지만 아크릴이나 에나멜 희석액에는 녹지 않습니다. 이 관계는 먹선(68페이지 참조) 등의 기법에도 응용할 수 있습니다. 또한 이런 관계를 오른쪽에 표로 정리했으니 참고하세요.

덧칠 대응표

윗칠 밑칠	래커 ·Mr 컬러 ·가이아 컬러	수성 아크릴 ·수성 하비 컬러 ·타미야 컬러 ·아크릴 도료 ·바예호	에나멜 ·타미야 컬러 ·가이아 에나멜 컬러
래커	△	○	○
수성 아크릴	×	△	○
에나멜	×	○	△

○덧칠 가능
△덧칠은 가능하지만 녹을 가능성이 있음
×덧칠 불가

05 도료 접시, 종이 팔레트

도료를 섞거나 칠하기 편하도록 농도를 조절하려면 도색 접시가 편리합니다. 혼색하면서 칠할 때는 종이 팔레트가 편리합니다.

06 붓

세밀한 부분을 칠하는(그리는) 세필(사진 중앙, 오른쪽), 넓은 부분을 칠하는 평붓(왼쪽) 등이 있습니다. 가격도 다양합니다. 싼 것을 자주 바꿀지 비싼 것을 오래 쓸지는 취향에 따라.

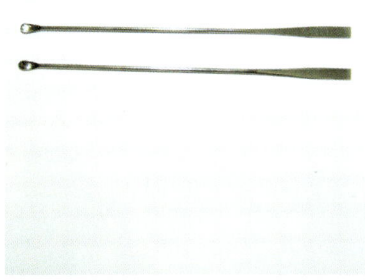

07 조색봉

도료는 용제와 분리돼서 침전됩니다. 사용하기 전에 잘 섞어줘야 합니다. 섞을 때는 평평한 쪽을 씁니다. 숟가락 모양 부분은 혼색할 때 도료를 뜨는 데 사용합니다. 사진은 타미야의 「조색 스틱」.

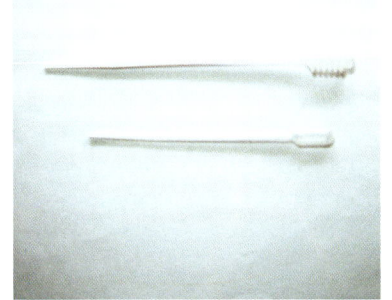

08 스포이드

도료를 희석할 때 희석액을 조금씩 떨어트릴 수 있습니다. 희석액별로 준비하면 편합니다. 희석액이나 툴 클리너를 대용량 병으로 사용할 때는 긴 것을 준비해주세요. 위쪽은 시판품이고, 아래쪽은 실리콘에 포함돼 있던 스포이드. 사용하지 않은 것을 챙겨뒀습니다.

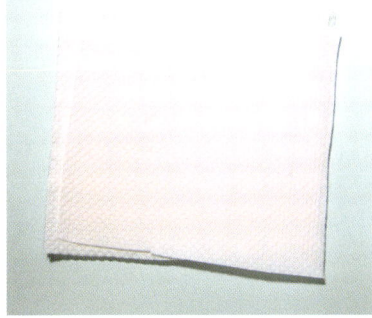

09 키친타월

붓에 묻은 도료나 용제, 사용한 접시 등을 닦을 때 사용합니다. 티슈는 미세한 섬유가 접시 등에 묻어서 키친타월이 좋습니다. 일본제지 크레시아의 「킴와이프」라는 전용 제품도 있지만, 키친타월은 가격이 싸고 구하기 편한 점이 좋습니다.

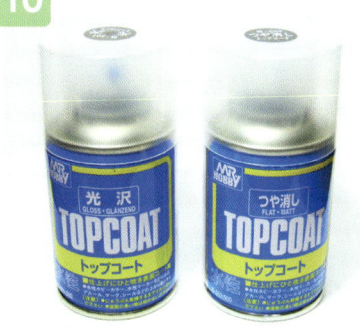

10 탑코트

완성된 피규어에 뿌려서 표면 보호와 광택 상태를 정리하는 스프레이식 도료입니다. 유광, 무광 외에 반광도 있으니 취향에 맞춰 사용하세요. 사진은 GSI 크레오스의 「탑코트 유광」과 「탑코트 무광」.

제2장 ④
컬러 레진 키트 도색

CHAPTER

24

붓도색 ①

이 키트에서 도색이 필요한 부분은 입속과 목의 방울, 그리고 손에 잡고 있는 아트나이프 칼날 부분과 척 부분입니다. 그리 많지 않아서 붓과 도료로 간단히 칠해보겠습니다. 붓칠에 적합한 것은 잘 칠해지는 수성 아크릴계 도료나 에나멜계 도료입니다. 이번엔 먹선 기법을 사용하고 싶어서 베이스 컬러로 수성 아크릴을 선택했습니다. 본격적인 도색에서는 베이스 컬러로 래커 도료를 사용하지만, 냄새나 용구 손질 등이 상당히 번거롭습니다. 이번에 사용한 수성 아크릴은 냄새가 없는 것이 특징입니다. 그리고 바예호 컬러는 짜서 바로 쓸 수 있어서, 시너 냄새를 싫어하는 분이나 초보자에게 적합합니다.

01

바예호 컬러
이번에 사용할 것은 「바예호 컬러」입니다. 수성 아크릴계 도료로 냄새도 거의 없고, 용기에서 짜서 바로 칠할 수 있는 간편함이 매력입니다.

02

잘 흔들어서
바예호 컬러는 사용하기 전에 잘 흔들어야 합니다. 안료가 침전돼 있으니 섞어주기 위해서 흔들어줍니다.

03
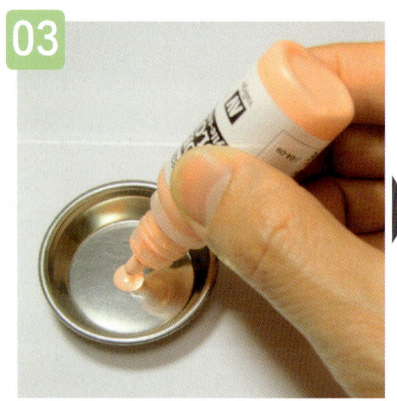
도료를 짠다
도료 접시 등에 짭니다. 여기서는 금속제 모형용 도료를 사용했는데, 종이 팔레트 등에 해도 됩니다. 접시에 짠 도료는 튜브에 든 그림물감(아크릴 과슈)을 칠하기 편한 농도로 조정한 느낌입니다.

04
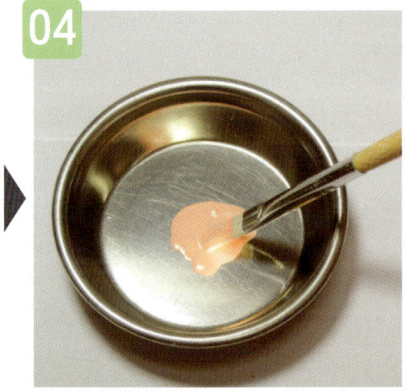
붓에 묻힌다
넓은 면적을 칠할 때는 평붓을 사용합니다. 평붓에도 다양한 크기가 있는데, 너무 커도 칠하기 힘듭니다. 칠할 면적에 맞춰서 선택하세요.

붓이나 용구는 물로 씻을 수 있다

바예호 컬러는 수성 아크릴계 도료입니다. 마르면 내수성이 되지만, 마르기 전까지는 물에 녹습니다. 붓이나 용구는 마르기 전에 물로 씻는 것을 추천합니다. 만에 하나 굳을 때까지 방치했다면 전용 시너나 클리너를 사용하세요. 그래도 안 될 경우에는 래커계 툴 클리너를 사용합니다. 래커계는 모든 용제 중에서 제일 강력해서 대부분의 도료를 녹일 수 있습니다.

05 희석할 때는

용기에서 직접 짜서 사용할 수 있는 것이 장점인 바예호 컬러지만, 너무 뻑뻑할 때는 「바예호 전용 시너」나 물로 희석할 수도 있습니다. 사진은 「바예호 전용 에어브러시 시너」.

06 부품에 칠한다

이런 작은 부품은 잡기 힘드니 손으로 직접 잡는 게 아니라 손잡이를 달아줬습니다. 도료를 듬뿍 머금은 붓으로 칠합니다.

07 칠한다기보다 얹는 느낌

부품 위에서는 붓을 많이 움직이기보다는 슥 하고 한 번 칠하는 것이 요령입니다. 붓은 한 방향으로 움직이고 되돌리지 마세요.

08 측면을 칠한다

붓질 한 번으로 윗면만 칠해집니다. 끼웠을 때 보일 수도 있으니 옆면도 칠해줍니다.

09 다 칠하면 말린다

꽤 많이 칠했습니다. 아슬아슬하게 흐르지 않을 정도로 얹은 느낌입니다. 마를 때까지 의외로 시간이 걸립니다. 건드리지 않게 조심하면서 말립니다.

10 확인, 수정

마른 뒤에는 약간 진해지고 광택이 없는 무광 질감이 됩니다. 자세히 확인해보니 테두리 부분의 도료가 흘러서 옅어졌습니다. 가는 붓으로 그 부분만 추가로 칠했습니다.

제2장 ④
컬러 레진 키트 도색

CHAPTER

25

붓도색②

붓도색의 기본은 알았으니, 다음엔 좀 더 넓은 면적을 칠해보겠습니다. 「바예호 컬러」 은색으로 아트나이프 칼날 부품을 칠합니다. 실패해도 다시 칠할 수 있으니 안심하고 해보세요. 은색을 칠했으면 마찬가지로 금색도 칠합니다. 아트나이프 손잡이 부분과 목 아래에 달리는 방울이 금색으로 칠할 부분입니다. 금색도 금속색이니 잘 섞어서 칠합니다.

01 칼날 부분을 칠한다
금색이나 은색 등의 금속색은 입자가 커서 잘 섞어줍니다. 붓에 도료가 너무 많이 묻은 것 같으면 접시 가장자리 등에 문질러서 조절합니다.

02 먼저 평평한 면을 칠한다
폭이 좁은 붓으로 칠하면 겹쳐진 부분이 뭉칠 수 있으니, 사용하는 것은 평붓입니다. 날 부품의 폭 이상의 붓을 씁니다. 날 뿌리부터 시작해서 끝을 향해서 한 번에 슥, 칠합니다.

03 한 번에 칠한다
중간에 멈추거나 되돌아가지 마세요. 반대쪽도 같은 방법으로 칠합니다. 붓에 머금은 도료가 적으면 중간에 흐릿해집니다. 조금 많이 묻히는 것이 좋습니다.

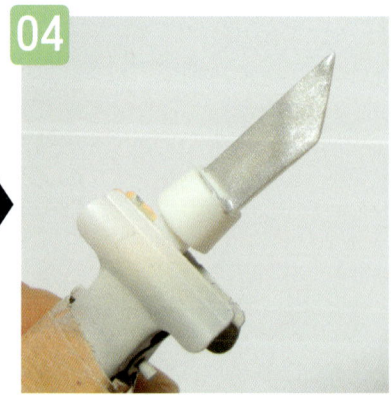

04 날 앞뒤를 칠했다
뭉친 곳도 있고 끝부분에 도료가 조금 고이기는 했지만 문제는 없습니다. 물론 그대로 말리면 그 부분만 도료가 두꺼워지니 대처합니다.

실패한 경우에는

잘 칠해지지 않았을 때는 도료를 닦아내고 다시 칠할 수 있습니다. 마른 도료를 나이프로 깎아낼 수도 있지만, 그러면 부품에 흠집이 날 수도 있습니다. 레진 캐스트는 용제보다 강하니까「바예호 전용 시너」나「에어브러시 클리너」에 담가서 닦아냅니다. 도료 접시나 종이컵에「바예호 전용 시너」나「에어브러시 클리너」등의 용제를 따르고 거기에 부품을 담급니다. 도료가 녹으면 붓으로 문질러서 닦아냅니다. 다 닦으면 건져내서 닦아줍니다. 이제 도색 전과 같은 상태가 됐으니 다시 도전! 참고로 부품을 잡거나 건질 때는 맨손이 아니라 핀셋을 사용합니다.

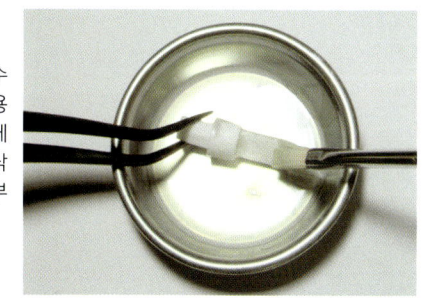

05
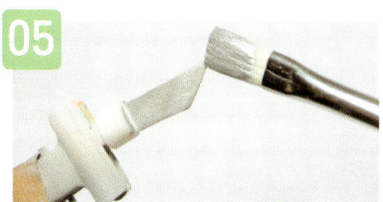
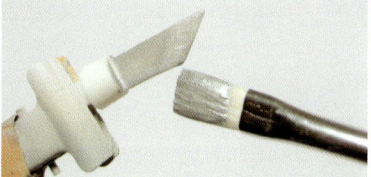

고인 도료

끝에 고인 도료는 붓 끝으로 빨아들인 뒤에 옆으로 빼내서 없애줍니다. 그리고 그때 붓 끝에 묻은 도료를 써서 날 옆면을 칠해줍니다.

06

밑동을 칠한다

날 밑동, 척의 금속 부분도 은색으로 칠해줍니다. 먼저 윗면을 칠합니다. 굵은 평붓으로는 칠하기 힘들 수도 있지만, 구분해서 칠할 것도 아니니 그대로 칠합니다. 칠한다기보다는 올려놓는다는 이미지입니다.

07

이어서 척 옆면도

원기둥 측면을 따라서 빙글 돌리듯이 붓을 움직여서 옆면도 칠해줍니다. 붓은 그대로 두고 손잡이를 돌리면서 칠해도 좋습니다.

08
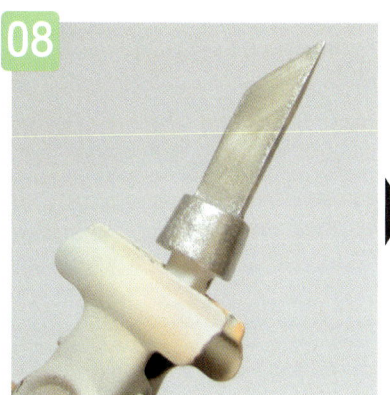

한 번에 칠해지지 않을 때는

처음에 칠한 날 부분입니다. 중간 부분에 색이 흐릿한 부분이 있지만, 급하게 어떻게 할 필요는 없습니다.

09
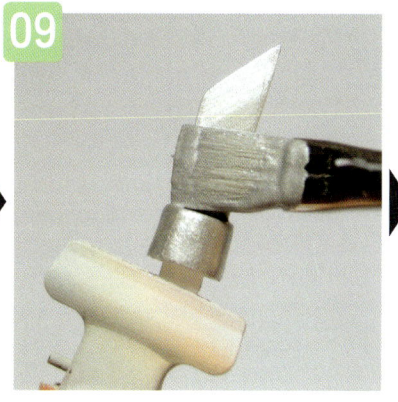

덧칠

이럴 때는 잘 말린 뒤에 다시 한 번 칠해줍니다. 이번에는 먼저 칠한 방향에 수직이 되도록 칠합니다.

10
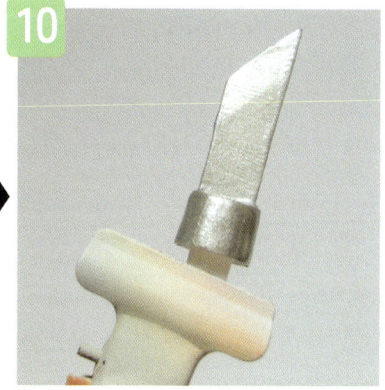

완성

약간의 뭉친 부분은 마르면서 평평해집니다. 마를 때까지 시간이 걸리니 만지지 않도록 조심하세요. 잘 칠해지지 않았을 때는 도료를 닦아내고 다시 칠할 수도 있습니다.

제2장 ④
컬러 레진 키트 도색

CHAPTER 26

먹선 넣기

피규어의 부품에는 우묵하게 들어간 부분이나 이음매 등을 골이나 홈으로 표현한 디테일이 있습니다. 물론 그냥 둬도 입체적이지만 그 부분을 강조하기 위해서 짙은색 도료를 넣어주는 「먹선」을 그려주면 입체감과 밀도가 더욱 좋아집니다. 여기서는 먹선 넣는 방법과 어떤 부분에 사용하면 효과적인지를 보겠습니다. 원래는 프라모델 등에서 사용하던 기법이지만 피규어에도 응용할 수 있습니다. 이번에는 검은색으로 먹선을 넣었지만, 주변 색에 따라서는 너무 눈에 띄니까 갈색이나 회색 등을 사용해서 너무 튀지 않게 하는 경우도 있습니다.

01

에나멜계 도료와 용제로

먹선에는 에나멜계 도료를 사용합니다. 이것은 아크릴계나 래커계 도료 표면을 해치지 않기 때문에, 삐져나왔을 때 쉽게 닦아낼 수 있습니다.

02

잘 섞는다

에나멜계 도료는 「바예호 컬러」와 달라서 흔들어도 섞이지 않습니다. 도료 뚜껑을 열고 속뚜껑도 연 뒤에 조색 막대로 잘 섞어줍니다.

03

도료 접시에 던다

잘 섞었으면 스틱으로 도료 접시에 덜어줍니다. 많이 덜 필요는 없습니다. 몇 방울 정도면 충분합니다.

04

도료를 희석한다

에나멜 도료용 용제로 도료를 희석합니다. 스포이드를 써서 도료 1에 용제 5~10 정도를 넣어줍니다.

용구의 뒤처리

용제를 섞은 스틱이나 사용한 도료 접시는 마르기 전에 티슈 등으로 닦아주면 다음에 필요할 때 바로 사용할 수 있습니다. 붓은 병이나 종이컵 등에 용제를 덜고 거기에 씻습니다. 저는 붓을 씻을 때 「브러시 워셔」라는 전용 병에 가이아노츠의 「T-04 툴 워시」를 넣어서 씁니다. 기본적으로는 사용한 도료의 용제로 지우지만, 툴 워시는 어느 종류의 도료도 강력하게 지울 수 있어서 잘 사용하고 있습니다.

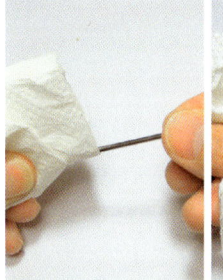 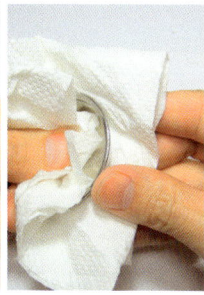 

05

묽게 녹인다

조색봉으로 잘 저어서 도료와 용제를 섞어줍니다. 접시를 기울이면 속 하고 흘러내리는 정도로 희석합니다.

06
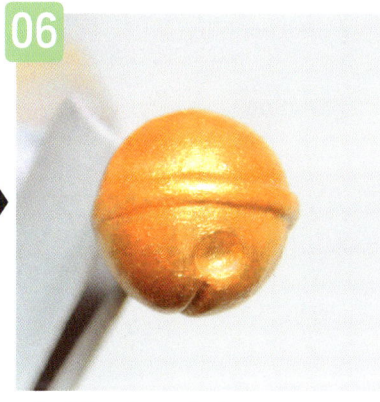

먹선을 넣으려면

색을 칠한 방울 부품입니다. 진짜 방울에는 소리를 내기 위한 구멍이 있는데, 이 부품에서는 우묵하게 들어가 있을 뿐입니다. 이 부분에 먹선을 넣어서 리얼리티를 높여줍니다.

07

도료를 흘린다

가는 붓에 도료를 잔뜩 머금어줍니다. 그 붓을 홈에 대면 도료가 자연스럽게 흘러 들어갑니다. 모세관 현상이라고 합니다. 삐져나온 부분이 있어도 그대로 말립니다.

08

삐져나온 부분을 닦아낸다

도료가 마르면 삐져나온 부분을 면봉으로 닦아줍니다. 면봉에 용제를 적셔서 닦으면 도료가 녹아서 삐져나온 부분이 깨끗해집니다. 너무 세게 문지르면 홈에 들어간 도료도 닦이게 되니 조심하세요. 표면을 문지르는 느낌으로 닦아주세요.

09

완성

삐져나온 부분을 지우고 홈 부분에만 도료가 들어간 상태입니다. 사진에서는 조금 옅은 느낌이지만 육안을 보면 문제없는 레벨입니다. 만약 옅은 경우에는 원하는 농도가 될 때까지 더 해줘도 됩니다.

10

나이프 손잡이 부분도

나이프 손잡이 부분의 미끄럼 방지 몰드 부분에도 마찬가지로 먹선을 넣었습니다. 먹선이 옅은 부분이 있는 것은 홈의 깊이가 균일하지 않고 얕은 부분이 있기 때문입니다. 홈을 파서 깊게 만들어주면 더 균일하고 짙은 라인을 만들 수 있습니다.

제2장 ④
컬러 레진 키트 도색

CHAPTER 27

씰 붙이기

이 키트에는 눈과 눈썹 부분을 재현하기 위한 씰이 들어 있습니다. 도색으로 표현하기는 꽤 어려운 세밀한 부분을 간단하게 재현할 수 있습니다. 간단한 씰이지만, 인쇄로 만들었다 보니 장시간 햇볕을 쬐면 타거나 퇴색될 가능성이 있습니다. 그리고 풀이 열화돼서 벗겨질 가능성도 있습니다. 기온이나 직사광선 등을 조심해서 보관해야 합니다.

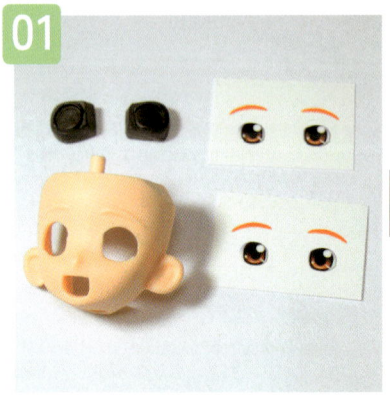

01 씰과 붙일 부품

실패해도 다시 할 수 있도록 씰이 2장 들어 있습니다. 씰은 약간 두툼하고 여백 부분이 없습니다. 표면은 유광으로 코팅돼 있습니다.

02 벗기기

씰은 핀셋으로 붙입니다. 종이를 살짝 젖혀서 씰 끝을 띄우고 핀셋으로 집어줍니다. 끝부분이 직선인 핀셋보다 사진처럼 구부러진 핀셋이 쓰기 편합니다.

03 붙이기

눈 부품의 해당되는 부분에 대고 붙여줍니다. 좌우를 잘 확인하세요. 같은 방법으로 양쪽을 붙여줍니다. 잘 쓰는 손 쪽이 작업하기 편하니 오른쪽(피규어 왼쪽 눈)부터 작업했습니다.

04 확인

붙인 부품을 얼굴 부품에 끼워봤습니다. 눈 아래쪽에 바탕색인 검은 색이 너무 노출돼 있습니다. 속눈썹 몰드에 딱 맞춰졌기 때문에 너무 위쪽으로 올라간 것 같습니다.

눈은 유광, 아니면 무광?

이 키트의 눈 씰에는 유광 가공이 돼 있습니다. 실제 눈은 표면이 눈물에 젖어 있어서 유광인 쪽이 리얼하다고 할 수 있겠죠. 도색으로 눈을 마감할 때 유광으로 할지 무광으로 할지는 고민되는 부분입니다. 광택이 있는 쪽이 보기는 좋겠지만, 사진을 찍을 때 번쩍거려서 잘 찍히지 않는 경우가 있습니다. 실물을 직접 볼 수 있는 전시용 피규어는 유광, 촬영용이라면 무광으로 하는 것도 하나의 기준이 될 수 있습니다.

05 수정
씰과 부품 사이에 아트나이프 끝을 끼워 넣어서 씰을 벗깁니다. 벗기면 핀셋으로 집어서 아래쪽 끝에 맞춰 다시 붙입니다.

06 다시 확인
수정한 눈 부품을 다시 얼굴 부품에 끼워봤습니다. 이번에는 괜찮은 것 같습니다.

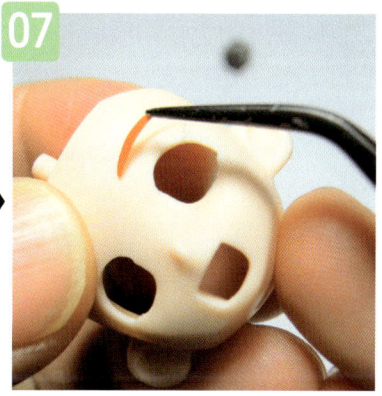

07 눈썹 붙이기
눈썹도 마찬가지로 붙여줍니다. 가늘고 긴 것을 한 번에 붙이기는 힘드니까 한쪽 끝에 맞춰줍니다.

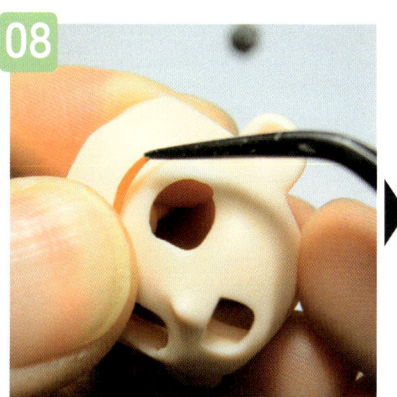

08 붙이는 면이 작아서
가는 씰은 점착력이 약하니까 위치를 맞추면 한쪽 끝을 손가락으로 누르면서 반대쪽 위치에 맞게 붙여줍니다.

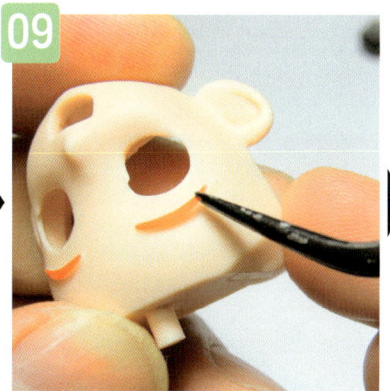

09 반대쪽 눈썹
왼쪽 눈썹을 붙일 때는 얼굴을 거꾸로 잡고 오른쪽으로 오도록 하면 작업하기 편합니다.

10 완성
간단하게 눈과 눈썹이 완성됐습니다. 눈썹에도 광택이 있어서 이상한 느낌이 들지만, 이것은 나중에 조절할 수 있으니 걱정하지 마세요.

제2장 ④
컬러 레진 키트 도색

CHAPTER
28

데칼 붙이기

「데칼」이란 씰의 일종으로, 프라모델의 마킹 등에 사용하는 것입니다. 「워터 슬라이드 데칼」, 「수전사 데칼」, 「습식 데칼」 등으로 부릅니다. 풀이 칠해진 종이 위에 문자나 도형을 인쇄하고 투명한 니스 보호층을 입힌 것으로, 물에 담그면 종이에서 글자, 도형과 보호층이 같이 벗겨지게 되며, 뒤에 묻은 풀로 붙일 수 있습니다. 피규어에서는 도색으로 처리하기 힘든 눈동자를 표현하기 위해서 사용하는 경우가 많습니다.

01 종이에서 잘라낸다

아트나이프와 커터나이프, 가위로 필요한 부분을 잘라줍니다. 대략적으로 잘라내도 됩니다. 인쇄면을 자르지 않게 조심하세요.

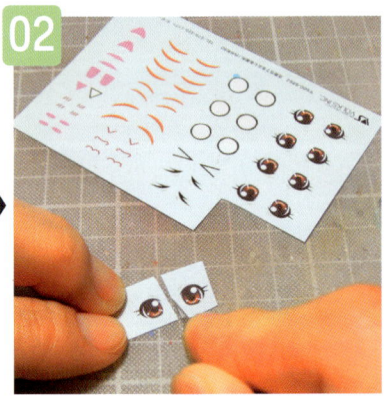

02 한쪽씩 잘라준다

양쪽 눈을 잘라냈지만 실제로는 한쪽씩 붙여야 하니 잘라줍니다. 너무 가깝게 잘라서 인쇄면이 다치지 않도록 조심해주세요.

03 물을 준비

얇은 접시 모양 용기에 물을 담고, 거기에 잘라낸 데칼을 넣어줍니다. 사진에서는 도료 접시를 사용. 물에 담그는 시간은 데칼마다 다릅니다. 설명서를 보고 확인해주세요. 이 데칼은 5~10초였습니다.

04 10초 정도 물에 담근다

종이에 물이 푹 젖는 정도가 좋습니다. 왼쪽이 담그기 전, 오른쪽이 종이 전체가 물을 머금은 상태입니다. 너무 오래 담그면 데칼이 종이에서 떨어집니다.

데칼 작업의 주의점

너무 오래 담그면 종이와 데칼이 분리됩니다(왼쪽 사진). 이러면 뒷면의 풀도 녹아버려서 부품에 붙이기 힘들어집니다. 한 장씩 잘라내서 종이가 젖으면 바로 꺼내서 작업하세요. 그리고 접시에 물을 담은 채 방치하면 접시에 녹이 스니까 이쪽도 조심하세요(오른쪽 사진).

05
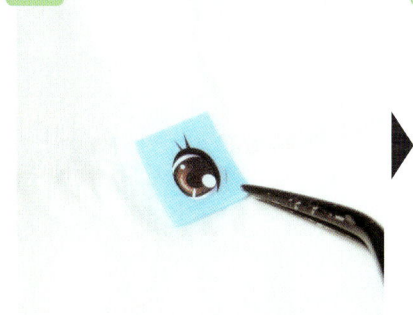

물기를 뺀다

일단 티슈 등에 올려놔서 물기를 뺍니다. 꼭 해야 하는 건 아니지만, 수분이 너무 많으면 붙일 면이 흠뻑 젖을 수가 있습니다.

06
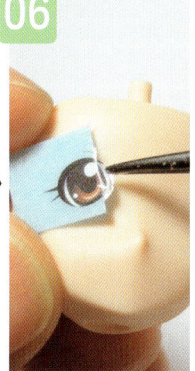

미끄러트린다

붙일 위치에 종이를 대고, 종이를 슬라이드시켜서 빼줍니다. 핀셋으로 잡을 때는 여백 등을 잡아서 인쇄면에 흠집이 나지 않게 해주세요. 양쪽 모두 붙여줍니다.

07

데칼을 눌러준다

부품 위에 올려도 데칼을 움직일 수 있습니다. 핀셋이나 물을 적신 면봉으로 살짝 움직일 수 있습니다. 위치가 정해지면 면봉으로 눌러서 밀착시킵니다.

08

양쪽 눈을 붙이고 확인

앞머리 부품을 끼워서 눈의 위치가 제대로 됐는지 확인합니다. 위치를 움직이고 싶을 때는 면봉에 물을 묻혀서 데칼 주위를 적십니다. 데칼과 부품 사이에 물이 들어가면 움직일 수 있습니다.

09

마찬가지로

눈썹과 입도 붙여줍니다. 눈과 입, 눈썹은 위치가 조금만 달라져도 인상이 달라집니다. 육안으로 본 경우와 사진으로 찍었을 때 인상이 다를 수도 있습니다. 사진 쪽이 정확하니까 디지털카메라 등으로 촬영해서 확인하면 좋습니다.

10

데칼을 벗긴다

갈라지거나 찢어져서 벗겨내고 싶을 때는 스카치테이프를 사용합니다. 벗기고 싶은 데칼 위에 스카치테이프를 붙이고, 조금 문질러서 압착한 뒤에 천천히 벗겨내면 같이 떨어집니다. 벗긴 뒤에는 새로 붙여줍니다.

제2장 ④
컬러 레진 키트 도색

CHAPTER
29

광택 조절①

파팅 라인이나 게이트를 처리할 때 사포질을 한 부분은 약간 광택이 죽어서 원래의 레진 표면과 느낌이 달라집니다. 이것을 정리하기 위해서 무광 「탑코트」를 뿌려줍니다. 표면의 광택을 통일시켜주고 도색면과 데칼을 보호해주기도 합니다. 또한 탑코트에는 「무광」 외에 「유광」과 「반광」도 있습니다. 취향에 맞춰서 사용하세요. 전체를 같은 광택으로 만들 때는 조립한 뒤에 탑코트를 뿌립니다. 이번에는 옷 일부(파란 부분과 검은 부분)를 유광으로, 나머지 부분은 무광으로 처리하기로 해서, 조립하기 전의 부품 상태에서 탑코트를 뿌렸습니다. 여기서는 뿌리기 전의 준비, 부품을 손잡이에 고정하는 방법을 보겠습니다.

01
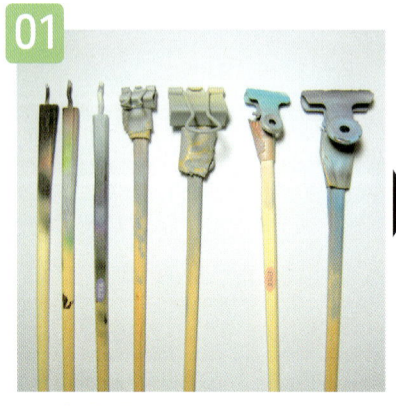
손잡이에 고정

캔 스프레이나 에어브러시로 도색할 때는 손으로 잡아서는 안 됩니다. 봉 끝에 집게가 달린 손잡이 등에 고정합니다. 시판 손잡이를 사용해도 되지만, 여기서는 나무젓가락 끝에 각종 집게, 알루미늄 철사 등을 고정한 자작 손잡이를 사용했습니다.

02
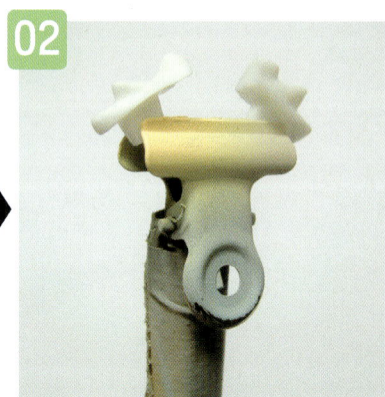
집어서 고정

집게로 부품을 집어서 고정합니다. 탑코트나 도료가 묻지 않아도 되는 부분을 잡아줍니다. 작은 부품은 집게 하나로 부품 두 개를 집어도 됩니다.

03
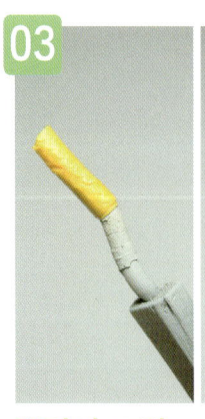
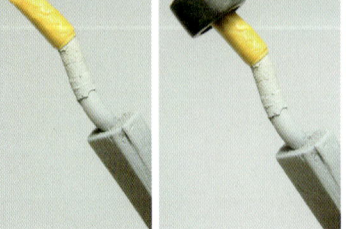
꽂아서 고정

구멍이 뚫린 부품에는 적당한 크기의 알루미늄 철사 등을 꽂아서 고정합니다. 헐렁하면 마스킹 테이프를 감는 등, 알루미늄 철사를 굵게 만들어서 꽂아줍니다.

04

꽂고 집어서 고정

굵은 구멍 등에 적당히 좋은 크기의 프라봉이 있으면, 그것을 꽂은 상태에서 집게로 집어 고정합니다.

노출되지 않는 부품은 코팅할 필요 없음

폴리캡이나 관절 부분용 레진 캐스트제 부품, 폴리캡을 고정하는 부품 등, 내부에 끼우고 완성할 때, 밖에 노출되지 않는 것은 탑코트를 뿌릴 필요가 없습니다. 내부에 끼우는 부품은 칠해도 안 보이기에 헛수고가 되는 것은 물론이고, 도막 탓에 접착하거나 끼울 때 지장이 생길 수도 있기 때문입니다. 또한 폴리캡은 도색, 코팅이 벗겨지기 때문에 노출될 경우에도 칠하지 않습니다. 꼭 폴리캡을 칠하고 싶을 때는 프라이머(93, 116페이지 참조)를 칠한 뒤에 도색하는 방법이 있는데, 그래도 벗겨질 가능성은 있습니다.

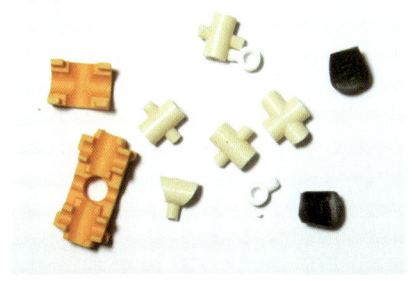

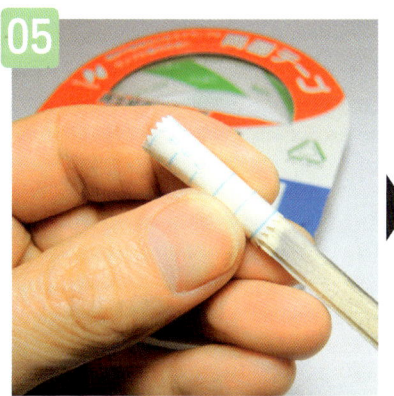

05 양면테이프로 고정

구멍을 뚫을 수도 없는 얇은 부품은 양면테이프로 고정합니다. 나무젓가락 끝부분에 양면테이프를 붙인 뒤에 종이를 벗깁니다.

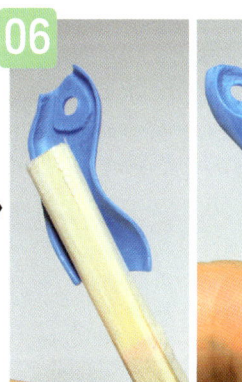

06 안 보이는 부분에 붙여서 고정

완성한 뒤에 안 보이는 부분(탑코트나 도료를 안 묻혀도 되는 부분)을 양면테이프로 고정합니다.

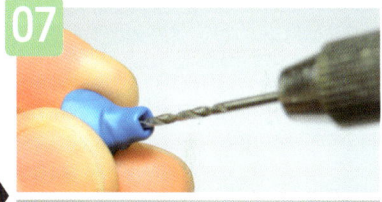

07 구멍 뚫는 걸 깜박했다

세척하기 전에 고정용 구멍을 뚫었는데, 깜박한 부분이 있었습니다. 이런 경우에는 안 보이는 부분에 추가로 구멍을 뚫어줍니다. 기껏 세척까지 했으니 최대한 손때나 찌꺼기가 묻지 않도록 조심해서 해주세요.

08 건조대를 준비

손잡이를 이용해서 도료를 뿌리는데, 도색면이 완전히 마를 때까지 어디에도 닿지 않게 해야 합니다. 하지만 마를 때까지 계속 들고 있을 수도 없으니, 고정하기 위한 건조대가 필요합니다.

09 건조대 자작

물론 시판 건조대를 사용해도 되지만, 간단히 자작할 수 있습니다. 나무 판에 손잡이와 비슷한 지름의 구멍을 뚫거나, 골판지 상자를 적당한 크기로 붙여서 쓰러지지 않을 정도의 두께로 만들어서 써도 됩니다.

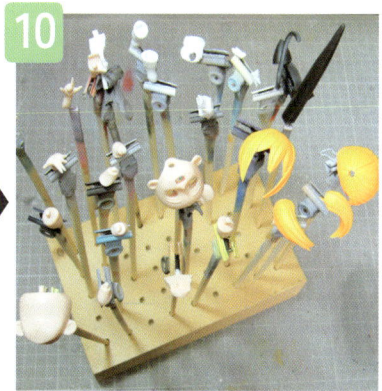

10 고정 완료

손잡이에 부품을 고정했습니다. 헷갈리지 않게 이쪽 건조대에는 무광으로 만들 부품만 세워놨습니다.

제2장 ④
컬러 레진 키트 도색

CHAPTER 30

광택 조절 ②

부품을 손잡이에 고정했으니 이제 탑코트를 뿌립니다. 뿌리기만 해도 표면의 광택을 정리할 수 있는 탑코트는 편리한 도구입니다. 하지만 캔 스프레이로 뿌리는 도색은 너무 뿌리면 고이게 되거나 너무 가까이서 뿌리면 흐르는 등의 문제도 있습니다. 칠할 부품과 캔의 적절한 거리를 알아둬서 효율적으로 뿌리는 방법을 배워봅시다. 탑코트는 스프레이식 클리어 도료이며 수성 아크릴 계열입니다. 수성이라서 에나멜계나 수성 아크릴 위에 뿌려도 도막을 해치지 않습니다. 래커계인 「Mr.슈퍼 클리어」라는 상품도 있으니 혼동하지 마세요.

01 이번에 사용한 탑코트

이번에 사용한 탑코트는 「유광」과 「무광」입니다. 겉보기엔 거의 같아서 구별하려면 라벨의 글자를 잘 보는 수밖에 없습니다. 뚜껑에도 표시가 있지만, 실수로 뚜껑을 잘못 끼울 수도 있으니 캔 본체의 라벨을 확인하고 뿌리세요.

02 도색 부스

탑코트는 물론이고 스프레이 도색이나 에어브러시로 뿌려서 도색할 때는 도색 부스(배기 팬)가 필수입니다. 그렇지 않으면 방 안에 도료 미스트가 고이게 됩니다. 사진의 도색 부스는 GSI 크레오스의 제품입니다. 어느 메이커라도 상관없지만, 흡입력이 강한 것을 준비하는 게 좋습니다.

03 캔을 잘 흔든다

용제와 도료의 성분을 섞기 위해서 잘 흔들어줍니다. 캔을 손으로 잡고 위아래로 잘 흔들어주세요.

04 처음에는 부품이 없는 곳에

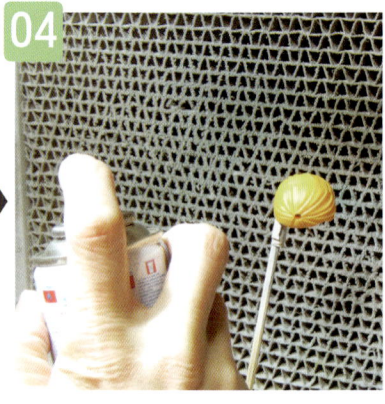

도색 부스의 스위치를 켜서 배기를 시작하고, 부품을 집습니다. 처음 뿌릴 때는 도료 분출이 불안정하기 때문에 부품이 없는 곳에서 뿌리기 시작합니다.

손목 스냅을 이용해서

작은 부품 등은 손 전체를 움직이면 움직임과 시간, 도료를 많이 낭비하게 됩니다. 그럴 때는 그 자리에서 손목 스냅만 이용해서 칠하는 게 좋습니다. 익숙해지면 슉, 슉, 슉 하고 리드미컬하게 뿌릴 수 있게 됩니다. 본문 06의 설명에서 1스트로크에 1초 정도라고 되어 있는데, 더 빨리 해도 됩니다.

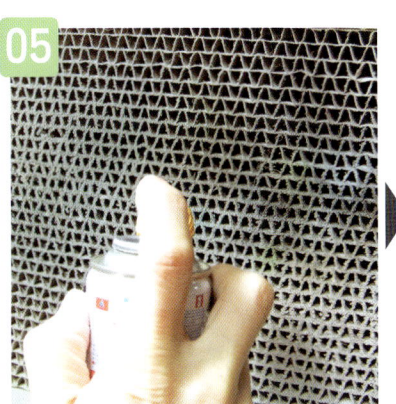

05 뿌리면서 부품 위를 통과

버튼을 누르면 도료가 뿜어져 나옵니다. 버튼을 어중간하게 누르면 뿌리는 양이 안정되지 않습니다. 끝까지 계속 눌러주세요. 도료가 나오기 시작하면 부품 위를 통과하듯이 뿌립니다. 바로 움직여도 됩니다.

06 통과하면 멈춘다

미스트가 부품 위를 통과하면 버튼을 떼서 뿌리기를 멈춥니다. 뿌리기 시작할 때처럼 끝낼 때도 불안정하니까 부품 위에서 멈추지 마세요. 04~06까지가 1스트로크이고, 1스트로크는 1초 정도입니다.

07 기본을 6스트로크로

물론 1스트로코로 칠해지지 않는 부분이 있습니다. 거기서 손잡이를 돌려서 다른 면을 대고 거기에 뿌려줍니다. 그리고 그 뒤에 또 다른 면에. 정면, 양 옆, 뒤쪽, 위쪽, 아래쪽 여섯 방향 정도로 뿌리는 이미지입니다.

08 뿌리는 방향은 자유롭게

처음 예에서는 「왼쪽에서 오른쪽」으로 뿌렸는데, 「오른쪽에서 왼쪽」도, 「위에서 아래」 또는 「아래에서 위」 어느 쪽이든 상관없습니다. 부품 모양에 따라 바꿔도 되며, 움직이기 편한 방향으로만 해도 됩니다.

09 멀지도 않고 가깝지도 않게

부품과의 거리는 13~15cm 정도입니다. 또한 머리카락 등의 부품 안쪽이나 우묵한 부분도 잊지 말고 뿌려줍니다. 뿌리는 방향을 연구해서 잘 입혀지게 해주세요.

10 노즐은 깔끔하게

노즐 주변에 도료가 고였으면 티슈 등으로 깨끗이 닦아주세요. 뿌리는 사이에 막히거나 덩어리져서 튀어나오는 경우가 있습니다.

제2장 ④
컬러 레진 키트 도색

CHAPTER

31

탑코트의 효과

탑코트를 뿌리면 사포 때문에 난 흠집이 눈에 띄지 않습니다. 또한 광택의 상태를 변경할 수 있습니다. 탑코트를 얼마나 뿌려야 좋을지 모를 수도 있는데, 그리 어렵지 않습니다. 「무광으로 하고 싶다」, 「유광으로 하고 싶다」는 목적이 있어서 뿌리는 것이니까, 그 상태가 됐을 때가 끝낼 때입니다. 여기서는 탑코트를 뿌리기 전과 후를 비교해서 어떻게 되는지를 보겠습니다. 이를 참고로 탑코트 작업을 끝낼 때를 파악하세요.

뿌리기 전

무광 탑코트를 뿌리기 전입니다. 분할된 부분 근처에 게이트를 처리한 부분이 하얗게 됐습니다.

뿌린 뒤

탑코트를 뿌린 뒤입니다. 게이트를 처리한 부분이 거의 알아보기 힘듭니다.

데칼 표면이 빛난다

이것은 탑코트를 뿌리기 전의 데칼을 붙인 얼굴입니다. 부품을 비스듬하게 보면 데칼 표면의 광택 때문에 각도에 따라서는 빛나게 보입니다.

데칼이 눈에 띄지 않는다

탑코트를 뿌린 상태. 데칼 표면도 무광이 돼서 붙인 곳과 아닌 곳을 알 수 없게 됩니다.

탑코트가 아니라도 사포 자국은 없앨 수 있다

탑코트를 뿌리지 않고 파팅 라인과 게이트 처리할 때의 사포 자국을 없앨 수 있습니다. 사포 때문에 생긴 작은 홈집을 더 고운 종이 사포 등으로 연마하면 없어집니다. 웨이브의 「사포 스틱」(사진 왼쪽)과 갓핸드의 「갓 사포! 마」(중앙)를 사용하면 깔끔하게 없앨 수 있습니다. 단, 광택이 있는 표면이 되니까 무광으로 하고 싶을 때는 사용할 수 없습니다(사진 오른쪽).

05 씰의 광택도

씰을 붙인 눈썹입니다. 눈의 씰과 마찬가지로 광택이 있는 종이에 인쇄됐기 때문에, 광택이 있는 상태입니다. 눈은 유광으로 하고 싶어서 빼줬습니다.

06 무광으로

눈썹과 머리카락은 같은 질감이 자연스럽습니다. 머리카락이 무광이라서 눈썹도 무광 쪽이 좋습니다.

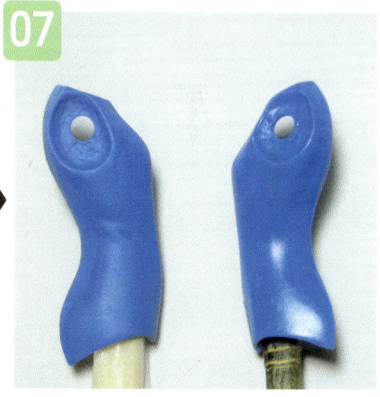

07 광택의 효과

파란 옷 부분에는 유광 탑코트를 뿌렸습니다. 왼쪽이 뿌리기 전, 오른쪽이 뿌린 뒤입니다. 광택 차이에 따라 질감도 달라지는 효과가 생깁니다. 물론 게이트와 파팅 라인 처리로 하얗게 된 부분도 구분하기 힘들어집니다.

08 질감 표현

소매는 옷과 마찬가지로 비닐 같은 소재라는 이미지의 유광으로 했습니다(사진 왼쪽). 오른쪽의 탑코트를 뿌리기 전과 비교하면 광택의 효과를 알 수 있습니다.

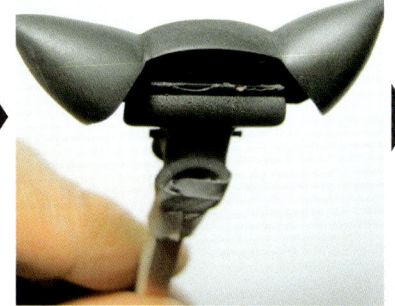

09 같은 검정이라도

고양이귀와 꼬리는 털 이미지라서 무광으로 했습니다. 유광으로 처리한 소매 부품과 같은 검정색 부품이라도 광택에 따라서 다른 질감을 표현할 수 있습니다.

10 탑코트 유지보수

끝낼 때도 노즐 주위가 더러울 것입니다. 이대로 보관하면 도료가 굳어서 다음 사용할 때 나오지 않는 등의 트러블이 발생하니 깨끗이 닦아주세요.

제2장 ⑤
컬러 레진 키트 조립

CHAPTER 32

조립 ①

탑코트도 다 뿌렸습니다. 거의 다 완성됐습니다. 설명서를 따라서 완성한 부품을 순서대로 조립합니다. 고정할 부품은 접착제를 사용해서 조립합니다. 접착할 장소에 따라서 접착제의 종류와 사용 방법이 다릅니다. 깔끔하게 만들 수 있는 방법을 선택하세요. 기껏 완성했는데 접착제가 삐져나와서 더러워지거나 잘못된 상태로 접착하지 않도록 신중하게 작업하세요.

01
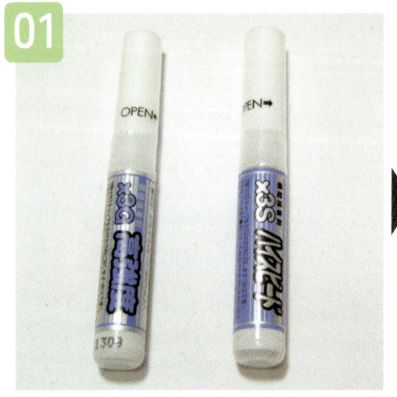

순간접착제

레진 캐스트제 부품을 접착할 때 가장 많이 사용하는 것이 「순간접착제」입니다. 사진 오른쪽, 웨이브의 「하이스피드」는 잘 흐르는 저점도 타입. 왼쪽의 「고강도」(웨이브)는 약간 점도가 있는 타입입니다. 그 외에도 보다 점도가 높은 「젤리 타입」 등이 있습니다.

02
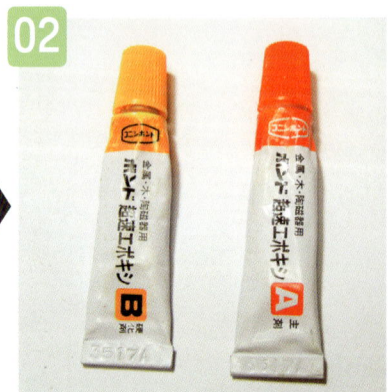

에폭시계 접착제

「에폭시계 접착제」입니다. 주제와 경화제를 같은 양 섞어서 사용합니다. 접착력은 강력하지만 경화될 때까지 시간이 걸리는 게 문제입니다. 사진은 코니시의 「초속 에폭시」. 본문에서는 사용하지 않았지만 강력하게 접착할 부분이 있는 분은 사용해보세요.

03

조립하기 전에 부품을 준비

조립 설명서를 따라서 조립합니다. 먼저 앞머리 조립입니다. 앞머리, 고양이귀, 귀 털을 준비합니다. 하얀 털 부품은 좌우가 비슷하니 접착하기 전에 잘 대보고 방향을 확인하세요.

04

고강도 접착제로

핀 부분에 고강도 순간접착제를 바릅니다. 끼웠을 때 접착제가 삐져나오지 않게, 너무 많이 묻히지 않는 쪽이 좋습니다.

도색 부스

탑코트를 뿌릴 때 사용한 도색 부스는 13,000엔부터 20,000엔 정도입니다. 탑코트만 뿌린다면 베란다나 밖에서도 어떻게든 할 수 있지만, 에어브러시를 이용한 본격적인 도색을 하려면 필수입니다. 에어브러시를 구입하려면 같이 구입하세요. 일단 본체를 구입하면 그 뒤에는 필터 등을 정기적으로 교환하거나 청소하면서 계속 사용할 수 있습니다. 사진처럼 필터가 막히면 잘 빨리지 않으니 교환합니다.

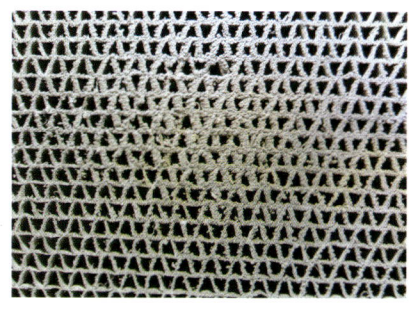

05 끼워서 고정

순간접착제를 바른 부품을 구멍에 끼워서 잠시 눌러줍니다. 고강도는 접착될 때까지 시간이 걸리니, 붙일 부분과 위치를 조정하고 싶은 부품의 접착에 좋습니다.

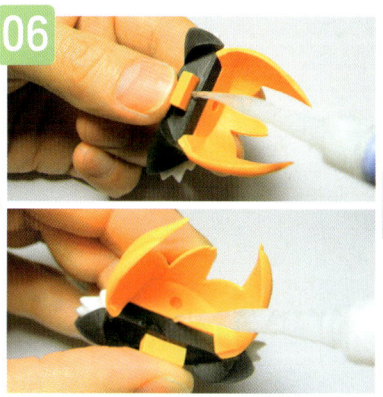

06 하이스피드 타입 접착제

접착제를 고양이귀 부품과 앞머리 부품 틈새에 흘려 넣어서 접착합니다. 바른 다음에 끼워도 좋지만 이런 부분은 하이스피드 순간접착제를 흘려 넣는 쪽이 좋습니다.

07 앞머리와 고양이귀 접착 완료

이렇게 장소에 따라서 접착제를 사용하며 조립합니다. 또한 젤리 타입 순간접착제를 사용할 때는 고강도처럼 사용합니다.

08 얼굴에 눈과 입을 붙인다

눈과 입은 얼굴 안쪽에서 끼워 넣는 구조입니다. 작은 부품을 손으로 끼우는 건 힘드니까 핀셋을 이용해서 끼워주세요.

09 뒤에서 흘려 넣는다

접착제를 바른 뒤에 끼우기 힘드니, 끼운 뒤에 하이스피드 타입 순간접착제를 흘려넣습니다. 06의 앞머리와 고양이귀는 바른 뒤에 끼워 넣어도 되지만, 여기는 흘려 넣지 않으면 힘든 부분입니다.

10 얼굴 완성

삐져나오지 않고 깔끔하게 접착했습니다. 만약 삐져나오거나 손에 묻은 접착제 때문에 피규어 표면이 더러워졌다면 나이프나 사포로 긁어내서 깔끔하게 해주세요. 그 위에 탑코트를 다시 뿌려주면 됩니다.

제2장 ⑤
컬러 레진 키트 조립

CHAPTER 33

조립 ②

앞 페이지에 이어서 흘려 넣거나 바르고 붙이는 방법을 이용해서 조립합니다. 본문에도 나오지만 일단 붙이면 다시 하기 힘드니 실수하지 않고, 또 삐져나오지 않게 조심해서 조립하세요. 여기서 처음으로 도색한 부품을 조립합니다. 순간접착제는 도료를 녹입니다. 표면에 접착제가 묻지 않게 조심하는 건 물론이고, 접착제가 묻은 손으로 도색면을 만지지 않게 주의하세요.

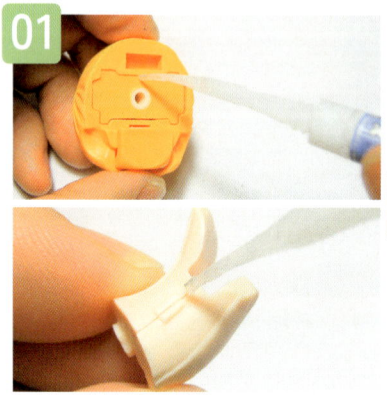

01 보이지 않는 부분은 흘려 넣기
기본적으로 보이지 않는 부분은 흘려 넣어서 접착합니다. 몸통 부품은 앞뒤를 맞대지만, 측면에 옷 부품을 붙이면 되니 흘려 넣어도 됩니다.

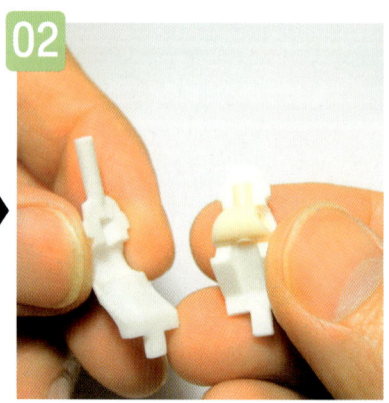

02 부품 끼우는 걸 잊지 말고
폴리캡 등의 끼우는 부품이 있는 곳은 빠트리지 않게 조심하세요. 일단 접착하면 떼어내기 힘듭니다.

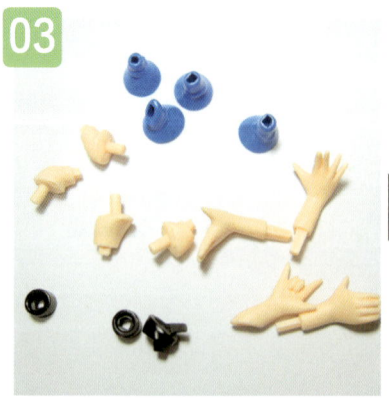

03 비슷한 부품의 접착
가조립으로 확인하고, 틀리지 않게 접착하세요. 가조립 때부터 몇 번이나 맞춰봤지만, 부품이 바뀌어도 들어가는 곳이 하나 있다는 걸 알았습니다. 검은 소매 부품을 조심하세요.

04 손에 소매를 장착
손의 핀은 길고 소매 부품을 관통해서 팔 부품에 접속하게 돼 있습니다. 소매 부품 뒤에 팔 부품이 붙으니, 여기는 흘려 넣기로 접착합니다.

순간접착제용 노즐

흘려 넣는 타입 순간접착제는 같이 들어 있는 노즐을 달아서 사용하면 편리합니다. 사용한 뒤에는 노즐을 단 채로 보관해도 됩니다. 끝부분에 고인 접착제가 굳어지지만, 그것이 뚜껑 역할을 합니다. 사용할 때 굳어진 부분을 잘라내면 됩니다. 그만큼 노즐이 짧아지지만 작업에는 지장이 없습니다. 끝부분을 여러 번 잘라내면 너무 짧아져서 작업하기 힘들어지는데, 그럴 때는 빼내고 새 노즐로 바꿔주세요. 노즐이 다 떨어지면 별매품 노즐을 구입해서 사용하면 됩니다.

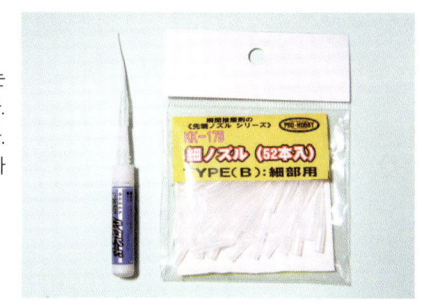

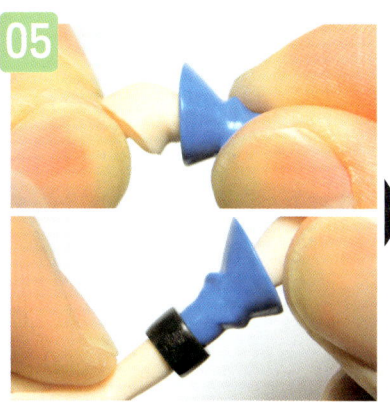

팔 완성

어깨와 팔을 접착합니다. 핀과 구멍이니까 고강도로 접착합니다. 다음으로 손과 소매를 팔과 접착. 여기도 핀과 구멍이니까 접착제로. 마찬가지로 다른 팔도 접착합니다.

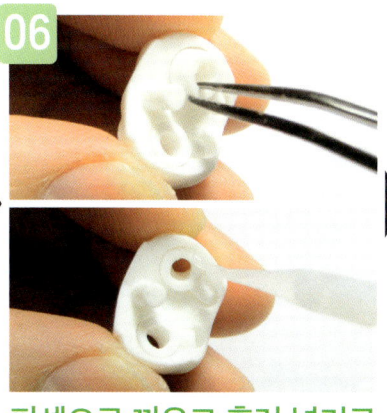

핀셋으로 끼우고 흘려 넣기로

팬티 부분 안쪽에 다리를 끼우는 부품을 접착합니다. 좌우 모양이 다르고 다리 쪽과 몸통 쪽을 틀리지 않게 조심하세요.

몸통과 가슴, 팬티 접착

전부 틈새에 흘려 넣어서 대처합니다. 이 뒤, 바깥쪽에 파란색 옷 부품을 고강도로 접착합니다.

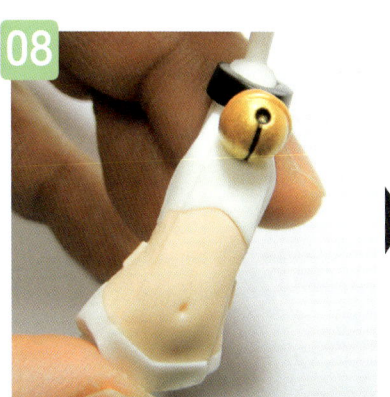

도색한 종 접착

여기는 고강도로 붙여줍니다. 순간접착제는 도료를 녹이니까 도색면에 접착제가 묻지 않도록 주의해서 접착합니다.

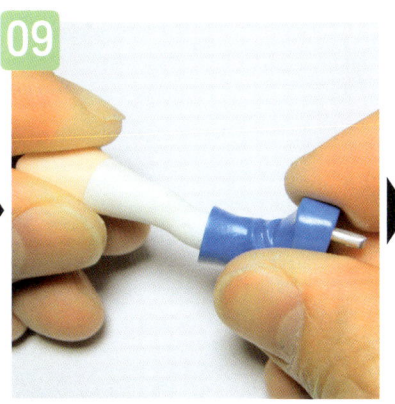

다리 완성

다리는 핀과 구멍이라서 고강도로 접착합니다. 나중에 몸통에 끼울 때 빠졌습니다. 확실히 접착해야 하는 부분입니다.

블록 완성

부품을 다 접착했습니다. 얼굴, 머리카락, 팔다리, 몸통 등의 블록이 완성. 이제 끼우기만 하면 됩니다.

제2장 ⑤
컬러 레진 키트 조립

CHAPTER 34

조립③

부품을 접착해서 몇 개의 블록이 완성됐습니다. 마지막에 그 블록들을 끼워서 완성합니다. 끼워 넣는 핀이 부러지지 않게 조심해 주세요. 여기서는 맨손으로 작업했는데, 도색한 면이나 클리어 코팅한 면에 흠집이 나지 않게 장갑을 끼고 작업을 해도 좋습니다.

01 몸통에 팔을 끼워준다

왼손은 한 종류뿐이지만 오른손은 세 종류 중에서 선택합니다. 꼬리는 블록 단위 조립 때 몸통에 달아줬습니다. 팔과 다리를 끼울 때 방해가 돼서 제일 마지막에 하는 게 좋을지도 모르겠습니다.

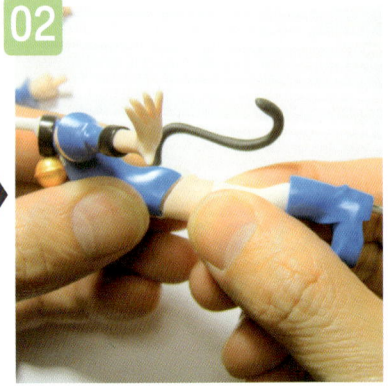

02 몸통에 다리를 끼운다

레진 캐스트제 부품에 다리의 핀을 끼웁니다. 몸통 쪽은 폴리캡이 아닌 레진 캐스트제를 선택했기 때문에 접착도 가능합니다.

03 양쪽 다리를 끼운다

끼우고 고정하는 부분이라서 접착해도 됩니다. 접착할 때는 흘려 넣는 접착제가 아니라 고강도로 붙여줍니다.

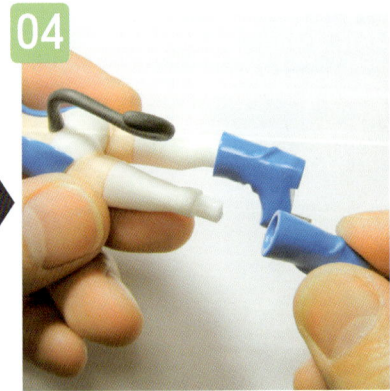

04 빠져버렸다

접착이 약했는지 부츠가 빠져버렸습니다. 당황하지 말고 고강도 순간접착제로 다시 접착합니다.

보관 방법

장식해 둘 때는 괜찮지만, 수납할 때는 부피를 줄이면 좋습니다. 조립할 때와 반대 순서로 끼운 부분을 빼주고, 부품 단위로 지퍼백에 넣어줍니다. 모든 부품을 같은 상자에 넣어서 보관하세요. 지퍼백은 다른 부품과 부딪히지 않게 막아줍니다. 이 방법은 제작한 것을 택배 등으로 보낼 때도 사용합니다. 보낼 때는 튼튼한 박스에 넣고 봉투 사이에 에어캡(뽁뽁이)을 채워서 움직이지 않게 합니다.

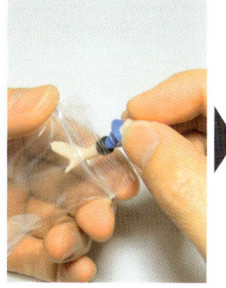 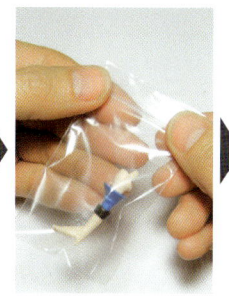 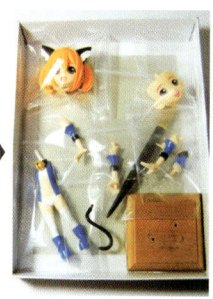

05 몸통 완성
가조립 단계에서 깜박한 꼬리. 이번에는 확실하게 달았습니다. 사실 이 단계에서 달아도 될 것 같았습니다.

06 얼굴 부품에 앞머리를
먼저 여기를 조립해둬야 뒷머리를 끼울 수 있습니다. 얼굴 부품은 데칼이 아니라 씰을 붙인 쪽을 사용했습니다. 물론 나중에 바꿀 수 있습니다. 접착하지 마세요.

07 앞머리와 뒷머리
뒷머리에는 트윈 테일을 먼저 끼워줬습니다. 이것이 설명서의 순서인데, 뒷머리를 앞머리, 얼굴과 끼운 뒤에 트윈 테일을 끼워줘도 될 것 같습니다.

08 머리와 몸통을
목의 핀이 부러지지 않게 조심해서 끼워줍니다. 턱이나 머리카락 끝이 방울이나 어깨에 닿지 않도록 각도를 신경 쓰면서 끼워주세요.

09 베이스에 고정
조립한 피규어를 베이스에 끼워줍니다. 꼬리 연결 부분이 부러지지 않게 다리를 잡고 끼워줍니다. 몸통을 잡고 끼울 때는 꼬리를 빼는 게 좋을 것 같습니다.

10 완성!
얼굴과 손은 바꿔 끼울 수 있습니다. 원하는 부품으로 바꿔서 디스플레이해주세요. 부품을 교체할 때 접착한 곳이 빠질 수도 있습니다. 빠졌을 때는 그 부분에 맞는 접착제로 다시 접착해주세요.

제2장 ⑤
컬러 레진 키트 조립

CHAPTER
35

완성!

「치비 간단땅」의 컬러 레진 키트가 완성됐습니다. 베이스에 고정했으니 장식하기도 쉽겠죠. 그리고 완성한 뒤에도 부품을 교체할 수 있어서 가끔씩 바꿔 끼우면 재미있습니다. 여기까지 작업하면서 컬러 레진 키트를 조립할 수 있게 됐으니, 치비 간단땅의 배리에이션과 조금 더 등신이 높은 「간단땅」 등의 다른 캬라구민 시리즈에 도전해보는 것도 좋겠죠.

<나이프를 든 버전>

완성품
도색한 아트나이프를 든 상태입니다. 조립만 한 상태(19페이지)와 비교해보면 입 안의 도색과 방울의 먹선이 효과적이라는 걸 알 수 있습니다.

<포즈 버전>

오른손을 다른 것으로 바꿨습니다. 「포즈」라는 표현은 설명서에 표기된 내용입니다.

<손을 벌린 버전 씰>

손을 벌린 포즈입니다. 얼굴은 왼쪽과 마찬가지로 눈과 입이 다른 버전. 이 상태에서 다른 각도로 찍은 것이 아래쪽 사진들입니다.

<손을 벌린 버전 데칼>

왼쪽과 같은 포즈지만 얼굴이 데칼을 붙인 버전입니다. 눈과 입에 따라 인상이 크게 달라지네요.

<대각선 앞>

반대편 손이 안 보이지만 손을 벌린 포즈입니다. 입은 옆에서 보면 입체감이 느껴집니다.

<대각선 뒤>

옷과 부츠의 파란 부분에 광택이 있는 것이 잘 보입니다.

<뒷면>

뒷모습입니다. 광택 차이에서 질감이 느껴지는 것 같습니다.

COLUMN 02 레진 캐스트 키트를 조립하는 일

「레진 캐스트제 피규어를 조립하고 색을 칠하는」 작업은 원래 취미의 범주입니다. 프라모델 등과 마찬가지로 조립하는 공정 자체를 즐기는 것이니까요. 그런데 완성품이 보급된 요즘은 「조립할 수는 없지만 완성된 피규어가 갖고 싶다」든지 「조립하기 귀찮으니까 완성품이 갖고 싶다」는 사람들이 꽤 많습니다. 그런 사람들로부터 완성품 제작 의뢰를 받는 개인이나 회사가 있습니다. 그것이 완성품 제작 대행이라는 일입니다. 실제로 제작을 담당하는 사람을 피니셔라고 합니다. 이 피니셔는 조립하는 걸 좋아하는 사람에게는 아주 좋은 직업입니다. 좋아하는 피규어 키트를 만들어서 돈을 벌 수 있으니까요. 하지만 정말 그럴까요?

제작을 의뢰하면 키트 가격의 3~10배라는 결코 적지 않은 제작비가 듭니다. 물론 키트 가격은 별도입니다. 기본적으로 의뢰자는 이벤트나 매장에서 구입한 것을 의뢰합니다. 지불하는 입장에서 보면 비싼 제작비지만, 만드는 쪽에서 보면 어떨까요? 20cm 정도의 피규어 하나의 제작비가 10만 엔이라고 했을 때, 제작에 2주(휴일을 빼면 10일) 걸린다고 하겠습니다. 이때 하루 작업 시간이 8시간이라고 하면 100,000엔÷10일÷8시간으로 1,250엔. 시급으로 환산하면 1,250엔이 됩니다. 단, 도료 값 등의 재료비도 필요하니 실제로는 더 낮아집니다. 물론 시간이 2주 이상 걸리면 더 낮아지고, 반대로 빨리 끝나면 높아집니다. 사람에 따라서는 의외로 낮은 임금이 될 수도 있겠죠.

자, 완성품 제작 대행을 하다 보면 제작사의 의뢰로 완성품 피규어로 발매되는 원형의 복제품을 도색해서 조립하는 의뢰를 받을 때도 있습니다. 이 경우에는 피니셔가 아니라 페인터나 페인트 마스터 등으로 불립니다. 완성품 피규어는 중국의 공장에서 도색하고 조립하는 경우가 많은데, 문장이나 그림으로만 지시하면 생각대로 만들어지지 않습니다. 그래서 실제로 색을 칠하고 조립한 시제품(샘플)을 공장에 보내서 이대로 만들도록 지시합니다. 이때 보내는 샘플을 「데코레이션 마스터(데코마스)」라고 합니다. 「데코레이션 마스터」라는 것은 작업하는 사람이 아니라 완성품을 가리키는 말입니다. 데코마스는 대부분 원형을 실리콘으로 복제하고 레진 캐스트로 만든 것입니다. 단, 제조 방법이 약간 특수합니다. 일반적인 레진 캐스트 키트는 원형을 유점토에 묻어서 작성한 2개의 틀을 사용해서 양산하는데, 데코마스용 복제품은 시간을 단축하기 위해서 「가르는 방식」으로 만듭니다. 가르는 틀이라는 것은 지주 등에 부품(원형)을 고정한 뒤에 틀을 짜서 실리콘을 부어줍니다. 실리콘이 굳으면 갈라서 원형을 꺼내기 때문에 가르는 방식이라고 합니다. 가를 때 내용물이 보이도록 투명 실리콘을 사용합니다. 유점토에 묻는 시간이 필요 없고 실리콘을 붓는 수고가 한 번에 끝나서 복제품을 빨리 만들 수 있습니다. 가르는 방식의 메리트는 또 있는데, 파팅 라인이 거의 생기지 않는다는 점입니다. 물론 단점도 있습니다. 양산할 수 있는 숫자가 적다는 점인데, 데코마스는 2~3개만 만들면 충분하니까 문제는 없습니다. 데코마스는 보통 2개를 제작하는데, 그중에 하나는 앞서 말한 대로 공장에 보냅니다. 그리고 또 한 개는 회사에 남겨두고 완성된 채색 샘플과 비교하거나 패키지용 사진 촬영에 사용합니다. 궁금한 것은 페인트 마스터의 수입인데, 사람마다 다르기는 하지만 한 가지 예를 들자면 10cm 미만의 캡슐 토이용 피규어의 경우에 1개당 1만 엔 정도입니다. 이런 피규어의 경우에는 6종류나 8종류가 발매됩니다. 스케줄 등의 문제가 없다면 퀄리티를 맞추기 위해서 한 사람에게 시리즈를 전부 발주합니다. 만약 6종류라고 해도 6만 엔입니다. 하지만 생각해보세요. 데코마스는 공장에 보내는 것과 회사에 둘 것 두 개씩 제작해야 합니다. 그 2개를 다른 사람에게 맡기지 않고 같은 사람에게 발주하니까 6종×2개로 12개가 되면서 12만 엔이 됩니다. 이 일에 걸리는 시간은 10일에서 2주 정도입니다. 꾸준히 일을 맡으면 같은 일을 한 달에 2~3회 정도 하게 됩니다. 월수입을 계산하면 24만 엔에서 36만 엔. 2~3등신 데포르메 피규어 1개가 2만 엔 정도인 경우도 있었습니다. 꾸준히 맡는다면 먹고 살 수 있는 일이 될 수도 있겠죠.

이 책을 읽고 레진 키트를 조립해보고, 피니셔나 페인트 마스터가 되고 싶다고 생각했다면 도전해보는 것도 좋을 것 같습니다.

제3장
본격적인 도색에 도전

어떤 키트에도 적용할 수 있는 기본적인 도색 방법

여기서부터는 본격적인 레진 캐스트 키트의 조립과 도색에 들어가겠습니다. 레진 캐스트 키트의 조립과 도색에는 다양한 방법이 있는데, 여기서는 서페이서라는 바탕색 도료를 뿌린 뒤에 도색하는 기본적인 방법(통상 도색)을 소개합니다. 게이트나 파팅 라인 처리 등의 부품 다듬기를 비롯한 도색 전의 기본적인 작업은 컬러 레진 키트 때와 똑같으니까 추가 설명이 필요한 부분만 다루겠습니다. 부품 수가 많고 복잡한 키트는 가조립 때 테이프로 고정하기가 힘듭니다. 그래서 「축 만들기」라는 작업을 합니다. 이것은 부품에 구멍을 뚫고 철사를 꽂아서 튼튼하게 접속하는 작업입니다. 도색은 에어브러시라는 도구를 사용합니다. 공기의 힘을 이용해서 도료를 뿜는 방법으로, 도료를 균일하게 칠할 수 있는 편리한 도구입니다. 에어브러시 취급이나 색을 뿌리는 순서, 요령 등에 대해서 설명해드릴 테니 꼭 마스터해주세요. 컬러 레진 때도 했던 붓도색은, 이번에는 세필로 눈동자 그리는 방법을 소개합니다.

소재인 「수습 마법사 미르카」 키트는 도색의 색 구분이나 색감은 패키지 일러스트를 따랐지만, 약간 피규어적인 어레인지도 들어갔습니다.

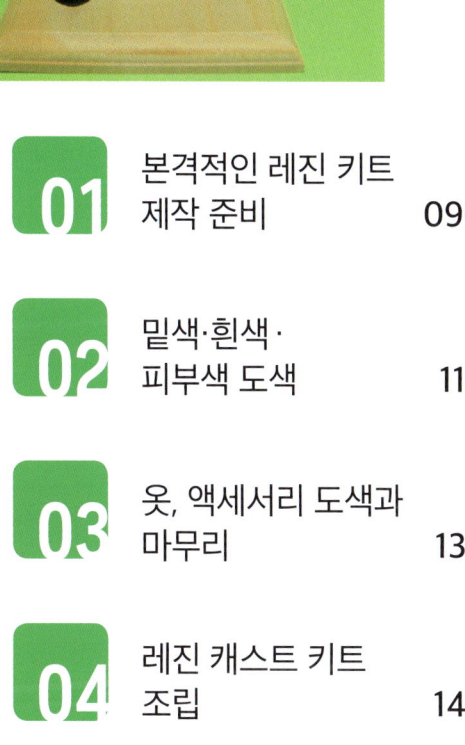

01	본격적인 레진 키트 제작 준비	090
02	밑색·흰색·피부색 도색	114
03	옷, 액세서리 도색과 마무리	134
04	레진 캐스트 키트 조립	148

제3장 ①
본격적인 레진 키트 제작 준비

CHAPTER 01

본격적인 레진 캐스트 키트

본격적인 레진 캐스트 키트는 대부분 흰색이나 아이보리 등의 단색으로 성형돼 있습니다. 색이 구분되지 않아서 전부 직접 칠해야 합니다. 넓은 면적을 균일하게 칠하기 위해서 에어브러시라는 도구를 사용합니다. 이 에어브러시를 잘 다루게 되면 어떤 키트도 칠할 수 있을 겁니다. 하지만 레진 캐스트 키트 중에는 전문 업자가 아니라 개인이 생산한 키트도 있습니다. 그런 키트는 주형 기술 한계상 기포나 디테일이 망가진 부분이 존재할 수도 있습니다. 여기서는 그 대처법도 소개합니다.

이번에 사용할 키트

Z조형 야로라는 딜러가 판매하는 오리지널 캐릭터 「수습 마법사 미르카」입니다. 이 키트는 디지털(ZBrush)로 조형하고 3D 프린터로 출력한 원형을 복제해서 키트로 만든 것입니다. 핀이 딱 맞는 것도 디지털 조형 덕분입니다.

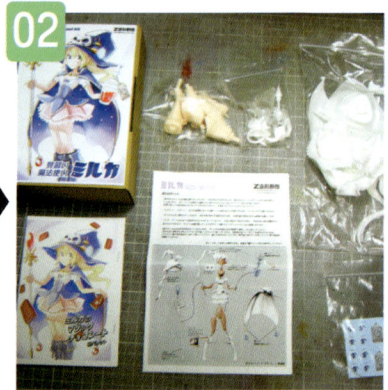

키트 내용물

부품은 흰색과 클리어, 피부색 일부가 컬러로 되어 있습니다. 그 밖에 데칼과 황동선이 들어 있습니다. 오리지널 캐릭터라서 만화도 들어 있습니다. 이것을 읽고 상상을 부풀려볼까요. 사진 왼쪽 아래의 책자가 만화입니다.

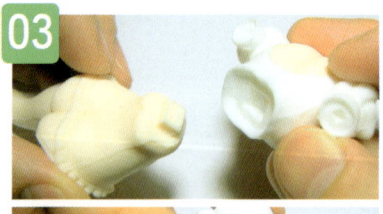
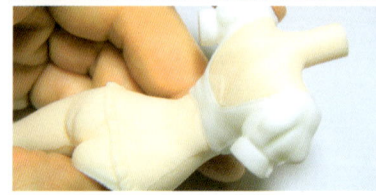

키트 공략 포인트 ① 「축 만들기」

이 피규어는 완성하면 크기가 거의 20cm나 됩니다. 끼우는 부분(핀)은 딱 맞지만, 접착만 가지고는 강도가 부족합니다. 그것을 보강하는 것이 「축 만들기」작업입니다.

키트 공략 포인트 ② 「기포 처리」

이 키트는 개인이 손으로 레진을 주입해서 성형했기 때문에 기포가 존재합니다. 어떤 곳에 어떤 기포가 생기고, 그것을 어떻게 처리하면 되는지 설명하겠습니다.

플래닝

키트를 입수하면 어떻게 제작할지 생각해보세요. 이 키트도 그렇지만 조립할 때 선택해야 하는 「컨버터블」이라고 부르는 키트가 있습니다. 그 경우에는 어떤 상태로 조립할지를 선택해야 합니다. 이번 통상 도색 작례에서는 패키지 일러스트에 충실한 「모자와 망토와 지팡이를 전부 장비한 상태」로 조립하기로 했습니다. 모자와 조끼를 벗고 배꼽을 드러낸 경장 스타일도 매력적이라서, 제4장의 서페이서리스 도색 작례에서는 그쪽으로 만들까 합니다. 동시에 색을 바꾸는 작례도 생각해봤습니다.

05

키트 공략 포인트③「부품 다듬기」

개인이 만든 키트에서는 게이트나 지느러미를 크게 손봐야 합니다. 또한 게이트와 파팅 라인 때문에 디테일이 손상된 경우도 있습니다. 그것들을 부활시키는 등의 부품의 원래 형태를 만드는 작업이 「부품 다듬기」입니다.

06

키트 공략 포인트④「도색 계획」

컬러 레진으로 성형된 부품은 극히 일부. 조립해도 일러스트와 거리가 멀어서 대부분의 색을 직접 칠해야 합니다. 어떤 순서로 칠할지가 포인트입니다.

07

조립만 한 상태

컬러 레진이라고는 해도 패키지 일러스트와 거리가 먼 색입니다. 도색이 필수입니다.

08

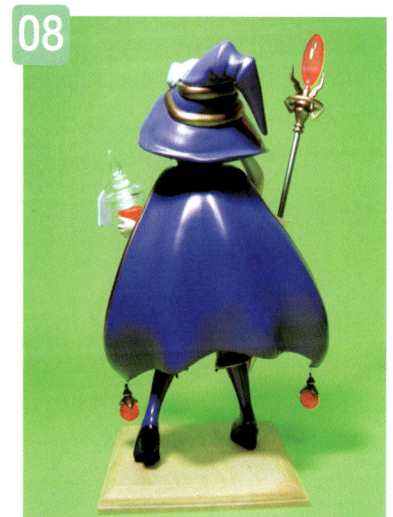

색을 칠한 상태

패키지 일러스트를 참고로 색을 칠한 완성품입니다. 이 상태를 목표로 작업을 시작합니다.

제3장 ①
본격적인 레진 키트 제작 준비

CHAPTER 02

스텝업에 필요한 도구

본격적인 레진 캐스트 키트를 조립하고 완성하기 위해서 먼저 도색용 도구가 필요합니다. 제2장의 컬러 레진에서는 색이 구분된 부품이었지만, 본격적인 키트에서는 모든 부품을 칠해야 합니다. 그리고 본격적인 키트에서는 부품 개수도 많고 상태가 좋지 않은 부분도 꽤 존재합니다. 즉, 가공해야 하는 부분이 늘어난다는 뜻입니다. 그런 부품을 다듬을 때 도움이 되는 도구와 재료도 소개합니다.

01
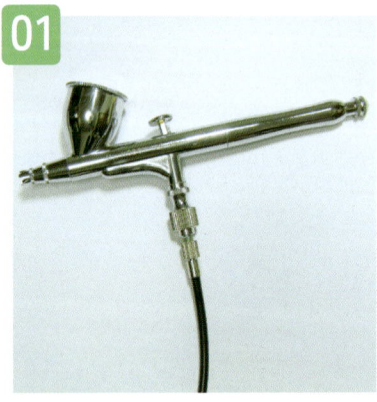

에어브러시

압축한 공기로 도료를 미스트처럼 뿌려서 칠하는 도구가 「에어브러시」입니다. 동시에 그 기법을 가리키는 말이기도 하며, 도구로서의 명칭에는 「핸드 피스」, 「피스콘」 등이 있습니다. 다양한 타입이 판매되는데, 더블액션 타입, 구경 0.3mm를 추천합니다.

02
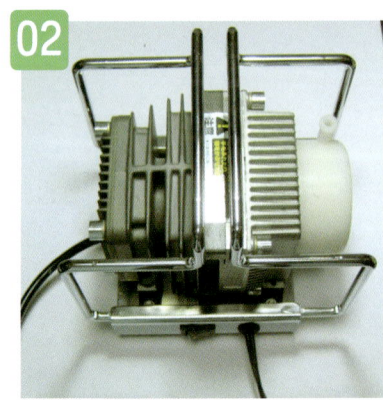

컴프레셔

에어브러시에 압축된 공기를 공급하기 위한 기구입니다. 이쪽도 다양한 메이커에서 여러 타입이 발매되고 있습니다. 연속 사용이 가능하고 소리가 조용한 것을 추천합니다.

03
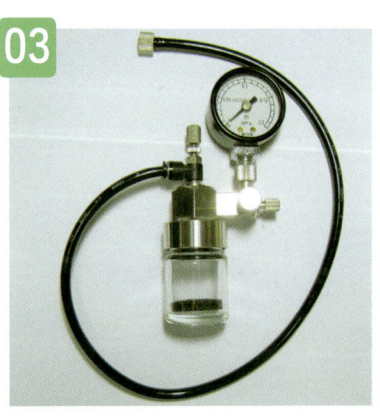

레귤레이터

컴프레셔와 에어브러시 사이에 접속해서 사용합니다. 컴프레셔로 만든 공기의 압력을 조정하고 복수의 에어브러시로 분기하기 위한 도구입니다. 공기 중의 수분이 에어브러시까지 들어가지 않게 하는 수분제거 기능이 포함된 것도 있습니다.

04

도색 부스

에어브러시 도색을 하면 미세한 미스트 상태의 도료가 날립니다. 그것들이 방안에 고이지 않도록 빨아들이기 위한 장치가 「도색 부스」나 「배기 부스」라고 불리는 것입니다. 이쪽도 에어브러시 도색의 필수 도구입니다.

종이컵

도료를 희석해서 적당한 농도로 만드는 데 사용합니다. 또한 혼색할 때도 사용합니다. 도료 접시로 만드는 것보다 많이 만들 수 있고 사용한 뒤에 버리면 된다는 것이 장점이려나요. 저는 시음 등에 사용하는 90ml짜리 작은 종이컵을 애용합니다.

05

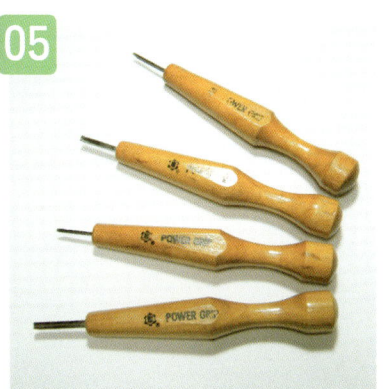

조각도

판화 등에 사용하는 것과 같습니다. 사진의 「파워 그립」(미키쇼하모노혼포)은 손잡이 모양이 독특해서 사용하기 편합니다. 또한 단품으로도 판매해서 필요한 크기나 날 모양만 구입할 수 있습니다.

06

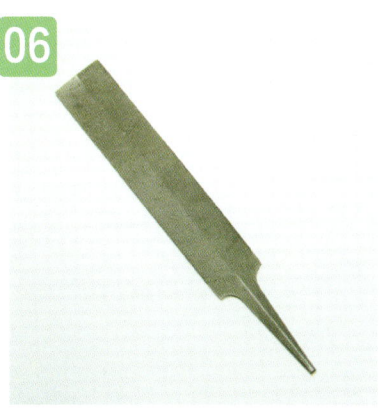

쇠줄

원래는 톱의 날을 세우는 데 쓰는 줄입니다. 얇은 마름모꼴 단면이고, 홈을 파는 작업 등에 잘 사용됩니다.

07

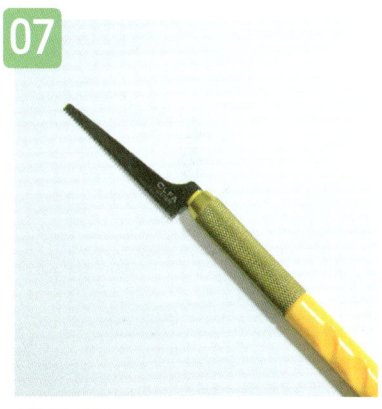

에칭 톱

나이프 끝에 끼워서 사용하는 모형용 톱입니다. 굵은 게이트나 주입구, 부품 절단에 사용합니다.

08

SSP(순간접착 퍼티)

HG액과 HG파우더를 혼합하면 굳어지는 퍼티입니다. 레진 캐스트에 잘 붙고 절삭하기도 편해서 기포를 메우는 데 사용합니다. 원래 보라색이지만 굳은 뒤에도 약간 보라색이 남습니다. 사진은 GSI 크레오스의 「Mr.SSP」.

09

시아논(순간 강력접착제)

고압 가스 공업의 흰색 순간접착제입니다. 그대로 붙이거나 SSP의 HG파우더나 베이비파우더와 섞어서 기포 등을 메우는 데 사용합니다. 메운 부분은 흰색 레진과 거의 같은 색이 돼서, 서페이서리스 도색을 할 때 잘 사용됩니다.

10

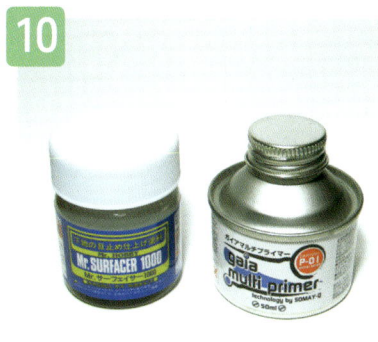

서페이서, 프라이머

왼쪽이 「서페이서」, 오른쪽이 「프라이머」입니다. 양쪽 모두 도색을 위한 바탕색용 도료로, 도료가 잘 벗겨지지 않게 해줍니다. 서페이서는 작은 흠집을 메우거나 표면의 색을 균일하게 만들어줄 수도 있습니다. 사진은 GSI 크레오스의 「Mr.서페이서」, 가이아노츠의 「가이아 멀티프라이머」.

제3장 ①
본격적인 레진 키트 제작 준비

CHAPTER 03

부품 절단

구입하고 내용물을 확인해서 부품이 다 있다면, 먼저 가조립을 합니다. 하지만 가조립 전에 꼭 해야 할 것이 게이트 처리였죠. 부품을 제대로 된 모양으로 만들어주지 않으면 조립할 수가 없습니다. 기본적으로는 컬러 레진 키트 「치비 간단땅」 때와 같지만, 본격적인 레진 키트에서의 포인트도 보겠습니다.

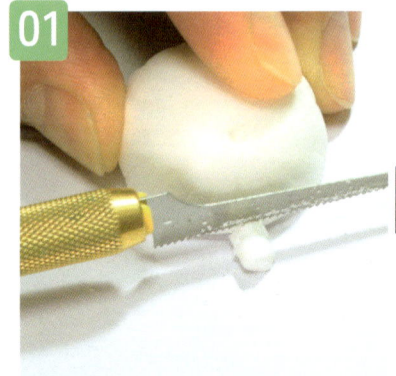

01 굵은 게이트 절단
대형 키트에서는 게이트도 커집니다. 니퍼로 잘리지 않는 굵은 것은 모형용 톱 「에칭 톱」을 사용해서 절단합니다. 커팅 매트 위에 놓고 잘 고정한 뒤에 자릅니다.

02 마지막엔 들어서 자른다
이 게이트는 부품의 평평한 면과 거의 같은 높이에 있어서, 이대로 자르면 마지막 부분에서는 책상을 자르게 됩니다. 마지막엔 들어서 잘라주세요.

03 복잡한 모양의 게이트
모자 챙 끝부분에 달린 게이트입니다. 이대로 니퍼로 자르면 모자 챙 끝부분의 얇은 부분이 깨지거나 떨어져나갈 우려가 있습니다.

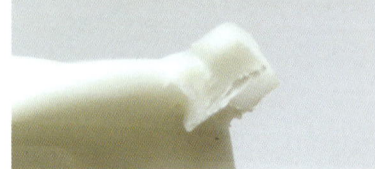

04 먼저 위 아래로
이 게이트는 중간부터 굵어집니다. 그래서 굵은 부분을 두 번에 나눠 자릅니다. 먼저 옆으로 슬라이스하는 느낌으로 자릅니다.

종이컵에 들어가지 않을 정도로 긴 경우에는

더 큰 용기를 준비하면 좋지만, 꼭 종이컵을 사용하고 싶다면 앞쪽과 뒤쪽으로 두 번에 나눠서 담그면 됩니다. 또한 가열만 할 수 있다면 꼭 더운물이 아니어도 되니, 드라이어의 열풍으로 덥히는 방법도 좋습니다. 열을 가해도 원래 모양으로 돌아오지 않으면 손으로 구부려주고 그 뒤에 찬물로 식혀서 고정해도 됩니다. 도색한 뒤의 부품이 기온이나 무게 때문에 변형된 경우에도 이 방법을 쓸 수 있습니다. 단, 너무 급하게 구부리거나 도막이 두꺼운 부분을 구부리면 갈라지거나 도색이 벗겨질 수도 있으니 신중하게 하세요.

05 이번엔 좌우로

두께가 거의 절반이 됐습니다. 이번엔 보통 게이트를 자르는 것처럼 얇아진 게이트 부분을 잘라줍니다.

06 마지막엔 나이프로

이만큼 작아졌으면 깨질 걱정은 없겠죠. 아트나이프나 경우에 따라서는 니퍼를 사용해서 깔끔하게 잘라줍니다.

07 어디까지가 게이트?

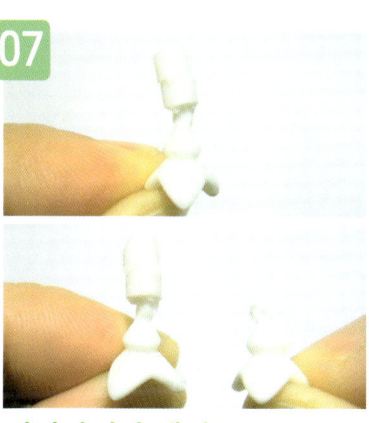

반대쪽 부품과 비교해보면 판명됩니다. 잘 확인하고 잘라주세요. 이 게이트는 부품보다 큰 것이, 오히려 레진 통로가 부품에 직접 붙어 있다고 해도 될 정도입니다.

08 게이트가 부품에 아슬아슬

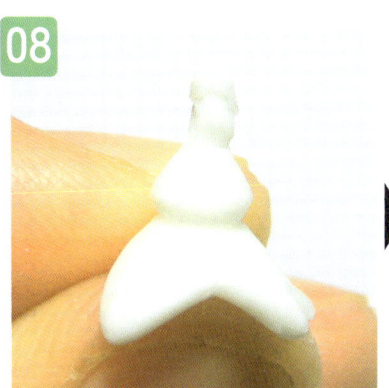

경계선을 니퍼로 자르면 게이트가 아니라 부품이 파일 것 같습니다. 게이트를 부품 연결 부분과 같은 굵기까지 가늘게 깎은 뒤에 잘라주세요.

09 가늘고 긴 부품은 일그러진다

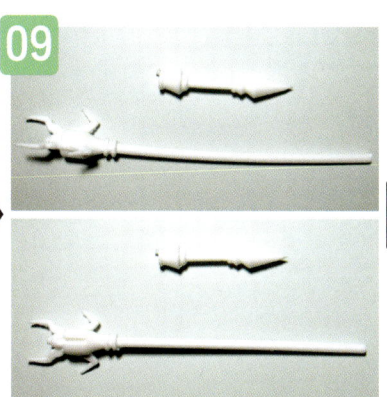

지팡이나 칼 같은 가늘고 긴 부품은 다른 부품의 무게 등에 의해 변형되는 경우가 있습니다. 위쪽이 변형된 상태, 아래쪽이 수정된 상태입니다.

10 바로잡으려면 더운물에

레진 캐스트의 변형은 열을 가하면 원래대로 돌아옵니다. 종이컵 등에 뜨거운 물을 넣고 거기에 부품을 담가줍니다. 물에서 꺼내면 원래 모양으로 돌아옵니다. 뜨거우니까 물에서 꺼낼 때는 핀셋 등을 사용해서 화상을 입지 않게 조심하세요.

제3장 ①
본격적인 레진 키트 제작 준비

CHAPTER 04

부품 다듬기 ①

일반적인 지느러미는 파팅 라인을 처리하면서 같이 처리하면 문제없습니다. 하지만 개인이 수제작한 키트는 틀이 잘 맞지 않거나, 틀을 만드는 단계에서 틀의 접합 부분에 틈새가 생기는 등의 이유로 지느러미가 비교적 큰 편입니다. 그런 지느러미들은 가조립 때에 지장을 줄 수도 있으니 게이트나 주입구와 마찬가지로 이 단계에서 다듬어줍니다. 지느러미 이외의 불필요한 부분도 처리합니다.

01 불필요한 부분 제거① 지느러미

레이스 사이 등에 물갈퀴 같은 지느러미가 잔뜩 있습니다. 세세한 부분이지만 꼼꼼하게 잘라줍니다. 조립할 때는 지장이 없을 것 같지만 전체적인 완성 형태를 파악하기 위해서입니다.

02 자르는 건 편하다

먼저 아트나이프로 V자 칼집을 내서 잘라줍니다. 얇은 막이라서 간단히 잘라낼 수 있습니다.

03 처리 완료

나이프로 지느러미를 잘라낸 상태입니다. 01과 비교하면 잘라낸 부분을 잘 알 수 있습니다. 이 뒤에 종이 사포 등으로 다듬어줍니다.

04 안쪽이랄까, 틈새도

리본 부품입니다. 우묵한 부분까지 꼼꼼하게 지느러미를 처리해줍니다. 얇은 부품이니까 부러지지 않게 조심하세요!

리본이 부러졌습니다

지느러미를 다듬다가 리본 부품이 뿌리 부분에서 부러졌습니다. 힘을 크게 준 것도 아닌데…. 깔끔하게 부러졌고 안에 기포도 없었습니다. 면적이 나름대로 커서 그대로 순간접착제로 붙여줬습니다. 문제없이 붙었습니다. 접착한 부분은 접착제가 삐져나온 곳이나 단차가 있어서 사포로 깔끔하게 다듬었습니다. 기포가 있으면 메운 뒤에 접착하고, 접착면이 적을 때는 황동선 등으로 보강해야 합니다.

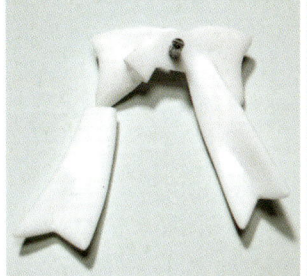 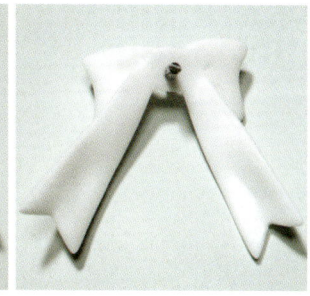

05 불필요한 부분 제거② 레진 덩어리

부츠 끝부분의 둥근 구슬은 실리콘을 부을 때 원형과 실리콘 사이에 들어간 공기입니다. 공기가 빠지지 않고 실리콘이 굳었기 때문에, 그 공동 부분에 레진 수지가 들어가서 구슬 같은 불필요한 부분이 됐습니다.

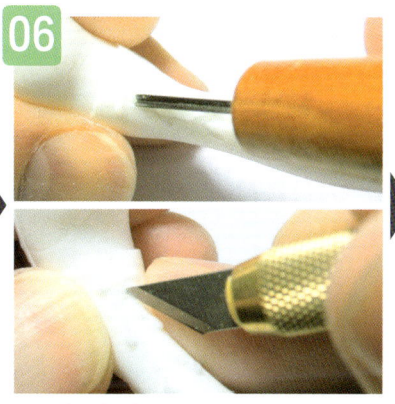

06 금세 없앨 수 있다

원래 불필요한 부분이니 제거합니다. 조각칼이나 나이프로 잘라줍니다. 구슬 모양이라서 접지면이 작으니까 금세 떨어집니다.

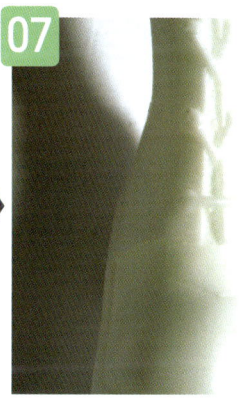

07 제거 완료!

제거한 모습. 제일 아래의 가로 끈 위쪽에 있던 레진 구슬을 제거했습니다. 각도는 다르지만 05의 사진과 비교해보세요.

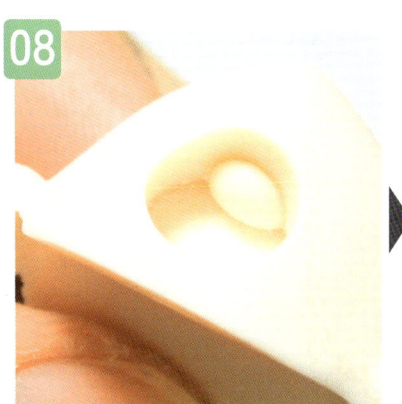

08 핀 구멍을 구해라!

게이트 처리가 끝나고 부품을 끼웠는데 안 들어간다… 이런 때는 핀 구멍 안을 확인해보세요. 레진 캐스트가 들어가서 생긴 불필요한 부분이 있을 때도 있습니다.

09 조각칼로 깎아낸다

레진 캐스트는 원형 주위에 실리콘을 넣어서 반전된 모양을 만듭니다. 그때 원형의 구멍 안쪽에 공기가 남아 있어서 실리콘이 안 들어간 경우에 이런 불필요한 부분이 생깁니다.

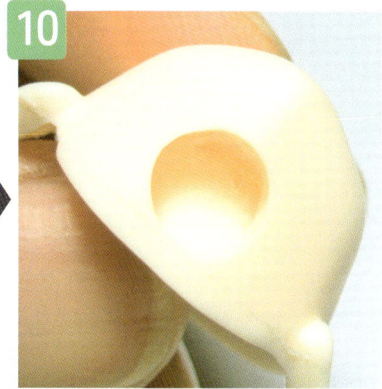

10 부활한 구멍

이 정도로 깔끔하게 해주세요. 핀을 꽂기 위한 구멍이 막히는 경우도 있습니다. 이 경우에는 핀 바이스 등으로 적절하게 구멍을 뚫어주세요.

제3장 ①
본격적인 레진 키트 제작 준비

CHAPTER 05

가조립

본격적인 키트에서도, 아니 오히려 본격적인 키트이기에 더더욱 가조립을 먼저 해야 합니다. 부품 수도 많고 구성도 복잡하니까, 일단 조립해서 문제가 없는지 확인합니다. 그리고 완성한 뒤에 강도를 유지하기 위해서 접속 부분의 핀에 철사로 보강해줍니다. 이 작업을 「축 만들기」라고 합니다. 잘 접속되지 않는 키트나 핀이 없는 키트에도 쓸 수 있는 방법입니다.

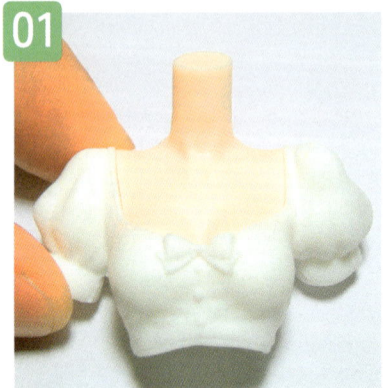

01 몸통 축 만들기
상반신의 피부색 부분(목)과 옷 부분(가슴)은 딱 맞습니다. 하지만 위치를 맞추기 위한 작은 핀만 있어서 금세 빠져버립니다.

02 부품을 끼운 상태에서
어긋나지 않게 부품 두 개를 같이 잡고, 가슴 쪽에서 목까지 관통하는 구멍을 핀바이스로 뚫어줍니다. 가슴 부품 중앙에 맞춰서 뚫어줍니다.

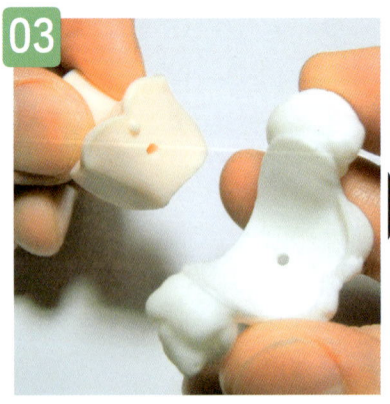

03 딱 맞는 구멍이 생겼다
핀바이스 날은 2mm를 사용. 어느 정도 구경을 사용할지는 접속할 부분에 필요한 강도에 따라 다릅니다. 굵은 부분에는 큰 구멍을 뚫습니다. 강도를 높이고 싶어도 접속면이 작으면 작은 구멍을 뚫는 수밖에 없습니다. 그 경우에는 금속선을 알루미늄이 아니라 황동선을 사용합니다.

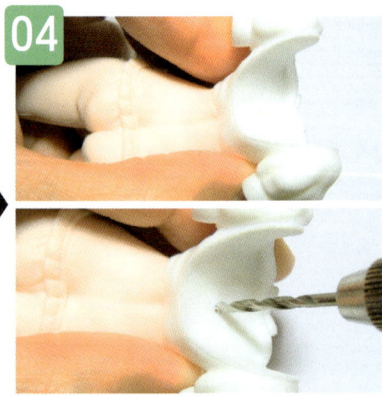

04 다음엔 배와
분리한 가슴 부품을, 이번에는 배 부품과 맞춰봅니다. 먼저 뚫어놓은 가슴 쪽 구멍에 드릴 날을 꽂고, 배 쪽에 구멍을 뚫습니다. 여기도 어긋나지 않게 조심하면서 뚫어주세요.

구멍이 어긋나면

중심에 뚫었다고 생각했는데 어긋나는 경우가 있습니다. 이럴 때는 접속 부분의 구멍 입구 부분을 약간 벌려줍니다. 어느 쪽으로 어긋났는지 모를 경우에는 어긋난 쪽과 반대쪽으로 넓혀줍니다. 알루미늄 선을 사용하면 어느 정도 구부러지니까 딱 맞게 됩니다(사진). 입구 부분을 벌렸을 때 접속용 금속선이 빠지는 경우에는 구멍이 얕고 금속선이 짧은 것이니까, 구멍을 더 깊이 뚫고 긴 금속선으로 바꿔줍니다.

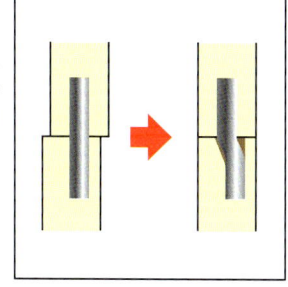

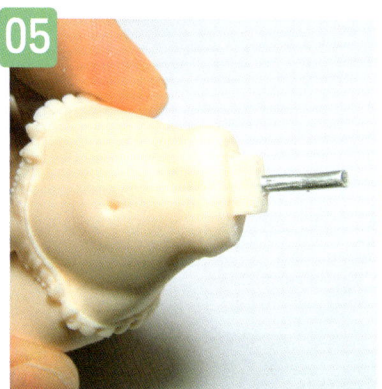

05
목, 가슴, 배를 하나로
부품 세 개에 구멍을 뚫었습니다. 이걸로 이 부품 세 개는 철사 하나로 접속할 수 있게 됐습니다. 배 부품에 2.0mm 알루미늄선을 꽂아줍니다.

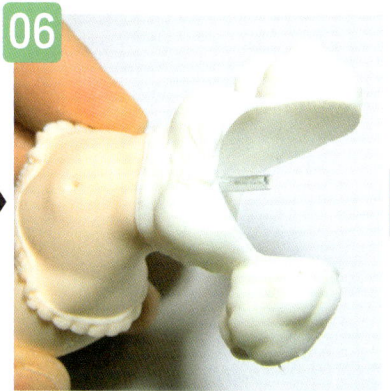

06
배와 가슴 접속
배 부품에 꽂은 알루미늄 선에 가슴을 꽂아줍니다. 배 부품 끝의 핀에 딱 들어갑니다.

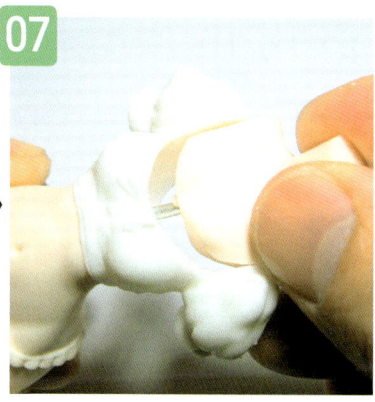

07
배와 가슴에 목을 접속
몸통 부분의 축 만들기가 끝났습니다. 목과 배 부품 사이에 가슴 부품을 끼우는 모양이 됩니다.

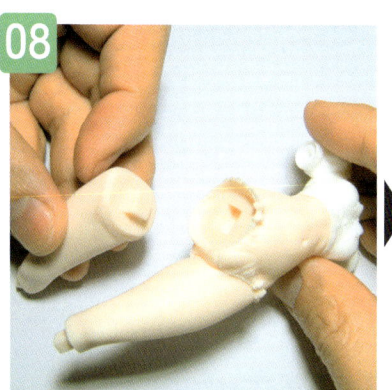

08
다리 연결
핀으로 잘 연결되지만 힘을 받을 정도는 아니라서 여기도 축을 만들어줍니다.

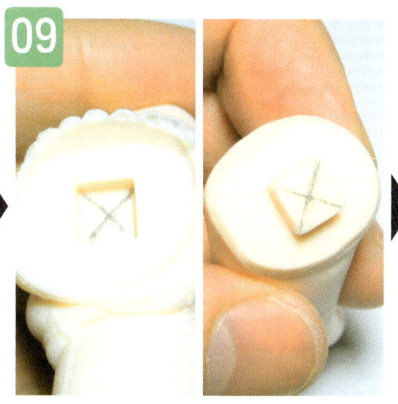

09
핀, 구멍에 표시
같은 위치에 금속봉을 접속하기 위해서, 핀과 구멍 양쪽에 사선을 그어서 중심을 표시합니다.

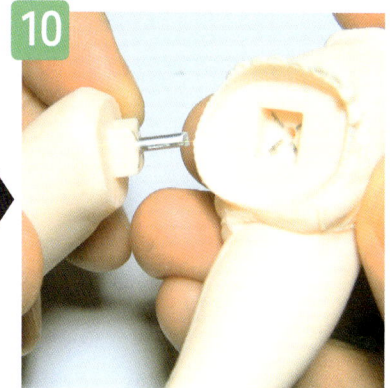

10
구멍을 뚫고 끼운다
양쪽에 핀바이스로 구멍을 뚫으면 알루미늄 선을 꽂아서 접속합니다. 네모난 핀과 구멍의 경우에는 이 방법으로 접속이 가능합니다. 다른 부분도 똑같이 가공하세요.

제3장 ①
본격적인 레진 키트 제작 준비

CHAPTER 06

축 만들기 ①

계속해서 축을 만들겠습니다. 핀이 없는 부분이나 위치만 잡아주는 핀 부분에 축을 만드는 방법을 설명하겠습니다. 관통해도 되는 부분과 안 되는 부분에 따라 방법이 달라집니다. 키트의 상태나 만드는 방법에 맞춰서 구분합니다.

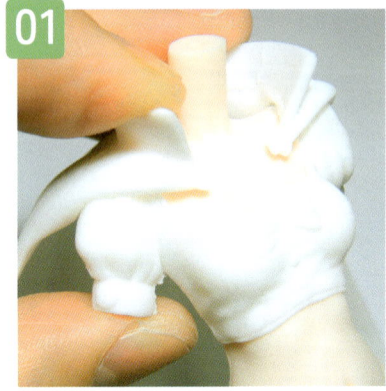

01 핀이 없는 부분 접속

망토는 어깨에 접속합니다. 망토는 어깨 모양으로 구부러져 있는데, 핀 따위는 없습니다. 의외로 힘을 받는 부분이라서 확실하게 고정하고 싶습니다.

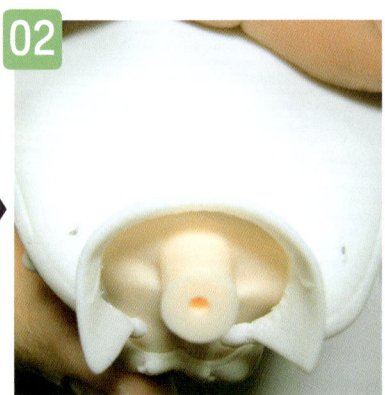

02 망토가 그다지 두껍지 않아서

접속 강도를 만들기 위해 망토에서 어깨 쪽으로 관통하는 금속선을 넣기로 했습니다. 손으로 맞춰서 잘 확인하고 구멍을 낼 자리를 정했습니다.

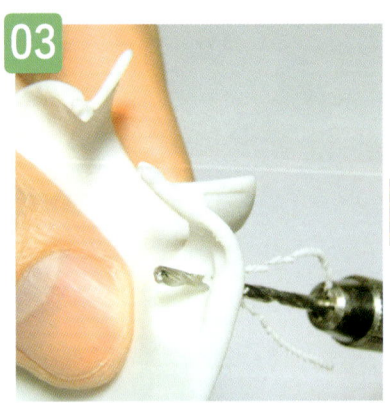

03 위치를 잡고 구멍을

핀바이스로 망토에 구멍을 뚫어줍니다. 양쪽 모두. 여기도 2.0mm 날을 사용했습니다.

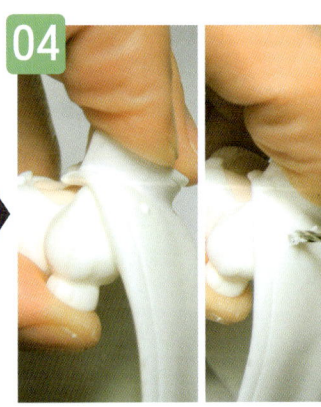

04 어깨까지 관통

구멍이 관통된 망토를 어깨에 딱 대고, 핀바이스를 눌러서 어깨에 구멍을 뚫습니다.

필요한 부분을 잘라버렸다

왼쪽이 게이트가 달린 부품의 최초 상태. 가운데가 제대로 자른 부품. 오른쪽이 부품을 게이트로 착각해서 잘라버린 것. 많은 부품을 작업하다 보면 이런 실수가…. 이런 경우에는 당황하지 않고 순간접착제로 접착. 틈새를 시아논 등으로 메우면 됩니다. 아니면 이 축을 황동선 등의 다른 소재로 바꿔도 되는데, 그건 다음 기회에. (168페이지 참조)

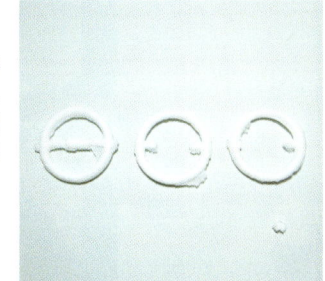
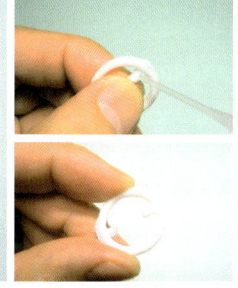

05 어깨에 구멍을 뚫었습니다

구멍이 얕으면 핀바이스로 좀 더 깊이 뚫어주세요. 망토를 착탈식으로 하고 싶을 때는 네오디뮴 자석 등을 심어주는 방법도 있지만, 이번에는 고정하는 것을 전제로 구멍을 뚫었습니다.

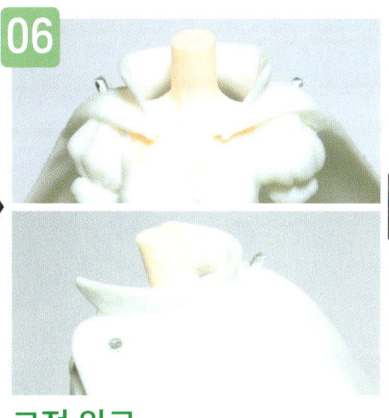

06 고정 완료

완성했을 때 철사가 튀어나오면 이상하니까 적당한 길이로 자르고, 그 다음 관통한 구멍을 메워서 다듬은 뒤에 도색합니다. 그러면 눈에 안 띄게 됩니다. 단, 서페이서를 뿌리지 않는 서페이서리스 도색 때는 사용할 수 없는 방법입니다.

07 얼굴 부품

얼굴 부품은 앞머리의 돌기가 들어가는 핀 구멍이 있습니다. 이 구멍에 맞춰서 정수리 부분에 구멍을 뚫어줍니다.

08 앞머리 부품

반대로 앞머리 부품에는 얼굴(머리)에 끼우기 위한 핀이 있습니다. 핀을 자르고 구멍을 내서 접속용 철사로 바꿔줍니다.

09 돌기 끝은 둥그니까

둥근 면에 구멍을 내면 미끄러지기도 하고 어려우니까, 평평하게 깎은 뒤에 구멍을 뚫는 게 좋습니다.

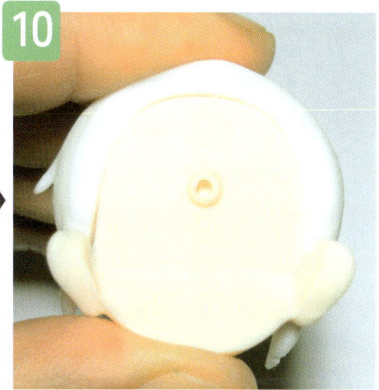

10 딱 맞는다

앞머리가 딱 들어갔습니다. 얼굴 부품 뒤쪽에는 뒷머리에 끼우는 돌기가 있습니다. 앞머리와 마찬가지로 구멍을 뚫었습니다.

제3장 ①
본격적인 레진 키트 제작 준비

CHAPTER
07

축 만들기 ②

모자와 리본, 머리카락 등을 접속합니다. 이 부품들은 접착 위치는 알고 있지만 핀이 없는 부품이나, 두께가 얇아서 까딱하면 관통해버리는 부품, 접착 위치가 명확하지 않은 부품 등 꽤나 골치 아픈 것들입니다. 기본적으로는 지금까지와 같지만, 실제 예를 보고 더 깊이 이해해 주세요.

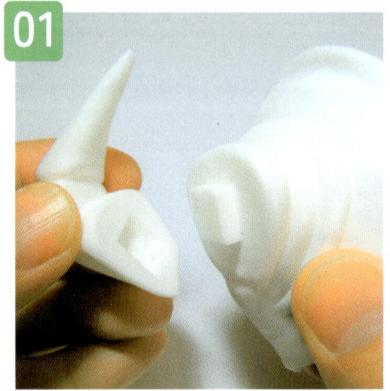

01 모자

모자 끝부분과 챙 부분이 분리된 부품입니다. 모자 끝부분의 핀 구멍에는 그 레진 구슬이 있어서 깎아내고 잘 끼워지게 했습니다.

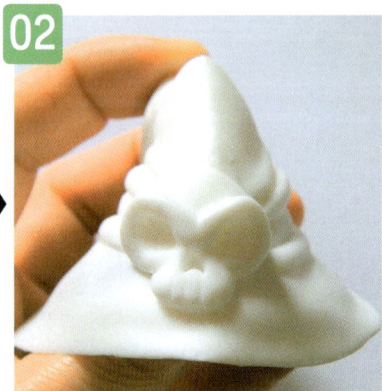

02 해골 고정

모자 표면에 해골이 달립니다. 핀 같은 것은 없으니 금속선으로 접속합니다. 맞춰보고 해골의 위치를 잡아서 연필 등으로 표시합니다.

03 중심에 구멍 뚫기

두께가 있어 보이는 부분에 구멍을 뚫습니다. 이 구멍은 관통합니다. 구멍을 뚫는 부분이 얇으면 금속선을 고정할 수 없습니다. 그럴 때는 다른 곳에 다시 뚫어주세요.

04 맞춰보기

뚫은 뒤에 해골을 모자의 해당 위치에 고정해서 맞춰봅니다. 고정한 상태로 뒤집습니다. 해골을 마스킹 테이프로 고정해도 됩니다.

구멍은 나중에

약병 뚜껑에는 택이 달립니다. 택에는 가느다란 와이어가 하나 있고, 그 와이어로 병에 묶게 되어 있습니다. 가격표 같은 느낌으로. 와이어가 들어갈 구멍을 뚫고 싶지만, 구멍 위치 표시가 없습니다. 택의 문자는 데칼로 표현하게 돼 있는데, 그 데칼에 구멍 위치가 표시돼 있습니다. 그렇다면 데칼을 붙여야 구멍 위치가 확정된다는 뜻이죠. 어쩔 수 없이 택의 구멍은 뒤로 미뤘습니다. 이런 때도 있습니다.

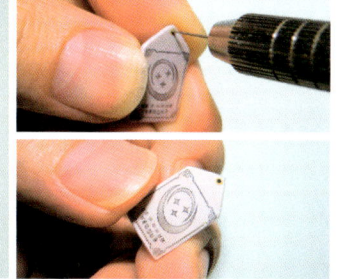

05

안쪽에서 구멍을 뚫는다

관통한 구멍으로 핀바이스를 넣고 고정한 해골 쪽으로 구멍을 뚫어줍니다. 해골을 관통하지 않게 조심하세요. 구멍에 접속용 알루미늄 선을 꽂고, 빠지지 않도록 순간접착제로 고정합니다.

06
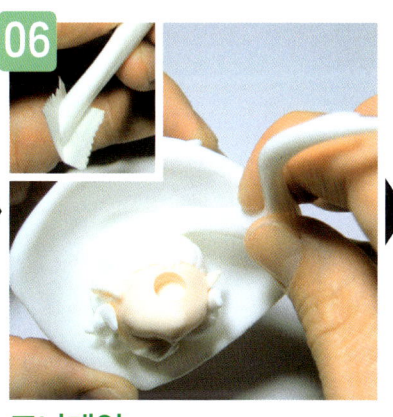

포니테일

이 캐릭터는 모자를 쓰면 뒤쪽으로 포니테일이 튀어나옵니다. 부품으로서는 중간부터만 있고, 모자 안쪽에 고정하게 돼 있습니다. 여기도 접착만 하면 힘을 못 받으니 축을 만들어줍니다. 접속부 끝에 양면테이프를 붙여서 일단 고정합니다.

07

위치를 잡으면 분리

접속할 위치를 그려줍니다. 그 뒤에 일단 포니테일을 분리하고 머리를 분리한 뒤에 다시 제 위치에 붙입니다. 포니테일과 모자의 같은 위치에 표시를 그립니다.

08
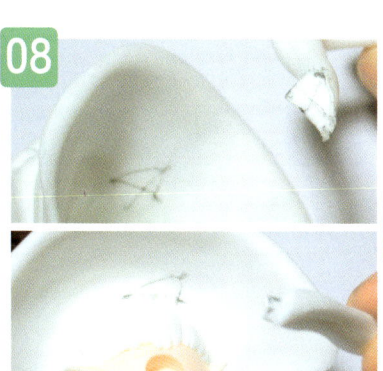

표시를 바탕으로

표시한 부분을 맞춰보고, 같은 부분에 구멍을 뚫습니다. 모자 쪽, 포니테일 쪽 각각에 구멍을 뚫고 접속용 알루미늄선을 끼우면 그 부분의 축 만들기는 완료입니다.

09
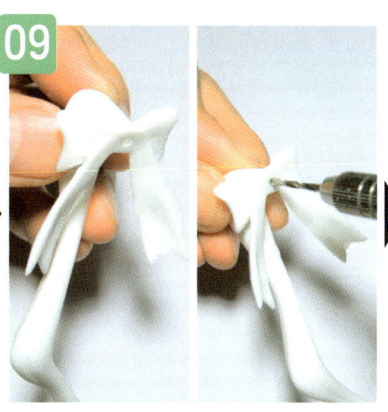

포니테일

모자를 씌우지 않았을 때를 위한 포니테일과 리본 부품입니다. 리본과 포니테일은 핀으로 연결하게 돼 있지만, 뒷머리에는 구멍밖에 없습니다. 포니테일에 리본을 끼운 상태로 구멍을 뚫어줍니다.

10
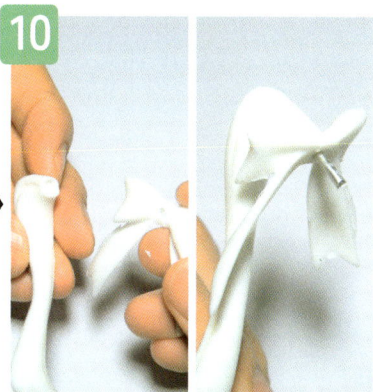

접속 핀이 생겼다

리본을 관통한 포니테일까지 구멍을 뚫어줍니다. 알루미늄선을 꽂았습니다. 이것으로 뒷머리에 끼울 수 있게 됐습니다. 이 접속 부분을 접착하지 않으면 완성한 뒤에 모자와 부품 교체가 가능합니다.

제3장 ①
본격적인 레진 키트 제작 준비

CHAPTER 08

가조립 완료

가조립은 파팅 라인이나 게이트 등의 처리해야 할 부분, 도색이나 조립 순서를 검토하기 위한 절차입니다. 그러니까 이 단계에서는 너무 작은 부품까지 조립할 필요는 없습니다. 이 키트에서는 망토와 지팡이 끝의 보석, 망토 고정구 등은 표면 처리를 마친 뒤에 조립하기로 했습니다. 단, 부츠 끈 매듭은 조립용 핀 등이 없기 때문에, 위치를 정하고 접착면의 강도를 확보하기 위해서 축을 만들었습니다.

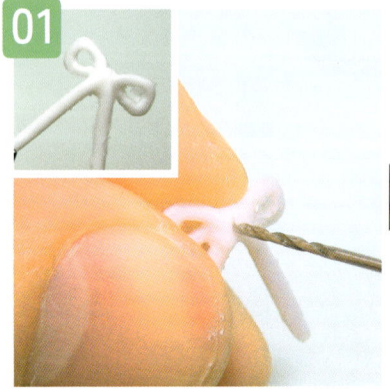

01 작은 부분은 가느다란 철사로

부츠 끈 부품입니다. 여기도 접속용 핀이 없습니다. 접착만 하면 힘을 못 받으니 금속선으로 보강합니다. 작은 부품이라서 드릴 직경은 0.8mm를 사용했습니다. 두께도 얼마 안 되니 관통하지 않게 조심하세요.

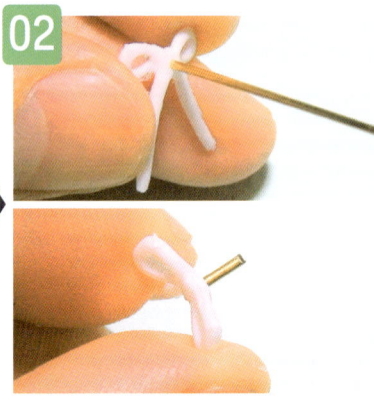

02 황동선은 튼튼하다

0.8mm의 좁은 구멍이라서 알루미늄 선이 아니라 황동선을 사용합니다. 구멍에 황동선을 꽂고 적당한 부분에서 펜치의 커터 부분이나 금속용 니퍼로 잘라줍니다. 날이 상하니까 플라스틱용 니퍼는 절대로 사용하지 마세요.

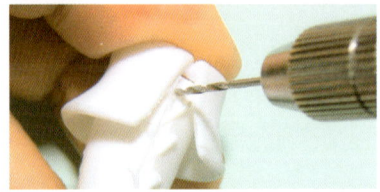

03 직접 대고 위치를 확인

끈이 달리는 위치를 확인하고 핀바이스로 구멍을 뚫어줍니다. 부츠 부분의 접힌 부분에 끈 부품을 대서 전체 모양을 확인한 다음 해주세요.

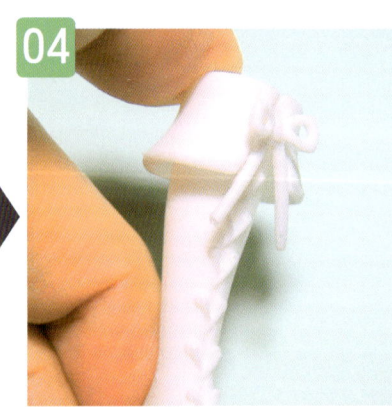

04 부츠 끈 고정 완료

부츠의 완성 상태를 알 수 있습니다. 작은 부품은 가조립 때는 제외하는 경우도 많지만, 전체 이미지에 영향을 주는 부분이나 축을 만들어야 하는 부분은 달아주세요.

파팅 라인을 처리하지 않으면

가조립한 뒤에는 게이트와 파팅 라인 처리, 기포 메우기 등의 작업을 합니다. 왜 파팅 라인을 처리해야 할까요? 그것은 파팅 라인을 처리하지 않고 색을 칠할 때 어떻게 되는지를 보면 알 수 있습니다. 왼쪽 사진은 파팅 라인을 처리하지 않고 서페이서를 뿌린 것. 오른쪽은 그 위에 흰색과 피부색을 뿌린 것입니다. 단차 부분에 그림자가 져서 눈에 띄고, 한 눈에 봐도 깔끔하지 않습니다. 파팅 라인 처리는 힘들지만 하면 한 만큼 효과가 있습니다. 열심히 처리해주세요. PVC 완성품 피규어 중에는 파팅 라인이 남아 있는 것도 있는데, 볼 때마다 아쉬운 기분이 듭니다.

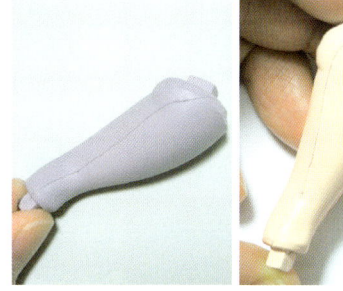

05

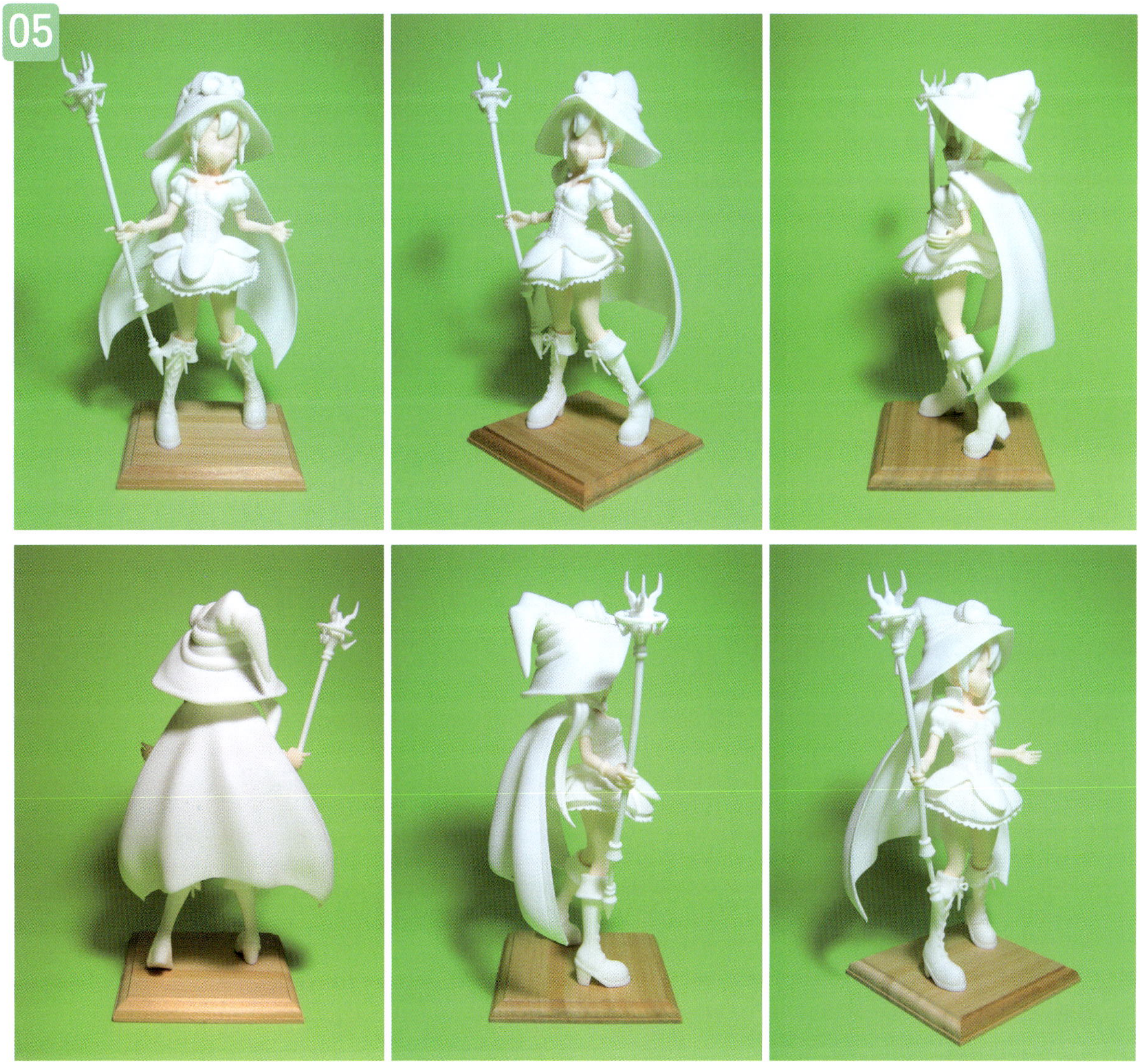

가조립 완료

가조립, 축 만들기가 끝난 상태의 사진입니다. 대략적인 느낌만 알 수 있으면 되니까 작은 부품까지는 조립하지 않았습니다. 컬러 레진 키트 때와 마찬가지로 파팅 라인과 게이트가 노출되는 부분을 확인하세요. 또한 기포 처리가 필요한 부분도 확인합니다. 제2장에서 사용했던 「치비 간단땅」에는 기포가 거의 없었지만, 일반적인 키트에는 많이 존재합니다.

제3장 ①
본격적인 레진 키트 제작 준비

CHAPTER

09

기포 처리

가조립이 끝나고 어디가 밖으로 드러나는지 알게 되면 기포를 처리합니다. 기포를 메우는 데는 몇 가지 방법이 있습니다. 그중에서 대표적인 소재를 사용한 방법을 소개하겠습니다. 당연히 각 소재마다 장점과 단점이 있으니 장소나 용도에 따라서 사용해주세요. 그리고 매뉴얼에는 없는 방법도 있습니다만, 문제가 없는 정도가 아니라 이쪽이 더 좋다고 할 수도 있으니 한 번 시험해보세요.

01

방법① SSP(순간접착 퍼티)

HG파우더를 숟가락으로 용기에서 떠냅니다. 설명서에는 혼합비가 기재돼 있지만, 종이 위에 필요한 양만큼 덜어내면 됩니다.

02

액과 파우더를 섞어서 사용

HG액을 짜냅니다. 이쪽도 필요한 양만 짭니다. 종이 위에 파우더와 떨어진 곳에 짜주세요. HG액은 옅은 보라색이고, 마른 뒤에도 연보라색입니다. 이번 통상 도색에서는 문제없지만, 제4장에서 소개할 서페이서리스 도색에는 적합하지 않습니다.

03

혼합비는 취향대로

HG파우더와 HG액을 섞어줍니다. 한 숟가락에 9~12방울이 적정량이라고 하지만, 취향대로 섞어도 됩니다. 파우더가 많으면 점도가 높아지고 빨리 굳습니다. 반대로 액이 많으면 점도가 낮아지고 천천히 굳습니다.

04

약간 불룩한 느낌으로

섞은 SSP를 주걱으로 떠서 기포 부분에 채워줍니다. 굳으면 오그라드니까(수축), 조금 많이 올려줍니다.

실처럼 늘어지게 되면

화학반응으로 굳어지는 퍼티와 접착제 등은 어느 정도 시간이 지나면 굳기 시작하면서 점도가 높아지기 때문에 사용할 수 없게 됩니다. 실처럼 늘어지게 되면 상당히 굳기 시작한 것입니다. 작업할 수 있는 시간은 주제와 경화제의 분량 비율은 물론이고 기온이나 습도 등에도 영향을 받습니다. 어느 정도 시간에 굳는지, 어느 정도 양이면 될지는 사용하다 보면 알게 될 것입니다. 처음에는 한 번에 너무 많이 섞지 않는 것이 절약하는 요령입니다.

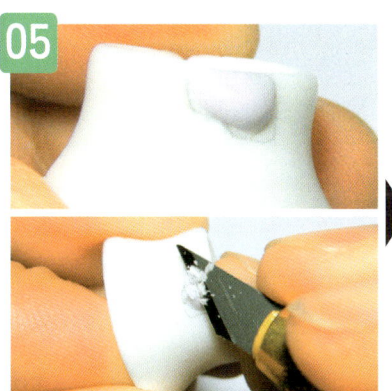

05 굳으면 깎아낸다

표면의 광택이 없어지면 굳은 것입니다. 나이프로 대강 깎아낸 뒤에 사포로 다듬으면 됩니다. 굳은 뒤에도 잘 잘리지만, 너무 잘라서 파내지 않도록 조심하세요.

06 처리 완료

사포 처리까지 마쳤습니다. 굳은 뒤에도 약간 옅은 보라색인 것이 보입니다.

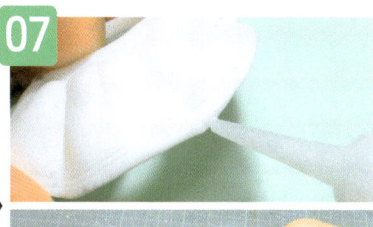

07 방법② 시아논

시아논은 SPP처럼 발라서 채우는 데는 맞지 않으니, 작은 기포를 메울 때 사용. 굳는 데 오래 걸리니까 그동안에는 건드리지 않습니다. 필요에 따라 순간접착제용 경화 촉진 스프레이를 한 번 뿌려주면 순식간에 굳습니다. 뿌린 직후에는 노랗게 변색되지만 바로 원래대로 돌아옵니다.

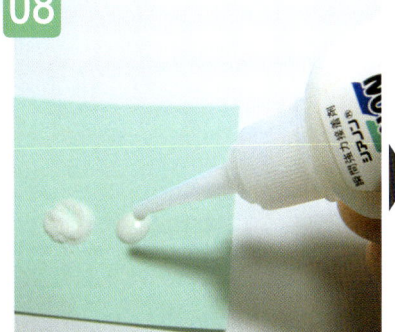

08 방법③ 시아논+SSP HG파우더

시아논으로 큰 부분의 기포를 메우기는 힘들지만, HG파우더와 섞어주면 SSP와 똑같이 사용할 수 있습니다. 하지만 이것 때문에 SSP를 살 수는 없겠죠. 제 경우에는 굳어서 못 쓰게 된 SSP 세트의 HG파우더가 있어서 그것을 사용했습니다.

09 최강의 조합일지도

파우더와 시아논의 양과 굳는 시간은 SSP와 비슷하지만, SSP보다 빠르게 굳은 것 같은 느낌이었습니다. 굳은 직후에는 점성이 있으니 조금 기다렸다가 깎는 쪽이 좋습니다. 참고로 HG파우더는 「베이비파우더」로도 대용할 수 있지만, 굳는 데 시간이 좀 걸리는 것 같습니다.

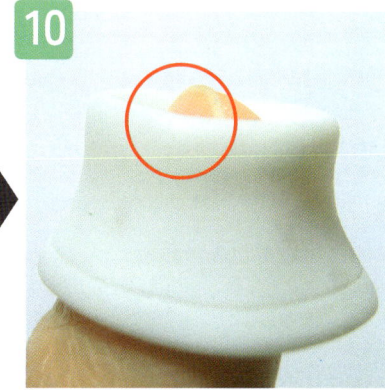

10 서페이서리스 도색에도 적합

SSP와 달리 하얀색이라서 레진 캐스트의 하얀 바탕과 궁합이 좋습니다. 굳은 뒤에 깎고 표면을 다듬은 모습. ○로 표시한 부분이 시아논을 바른 곳입니다. 거의 구별할 수 없습니다.

제3장 ①
본격적인 레진 키트 제작 준비

CHAPTER **10**

기포와 흠집 수정

수정 방법을 또 하나 소개해드리겠습니다. 앞 페이지의 세 가지와 함께 필요에 따라 적재적소에 사용해서 모든 기포와 흠집을 처리하세요. 또한 표면에 얇은 막이 얹힌 상태의 기포도 처리합니다. 안쪽에 있는 기포는 문제없지만, 부품 표면 가까이 있는 경우에는 작업 도중에 구멍이 뚫리거나 도료나 서페이서의 영향을 받아서 가라앉을 가능성이 있기 때문입니다.

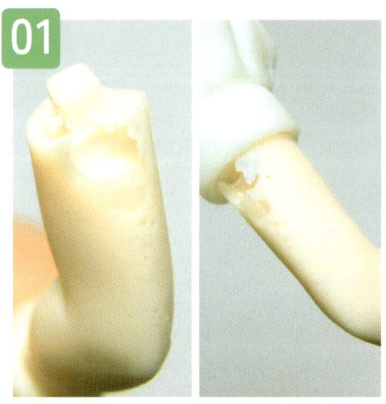

01 레진 조각으로 메우기

팔 연결 부분에 있는 기포. 소매를 끼워도 가려지지 않습니다. 이것을 레진 조각으로 메워줍니다.

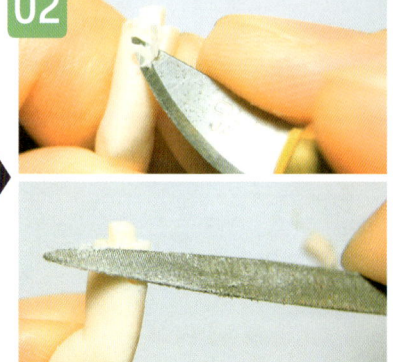

02 대담하게 잘라낸다

먼저 기포 부분을 아트나이프로 잘라내고, 줄을 이용해서 원통형으로 깎습니다. 줄은 반원을 이용했습니다.

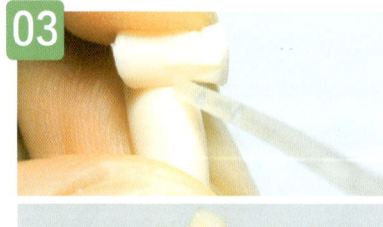
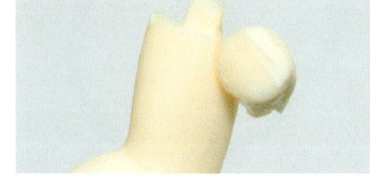

03 이런 때를 위해서!

게이트 처리 등에서 잘라낸 레진 조각 중에서 적당한 크기의 조각을 순간접착제로 접착합니다. 29페이지에서 컬러 레진 키트를 제작할 때 소개했지만, 필요 없는 레진 조각을 남겨두는 것은 이런 때를 위해서입니다.

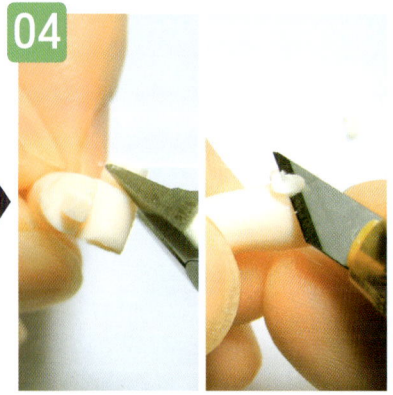

04 불필요한 부분은 자르자

접착했으면 니퍼로 대강 잘라내고 나이프로 깎아줍니다. 아웃라인을 의식한 라인으로 깎아줍니다. 어떤 의미에서는 이 작업을 할 수 있으면 조형도 할 수 있습니다.

안 보이는 곳은

사진은 부츠 부품의 얇은 막 기포인데, 접힌 부분이 위에 붙으면서 완전히 가려집니다. 이렇게 안 보이는 부분은 넘어가도 됩니다. 기포 처리는 힘든 일이니 조금이라도 줄이고 싶습니다. 하지만 깜빡하고 넘어가면 큰일이니까, 가조립했을 때 잘 확인해야 합니다.

05
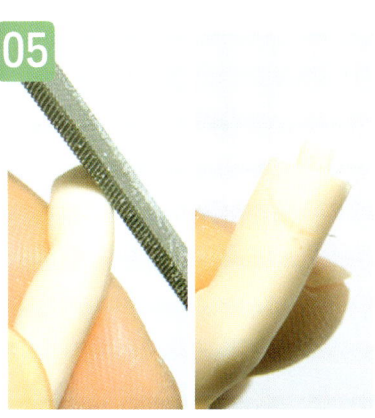

깎아서 마무리

줄과 사포로 다듬으면 완성입니다. 손가락 끝이나 머리카락 끝 등의 뾰족한 부분이 깨진 경우에도 이렇게 처리할 수 있습니다.

06
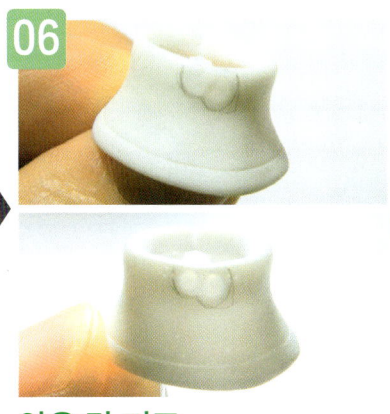

얇은 막 기포

일반적인 기포는 처음부터 뚫려 있는데, 안쪽에 있어서 빛을 비춰봐야 알 수 있는 기포도 있습니다.

07
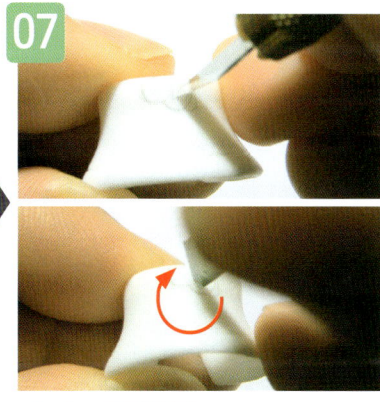

나이프로 빙글

이 상태로는 메울 수가 없으니 뚫어줍니다. 나이프 날로 찌르고 빙글 돌려서 막 부분을 뚫어줍니다.

08
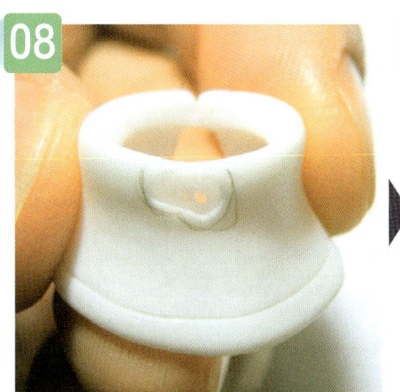

내부는 광대하다

의외로 내부의 공동이 크다는 걸 알 수 있습니다. 앞 페이지에서 소개한 것처럼 SSP나 시아논+HG파우더를 써서 메웁니다.

09

막 부분에 디테일

치마 부품입니다. 여기에도 막 상태 기포가 있습니다. 표면에는 패널라인 디테일이 있으니, 이것을 남기고 기포만 처리하고 싶습니다.

10

안쪽에서 메운다

안쪽에서 나이프를 이용해서 표면의 디테일이 상하지 않도록 구멍을 내고, 그곳을 이용해서 기포를 메워줍니다.

제3장 ①
본격적인 레진 키트 제작 준비

CHAPTER 11

부품 다듬기②

기포 이외에도 부품을 원래 모양으로 만들기 위해서 가공해야 하는 부분이 있습니다. 부품 다듬기는 가조립 전에 했지만, 가조립 전에는 주로 조립에 지장을 줄 것 같은 부분만 가공했습니다. 물론 가조립 전 단계에서 모든 부품을 다듬어도 되지만, 조립해봐야만 알 수 있는 부분이 있기 때문에 필요 없는 부분이나 나중에 추가 작업이 필요한 부분이 생깁니다. 그래서 귀찮아도 두 번에 나눠서 작업합니다.

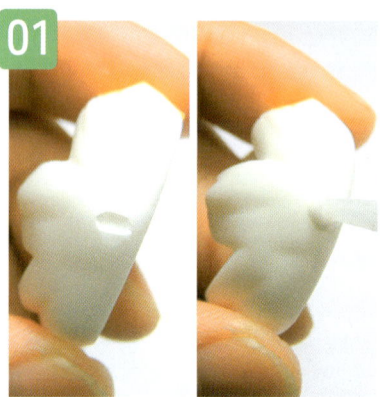

01 게이트 자국
본인이 아니라 생산자가 런너에서 부품을 떼어내면서 생긴 케이스도 있는 모양입니다. 이런 부분은 기포와 마찬가지로 메워줍니다. 시아논+순간접착제용 경화 촉진 스프레이로 빠르게 대처했습니다.

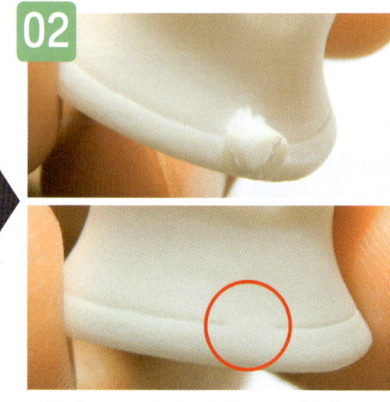

02 게이트 부분의 몰드 파기
부츠 접힌 부분 부품입니다. 아래쪽에 라인이 있는데, 이 라인 중간에 게이트가 있습니다(가조립 전에 게이트는 전부 처리했습니다). 보통 게이트처럼 나이프로 자르고 사포로 다듬었는데, 몰드가 멋지게 분단되고 말았습니다.

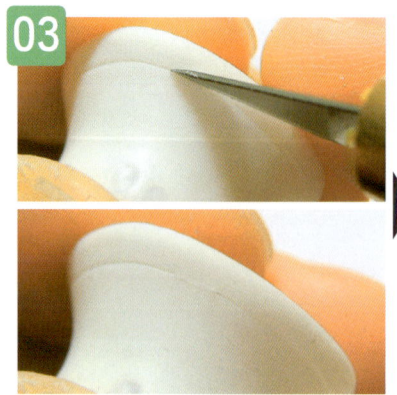

03 나이프로 선을 긋고
몰드가 이어지도록 아트나이프로 칼집을 내줍니다. 프리 핸드로 했는데, 경우에 따라서는 마스킹 테이프를 붙여서 가이드로 삼아도 좋습니다.

04 선을 넓힌다
나이프로 그어준 선을 따라 줄로 그어서, 다른 부분과 같은 굵기로 만들어줍니다. 그 뒤에 홈 안쪽을 종이 사포로 깔끔하게 다듬어줍니다.

손톱으로 확인

기포나 흠집을 SSP나 시아논으로 메운 부분이 깔끔하게 처리됐는지는 의외로 알기 힘듭니다. 특히 하얀 시아논으로 메운 부분은 색도 비슷해서 더 그렇죠. 이럴 때는 손톱으로 문질러보면 면이 깨끗하게 이어졌는지 알 수 있습니다. 손톱 끝의 감각이 의외로 예민해서 약간의 요철도 느낄 수 있습니다. 뭔가가 탁, 하고 걸리면 단차가 있다는 뜻이니 다시 처리해야 합니다.

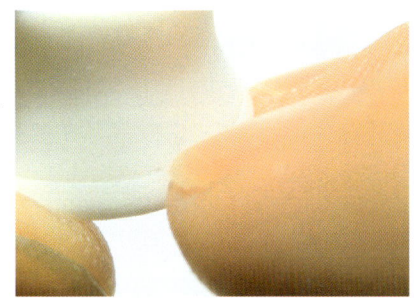

05
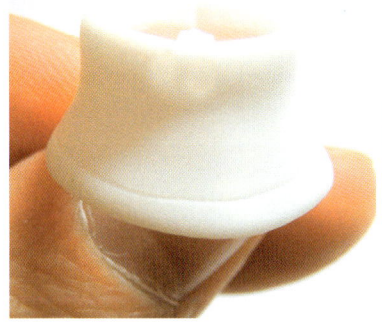

몰드 부활

완성됐습니다. 이 부품 위쪽에 막 모양의 기포가 존재합니다. 사실은 기포 처리 전에 몰드를 먼저 살렸습니다. 순서는 반대가 됐지만, 어느 쪽을 먼저 해도 문제는 없겠죠.

06
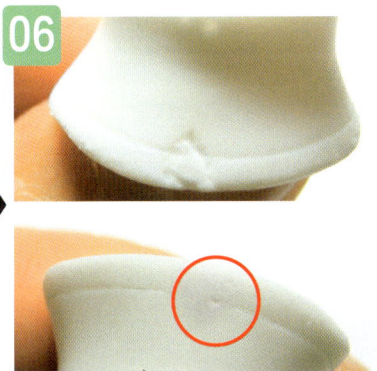

게이트 부분의 흠집

접힌 부츠 부품의 다른 부분입니다. 어째서인지 게이트 주변에 흠집이 있어서 SSP로 메우고 다듬었습니다. 하지만 다듬은 뒤에 확인해보니 이번에 메우면서 기포가 생긴 건지, 아직 메워지지 않은 부분이 있었습니다.

07
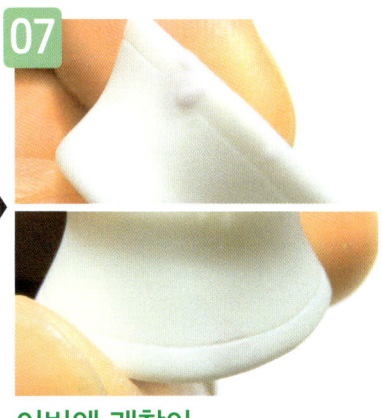

이번엔 괜찮아

다시 SSP로 메운 뒤에 사포로 몰드를 파줬습니다. 만약 기포가 메워지지 않았을 때는 다시 메워줍니다. 완전히 메워진 뒤에 몰드를 새겨주세요.

08
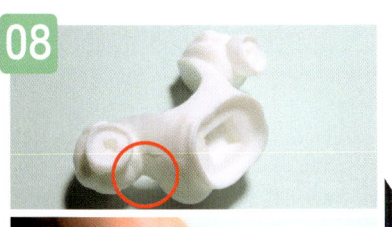

파팅 라인의 몰드

파팅 라인 때문에 옷 재봉선 몰드가 중간에 사라졌습니다. 나이프와 줄로 새겨줍니다.

09
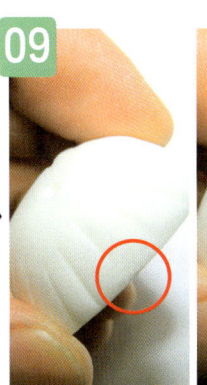

머리카락 몰드 부활

뒷머리 부품의 게이트 처리를 마친 상태. 게이트 때문에 머리카락의 몰드가 중간에 끊어졌습니다. 먼저 나이프를 이용해 V자로 파줍니다.

10
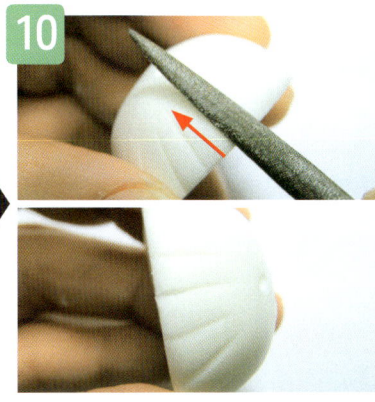

머리카락의 흐름을 따라서

그 뒤에 반원 금속 줄의 날 부분을 머리카락의 몰드 방향을 따라 움직여서 골을 파줍니다.

제3장 ①
본격적인 레진 키트 제작 준비

CHAPTER

12

부품 다듬기 ③

계속해서 부품을 다듬어줍니다. 지금까지 설명하지 않은 클리어 부품 가공입니다. 특히 기포 처리는 참 곤란합니다. 왜냐하면 SSP나 시아논은 색이 있어서 메운 부분이 다 보이기 때문입니다. 대처 방법은 본문을 봐주세요. 마지막으로 접착만 가지고는 불안한 부분에 가느다란 금속선을 넣었습니다. 색을 칠한 뒤에 하는 것보다 먼저 하는 쪽이 좋다고 판단했기 때문입니다.

01 마치 간유리

클리어 부품이라고 해도 파팅 라인이나 게이트 처리는 보통 부품과 똑같습니다. 금속 줄로 가공한 뒤에 사포로 연마합니다. 그러면 투명도가 사라지지만, 도색하면 다시 살아나니 문제없습니다.

02 살아나기는 했지만

도색하면 투명도가 살아나기는 하지만, 깊은 흠집은 그대로 남습니다. 위쪽 사진 같은 상태에서는 흠집이 사라지지 않습니다. 아래쪽 정도까지 연마해줍니다.

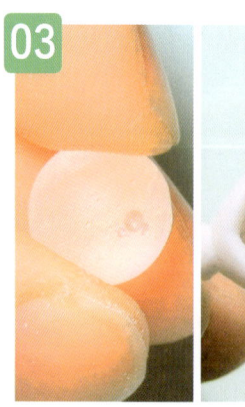

03 클리어 부품의 기포

망토 끝에 달리는 장식품 보석입니다. 보다시피 기포가 있습니다. 하지만 이 부품은 스탠드 부품에 접착하니까, 기포 부분을 접착하면 눈에 띄지 않게 됩니다. 그리고 핀바이스로 기포 부분과 스탠드에 1.5mm 구멍을 내고 금속선으로 접속했습니다.

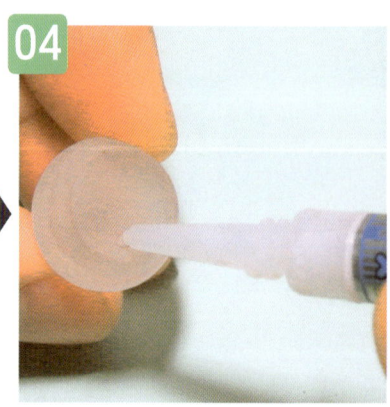

04 꼭 메우고 싶다

클리어 부품의 기포를 03처럼 접속 부분으로 삼아서 눈에 띄지 않게 할 수도 없고 어쩔 수 없이 메워야 하는 경우에는 순간접착제로 메워서 대처할 수 있습니다. 이 경우에는 젤리 타입이나 고강도 등의 점도가 높은 것을 사용합니다.

도색 전에 청소를

부품 다듬기 등의 공작을 마치고 도색할 때가 되면, 그 전에 방을 치워주세요. 일 때문에 제작을 하더라도 조형(공작)용 방과 도색용 방을 따로 쓰는 사람은 소수입니다. 게다가 취미로 피규어를 제작하는 경우에는 공작하는 것도 도색하는 것도, 어쩌면 식사나 수면도 같은 방에서 하겠죠. 공작을 끝낸 방에는 찌꺼기나 쓰레기가 잔뜩 있습니다. 그 속에서 도색 작업을 하면 어떻게 될까요. 에어브러시에서 나온 공기에 갈아낸 가루와 먼지가 날아오르고, 그 먼지가 도색면에 묻습니다. 그리고 만에 하나 손잡이에서 떨어진 부품이 방바닥이나 책상 위에 떨어지면 먼지 범벅이 되겠죠. 그렇게 되면 뒤처리가 큰일입니다. 그런 일을 줄이기 위해서라도 도색 전에 공작으로 더러워진 방을 치워두는 것을 추천합니다.

05 굳으면 깎는다

순간접착제가 굳으면 깎아냅니다. 깎은 것이 아래 사진. ○으로 표시한 곳이 채운 부분인데, 거의 알아볼 수 없습니다.

06 옷깃 부품 고정

도색한 뒤에 끼워줄 것을 생각하면, 접속용 핀을 달아주는 쪽이 좋을 것 같습니다. 먼저 망토 쪽에 구멍을 뚫어줍니다. 0.5mm 구멍을 앞에서 뒤까지 관통해서 뚫어줍니다.

07 위치를 맞춰서

망토에 뚫은 구멍으로 드릴을 넣고, 고정할 위치에 댄 옷깃 부품의 제위치에 구멍을 뚫어줍니다.

08 한쪽이 고정되니까 편하다

뚫린 구멍에 황동선을 끼우고 옷깃 부품을 끼워줍니다. 다른 쪽 접속 부분은 옷깃 부품을 피한 상태로 망토에 구멍을 뚫고, 그 뒤에 옷깃 부품을 고정할 위치에 맞추고 07과 같은 방법으로 뚫어줍니다.

09 뚫린 구멍에 황동선을 꽂아 고정

황동선이 튀어나오거나 구멍이 뚫려 있으면 원래 모양과 다르니까, 황동선을 짧게 잘라서 구멍 밖으로 나오지 않게 고정하고, 구멍을 시아논이나 SSP로 메워서 완성합니다.

10 부품을 다 다듬었으면

제2장 때와 마찬가지로 부품을 세척합니다. 세척하면서 부품에 묻어 있던 손때나 찌꺼기를 제거합니다(60~61페이지 참고). 도색은 잘 말리고 수분이 없는 상태에서 시작합니다.

제3장 ②

밑색·흰색·피부색 도색

CHAPTER 13

에어브러시 도색의 기초

드디어 에어브러시를 이용해서 색을 칠합니다. 「에어브러시」란 압축된 공기로 도료를 미스트 상태로 뿌리는 도구 또는 그 기법을 말합니다. 에어브러시에는 「싱글 액션」과 「더블 액션」 두 종류가 있습니다. 싱글 액션은 싸지만 버튼을 누르면 도료와 공기가 같이 나와서 세밀한 조정이 안 됩니다. 더블 액션은 버튼을 누르면 공기가 나오고 당기면 도료가 나오게 돼 있습니다. 버튼을 누르는 정도와 당기는 정도에 따라서 양쪽의 양을 조절할 수 있다는 장점이 있습니다. 이 책에서는 더블액션을 사용해서 제작합니다.

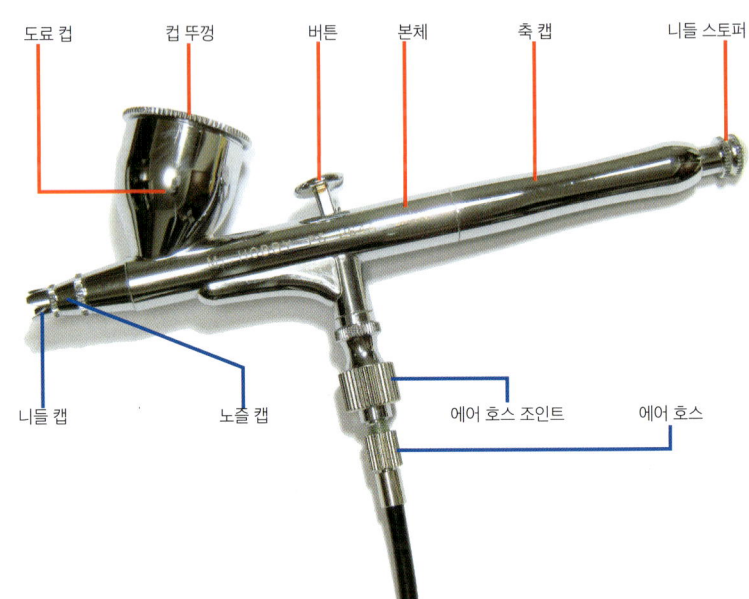

에어브러시의 각 부분 명칭

사진은 제가 사용하는 GSI 크레오스의 버튼식 더블액션 에어브러시입니다. 메이커나 기종에 따라 다소 차이가 있지만, 대개 이런 구조로 되어 있습니다.

▼니들 캡을 벗겨보면

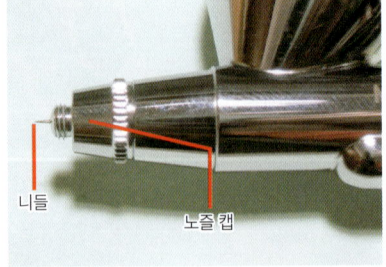

▼노즐 캡을 벗겨보면

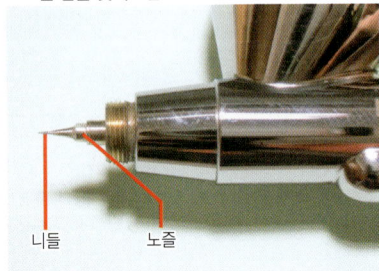

▼축 캡과 니들 스토퍼를 빼보면

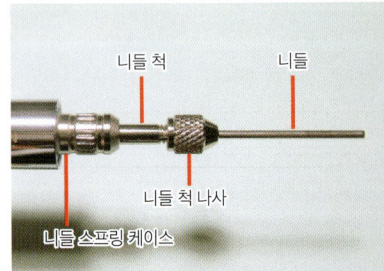

에어브러시와 컴프레셔의 접속

접속은 전원을 끈 상태에서 합니다.
① 컴프레셔와 레귤레이터 호스를 접속합니다. 레귤레이터에는 입력 쪽과 출력 쪽이 있습니다. 컴프레셔와 호스는 입력 쪽에 접속합니다.
② 에어브러시와 호스를 접속합니다. 에어브러시용 호스는 사진 같은 전화기 코드 타입이 잘 꼬이지 않아서 좋습니다.
③ 레귤레이터에 에어브러시 호스를 접속합니다. 보호용 나사를 벗기고서 합니다. 접속 순서는 상관없습니다.
※ 이 레귤레이터는 복수의 에어브러시를 접속할 수 있습니다.
※ 컴프레셔의 출력 관계상 두 개를 동시에 사용할 수는 없습니다.

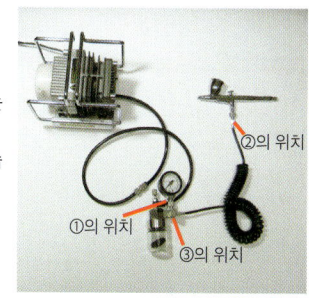

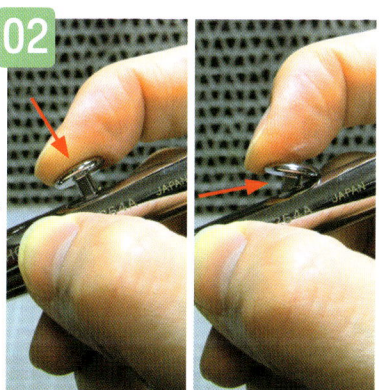

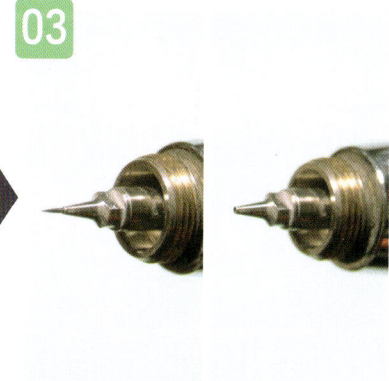

01 에어브러시 잡는 방법
버튼으로 조작하니까 누르기 편하고 당기기 편한 자세가 좋습니다. 연필처럼 잡고 집게손가락을 버튼 위에 올려놓은 방법을 추천합니다.

02 누르면 공기, 당기면 도료가
버튼을 누르면 공기만 나옵니다. 버튼을 누른 상태에서 뒤로 당기면 도료가 나옵니다. 누르고 당긴다. 두 개의 액션으로 조작해서 더블액션입니다.

03 니들과 노즐의 관계
버튼과 니들이 연동해서 당기면 당길수록 니들이 후퇴합니다. 니들이 후퇴하면 노즐과의 틈이 벌어지면서 도료가 많이 뿌려지게 됩니다.

04 부품과의 거리
에어브러시는 같은 힘으로 뿌려도 뿌리는 대상과의 거리에 따라서 선의 굵기가 달라집니다. 뿌리는 대상에 가까우면 가늘어지고 멀면 굵어집니다. 위 사진은 종이에 뿌린 것인데, 제일 위는 아주 가까이, 노즐과 종이의 거리가 1cm 이하입니다. 하지만 가까이 댈 때는 버튼도 잘 조절하지 않으면 세게 뿜어져 나와서 도료가 흐를 수도 있으니 주의하세요. 감각을 익힐 때까지 종이로 연습하세요.

05 실제 에어브러시 도색
도료를 바꾸는 방법이나 세척 방법은 실제로 작업하면서 소개하겠습니다. 천천히 배워보세요.
색을 바꿀 때는→118~119페이지 참조
에어브러시 세척→152~153페이지 참조

115

제3장②

밑색·흰색·피부색 도색

CHAPTER 14

프라이머 뿌리기

「프라이머」라는 것은 도료가 잘 입혀지고 벗겨지지 않게 해주는 밑칠 도료입니다. 서페이서(120페이지 참조)를 뿌리지 않고 도색할 때는 필수품입니다. 서페이서는 도료가 잘 먹히게 하는 작용도 있어서 서페이서를 뿌릴 때는 프라이머를 뿌릴 필요가 없지만, 제 경험상 서페이서를 뿌릴 때도 모든 부품에 프라이머를 뿌리는 쪽을 추천합니다. 개인적 의견이지만 레진 전용 서페이서 등을 써도 만족한 경우가 없습니다. 그런데 가이아노츠의 「P-01 가이아 멀티 프라이머」를 일반적인 서페이서(레진용이 아닌)의 밑칠로 썼더니 도료가 상당히 잘 먹혔고, 그 뒤로 이 둘을 조합해서 쓰고 있습니다.

01 원액으로 사용

프라이머는 희석하지 않고 그대로 사용합니다. 캔에서 직접 컵에 따릅니다. 작업 중에 흘리지 않도록 도료 컵의 뚜껑을 닫아주세요.

02 기본은 마찬가지

뿌리는 방법은 76페이지에서 소개한 탑코트를 뿌릴 때와 같습니다. 부품이 없는 곳에서 뿌리기 시작하고 부품 위를 통과한 뒤에 멈춥니다. 작업을 중단할 때는 컵 안에 있는 도료가 쏟아지지 않도록 에어브러시 전용 스탠드에 올려놓습니다.

03 부품을 돌려도 된다

프라이머는 투명해서 칠한 부분과 아닌 부분을 구별하기가 힘듭니다. 부품을 돌리거나 에어브러시를 여러 방향으로 움직여서 꼼꼼하게 뿌려주세요.

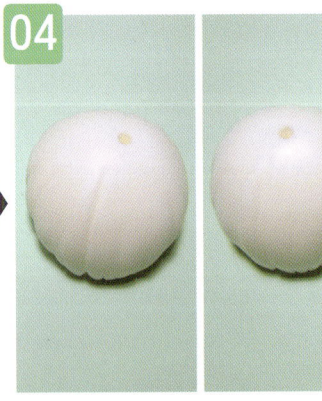

04 뿌리기 전후 비교

오른쪽이 프라이머를 뿌린 상태입니다. 아주 조금 광택이 있습니다. 뿌린 쪽은 만지면 살짝 끈끈합니다.

뽀글이에 대해

노즐 캡의 나사를 살짝 풀고 뽀글이 하는 방법은 어떤 에어브러시의 노즐 모양과 상관없이 쓸 수 있는 방법입니다. 사실 니들 캡이 사진 왼쪽 같은 모양이면 노즐 구멍만 막아줘도 뽀글이를 할 수 있습니다(오른쪽 사진). 사진 같은 캡 모양의 에어브러시를 가지고 계시다면 꼭 시험해보세요.

05
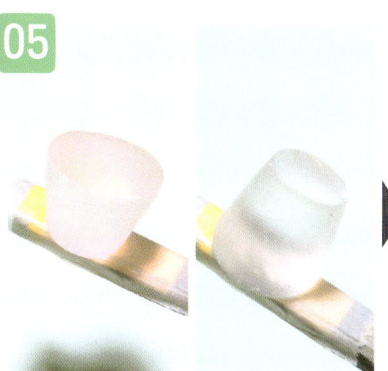

클리어 부품에 뿌리면
왼쪽이 뿌리기 전, 오른쪽이 뿌린 상태입니다. 투명도가 늘어나서 잘 알 수 있습니다. 파팅 라인이나 게이트 자국을 연마해서 간유리처럼 된 클리어 부품의 파인 부분에 프라이머가 들어가서 표면이 매끄러워지기 때문입니다.

06
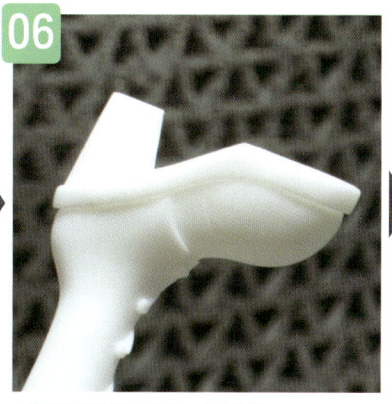

색을 구분하는 부분
마스킹 테이프를 벗길 때 도막이 벗겨지는 경우가 많습니다. 그래서 마스킹하는 「색과 색의 경계 부분」은 꼼꼼하게 뿌려주세요. 사진은 부츠입니다. 아웃솔 부분은 색이 달라서 마스킹이 필수입니다.

07

프라이머가 안 나와?
한참 뿌리다 보면 잘 안 나오게 됩니다. 컵 안에 프라이머가 떨어져서 그렇겠죠. 그럴 때는 프라이머를 추가해주고 계속 작업합니다.

08

프라이머 뿌리기 종료
프라이머를 뿌린 부품 표면은 약간 끈끈하니 잘 말려주세요. 그리고 먼지가 묻기 쉬우니 조심하세요. 남은 프라이머는 다시 캔에 따라주세요.

09
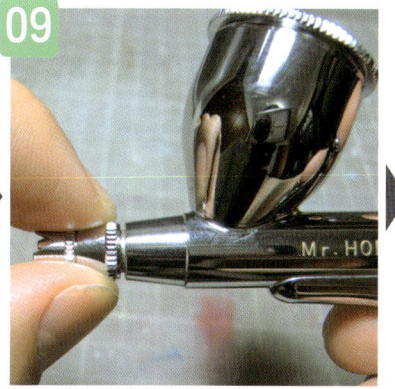

사용한 에어브러시 손질
빈 컵에 툴 워시(119페이지 참조)를 넣고, 노즐 캡의 나사 부분을 살짝 풀어줍니다. 버튼을 누르고 당기면 공기가 캡으로 역류해서 거품이 올라옵니다.

10

뽀글이
공기가 컵으로 역류하는 상태를 「뽀글이」라고 합니다. 뽀글이를 한 뒤의 툴 워시는 녹은 프라이머 때문에 더러워졌으니 버립니다. 새 툴 워시를 넣고 2~3회 뽀글이를 해줍니다.

제3장 ②

밑색·흰색·
피부색 도색

CHAPTER 15

도료 색 바꾸는 절차

에어브러시는 직접 조색한 색을 뿌릴 수 있는 것이 매력입니다. 하지만 한 색을 칠할 때마다 잘 청소하지 않으면 먼저 사용한 색과 섞이게 됩니다. 여기서는 색을 변경할 때의 기본적인 방법을 설명합니다. 에어브러시의 색 바꾸기는 꽤나 귀찮은 일입니다. 금전적인 여유가 있다면 에어브러시를 두 개 사용하는 것을 권합니다. 예를 들어서 베이스 색과 섀도 색을 각각 넣어두면 너무 뿌린 경우 등에 일일이 색을 바꾸지 않고도 뿌려줄 수 있기 때문입니다. 이 방법이면 두 개를 동시에 사용하지는 않으니까 컴프레셔 한 대로도 충분하지만, 레귤레이터에 분기가 있으면 2개를 계속 연결해둘 수 있어서 편리합니다.

01 컵을 비우자

컵 안에 남아 있는 도료를 비웁니다. 조색하지 않은 도료는 원래 도료 병에 다시 부어도 됩니다. 조색한 경우에는 공병 등에 옮겨서 보관해두면 나중에 쓸 수 있습니다(137페이지 참조).

02 희석액을 넣는다

먼저 희석액을 넣어서 뽀글이를 합니다. 컵에 도료가 남아 있지 않으면 여기서부터 시작합니다. 희석액은 사진처럼 스포이드로 넣습니다. 병에서 직접 부으면 쏟거나 컵 가장자리에 묻은 도료 때문에 병 입구가 더러워지는 문제가 생깁니다.

03 뽀글이를 한다

씻은 희석액도 원래 도료 병에 부어도 됩니다. 희석액으로 희석한 만큼 옅어지지만, 원래 병에 있는 도료가 진하기 때문에 약간 희석돼도 괜찮습니다. 도료는 구입하고 시간이 지나면 용제가 휘발돼서 진해지니까, 가끔씩 희석해주는 효과도 있어서 일석이조입니다.

04 닦아 준다

컵 안의 때를 닦습니다. 티슈도 괜찮지만, 섬유가 남을 수 있어서 저는 키친타월을 사용합니다.

가이아노츠의 「툴 워시」에 대하여

툴 워시는 희석액보다 상당히 강력한 용제입니다. 에어브러시나 붓, 접시 등에 묻은 도료를 녹입니다. 너무 강력해서 플라스틱도 녹여버립니다. 도색 부스의 플라스틱 부분이나 플라스틱 도구 상자 등도 녹여버리니 주의해야 합니다. 또한 휘발성이 높아서 사용하지 않을 때는 바로 뚜껑을 닫아두세요. 또한 다른 메이커의 「툴 클리너」나 「툴 워셔」라는 이름도 같은 제품입니다.

05 툴 워시

다음엔 컵에 툴 워시를 넣습니다. 툴 워시는 강력한 용제라서 오염을 확실하게 제거해줍니다.

06 뽀글이를 하고 버린다

희석액과 마찬가지로 뽀글이를 해줍니다. 단, 이번에는 도료 병에 다시 붓지 않도록 주의하세요. 툴 워시를 버리는(모아두는) 종이컵 등을 준비해 두는 것이 좋습니다.

07 뽀글이를 반복

컵 안의 툴 워시가 맑게 나올 때까지 여러 번 반복합니다.

08 컵 바닥도

컵 바닥에는 니들도 있어서 도료가 잘 지워지지 않는 경우가 있습니다. 니들을 빼고 청소하는 방법도 있지만, 보통은 마지막에 정리할 때 해주면 충분합니다.

09 붓을 사용하자

이럴 때는 청소용 붓을 하나 준비하고 그것으로 깨끗이 닦아주면 좋습니다.

10 이 정도가 되면 OK

뽀글이를 해도 맑은 상태까지 해주면 됩니다. 또한 밝은 색에서 진한 색으로 바꿀 때는 크게 영향이 없으니 너무 신경 써서 해주지 않아도 괜찮습니다.

제3장②

밑색·흰색·피부색 도색

CHAPTER 16

서페이서 뿌리기①

「서페이서」는 표면의 자잘한 흠집을 메우고 다른 소재로 메운 부분 등의 색을 균일하게 해서 도료가 잘 입혀지게 해주는 밑칠 재료입니다. 통상 도색 때는 모든 부품에 뿌려줍니다. 피부색이나 흰색, 검정색이나 핑크색 등도 있지만, 가장 표면의 상태를 확인하기 쉬운 것은 회색입니다. 개인적으로는 흰색 서페이서를 뿌리는 것보다는 서페이서리스가 좋다고 생각하기 때문에, 통상 도색 때는 회색을 사용합니다.

뚜껑을 열어보니

용제 가루와 안료가 분리돼 있습니다. 안료는 의외로 금세 침전되기 때문에 농도 조절이나 부족해서 추가할 때도 잘 저어줘야 합니다.

저어준다

먼저 용제 부분과 아래의 안료가 균일해지도록 조색봉으로 잘 섞어줍니다. 조색봉의 평평한 부분을 사용합니다.

농도 조절

이 상태로는 에어브러시로 뿌리기엔 너무 진하기 때문에 희석액으로 희석해줍니다. 스포이드로 희석액을 종이컵에 옮겨줍니다.

병에서 종이컵으로 옮긴다

종이컵에 따를 때는 조색봉을 대고 부어줍니다. 서페이서와 희석액의 비율은 1:1~1:3 정도입니다.

희석액에 대하여

서페이서의 희석액은 가이아노츠의 「T-07 모델레이트 용제」를 사용했습니다. 모델레이트는 냄새 완화 타입인 점이 좋습니다. 다른 제품과 비교해보면 정말 달라서, 조금이라도 냄새를 줄이고 싶은 분께 추천합니다. 그리고 건조를 지연시키는 리타더 성분이 들어 있어서 에어브러시 도색에 적합한 점도 좋고, 같은 래커계(유성 아크릴) 도료라면 타사 제품과 호환성도 있어서 안심하고 사용할 수 있습니다.

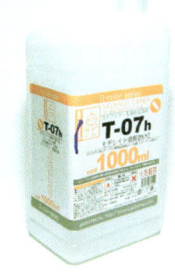

05 사소한 부분이지만

병 테두리를 닦고 뚜껑을 닫아줍니다. 테두리를 닦아주는 것은 굳어서 뚜껑이 열리지 않는 것을 막기 위해, 뚜껑을 닫는 것은 쏟지 않기 위해서입니다.

06 섞기

종이컵에 따른 서페이서와 희석액을 잘 섞어줍니다. 종이컵을 사용할지 도료 접시를 사용할지는 필요한 도료의 양에 따라 정해집니다. 서페이서는 모든 부품에 뿌리다 보니 많은 양이 필요합니다. 그래서 종이컵을 선택했습니다.

07 농도의 기준

다 섞었으면 조색봉으로 떠서 종이컵 안쪽 벽에 대봅니다. 슥~하고 흘러내리면 됩니다. 잘 흐르지 않으면 희석액을 더 추가합니다. 진하면 도료(서페이서)가 나오지 않거나 표면에서 뭉치는 경우가 있습니다.

08 자, 컵으로

농도 조정이 끝나면 에어브러시의 컵에 서페이서를 부어줍니다. 종이컵 테두리를 접어주면 편합니다. 다 붓지 않아도 됩니다. 남은 것은 종이컵에 남겨뒀다가 나중에 보충해주면 됩니다.

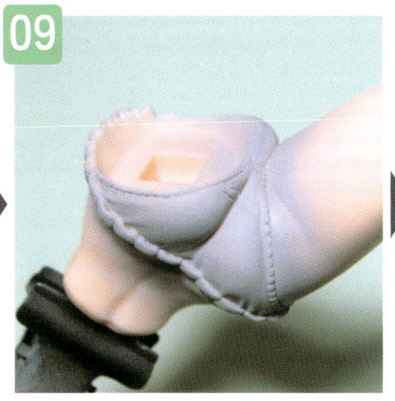

09 작은 부분에서 전체로

시험 삼아 뿌려서 문제가 없으면 부품에 뿌리기 시작합니다. 구석진 부분은 잘 입혀지지 않으니 거기서부터 칠하기 시작합니다. 에어브러시를 가까이 대고 버튼을 살짝 당겨서 뿌려줍니다.

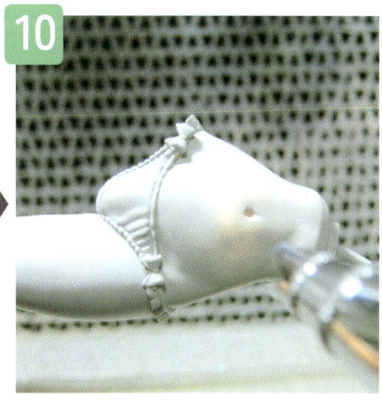

10 간단히 회색이 됐다

비교적 간단하게 회색이 되는데, 한 번에 뿌리지 말고 서서히 진하게 해주세요. 전체적으로 균일하게 칠해주면 됩니다. 같은 방법으로 모든 부품에 뿌려주세요. 작업 중에 서페이서가 떨어지면 종이컵에 남은 것을 추가해가며 작업합니다.

제3장 ②

밑색·흰색·피부색 도색

CHAPTER

17

서페이서 뿌리기 ②

　서페이서를 뿌리면 표면 상태를 알아보기가 쉬워집니다. 그렇게 되면 게이트나 파팅 라인 처리 때 생긴 흠집이나 기포를 메운 부분이 덜 연마된 곳, 깜박하고 넘어간 기포 등을 발견할 수 있으니 그것을 처리해줍니다. 어떤 증상이 있고 어떻게 대처하면 되는지 설명하겠습니다. 시간을 꽤 들여서 표면을 처리했지만, 의외로 놓친 곳이 보입니다. 힘이 조금 빠지기는 하지만 하나하나 대처하세요.

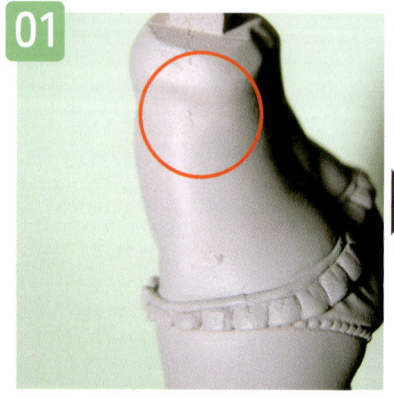

01 다 뿌린 상태

몸 측면에 있는 파팅 라인이 덜 처리돼서 우묵한 부분이 있습니다. 종이 사포나 스펀지 사포로 다시 연마해주세요. 경우에 따라서는 금속 줄부터 다시 하는 쪽이 좋을 때도 있습니다.

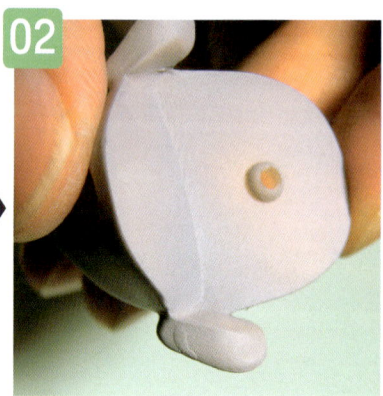

02 연마가 덜 됐다

귀 뒤쪽입니다. 기포를 시아논으로 메우고 뒤처리를 깜박했습니다. 서페이서를 뿌리면 이런 부분을 찾아낼 수 있습니다. 연마한 뒤에 다시 서페이서를 뿌려줍니다.

03 놓친 기포

깊은 홈집이나 새로 발견한 기포를 시아논과 SSP로 메워줍니다. 굳으면 표면을 사포로 매끈하게 만들어주고 다시 서페이서를 뿌려줍니다.

04 기포 처리 완료

발견한 홈집을 다 처리했습니다. 놓친 부품들을 전부 이렇게 처리해야 합니다. 표면을 잘 처리했다고 생각했는데, 꽤 남아 있습니다.

손잡이 고정

모든 부분에 도료를 칠해야 해서 잡을 부분이 없는 경우에는 구멍을 뚫고 손잡이에 고정합니다. 구멍을 뚫을 곳도 없는 부품은 적당한 곳을 잡고 칠해줍니다. 칠한 뒤에 다른 부분을 잡고서 남은 부분을 칠해줍니다. 사진 오른쪽 위의 하얀 부분이 처음에 잡았던 부분입니다. 이번엔 이곳을 중심으로 뿌려줍니다. 주변의 회색과 똑같아지면 됩니다. 여기서도 서서히 회색으로 물들게 해줍니다. 한 번에 뿌리면 도료가 고이거나 흐르면서 실패하게 됩니다.

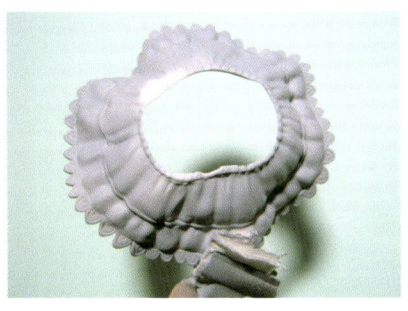

05 플랫 스팟

마찬가지로 파팅 라인 부분을 깎을 때 평평한 면(플랫 스팟)이 생겨서, 다리의 곡면에 각이 생겨 버렸습니다.

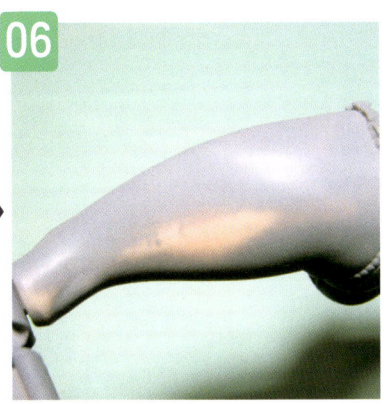

06 깎아서 둥그스름하게

플랫 스팟 부분을 깎아서 다리의 곡선을 자연스럽게 이어줍니다. 서페이서가 벗겨져서 성형색이 나왔습니다. 이때 다시 서페이서를 뿌리는데, 벗겨진 곳과 그 주위에만 뿌려주면 됩니다.

07 수정 완료

연마한 뒤에 벗겨진 부분만 서페이서를 뿌려서 수정을 마쳤습니다. 05 상태와 비교하면 깔끔해진 것을 알 수 있습니다.

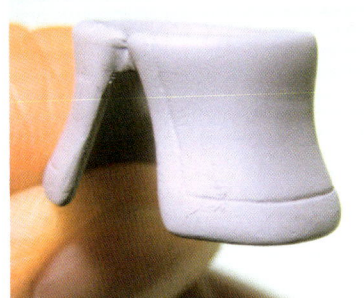

08 원형 자체에 흠집이 있었다

최근에는 디지털로 조형하고 3D 프린터로 출력한 것도 많아서 적층 흔적이 남기도 합니다. 이런 원형에서부터 존재하는 흠집은 어디까지 처리해야 좋을지 고민입니다. 오른쪽 아래에는 먼지도 묻어 있어서 핀셋으로 떼어냈습니다. 떨어지지 않으면 가볍게 사포로 문질러서 제거합니다.

09 서페이서가 진했나?

표면이 우둘투둘합니다. 서페이서가 조금 진하면 다른 부분을 칠할 때 튄 서페이서가 묻어서 이렇게 됩니다. 스펀지 사포로 살짝 문질러주면 처리할 수 있습니다.

10 뽀글이로 섞어준다

부품을 수정하느라 서페이서를 놔두면 용제와 서페이서 안료가 분리될 때가 있습니다. 그런 때는 세척 때와 마찬가지로 앞부분을 풀어서 뽀글이를 해주면 용제와 안료를 섞어줄 수 있습니다.

제3장 ②

밑색·흰색·피부색 도색

CHAPTER 18

흰색 뿌리기

　서페이서를 뿌린 뒤에 밝은 색을 칠할 부품에만 흰색을 뿌려줍니다. 서페이서의 회색 위에 밝은 색을 뿌리면 회색의 영향을 받아서 색이 탁해지는 경우가 있습니다. 이것은 밝은 색이 밑색을 가리는 능력(차폐력)이 낮기 때문입니다. 그것을 막고 발색이 좋게 해주기 위해서 흰색을 칠해줍니다. 흰색은 가이아노츠의 「Ex-01 : Ex-화이트」 또는 「001 : 퓨어 화이트」를 사용합니다. 흰색도 원래는 차폐력이 낮은 밝은 색이지만, 이 도료는 차폐력이 좋아서 추천합니다.

01 흰색을 뿌릴 부품

흰색을 뿌릴 곳은 원래 흰색이거나 노란색이나 빨간색 등으로 칠할 부품입니다. 피부색을 뿌릴 부품도 여기에 해당됩니다.

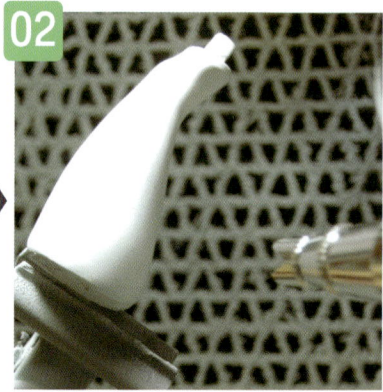

02 서서히 뿌려준다

서페이서 때와 마찬가지로 종이컵에 희석액을 따르고 거기에 흰색을 넣어줍니다. 혼합비는 도료 1에 희석액 1~2입니다. 서페이서를 뿌린 부품 위에 흰색을 칠해줍니다.

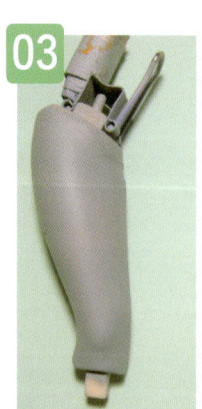 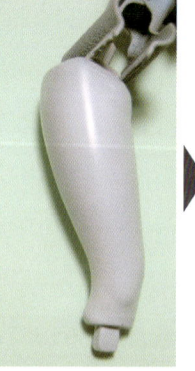

03 서서히 하얗게

회색 위에 흰색을 뿌리면 뭉친 곳이 눈에 띄니까 여러 방향에서 꼼꼼히 뿌려줍니다. 하지만 한 번에 뿌리지 말고 서서히 하얗게 칠해줍니다. 사진은 서페이서를 뿌린 상태와의 비교입니다. 왼쪽이 서페이서고 오른쪽이 일단 하얀색을 뿌린 상태입니다. 그다지 하얗게 보이지는 않습니다.

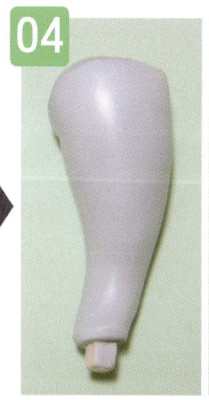 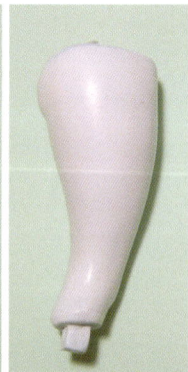

04 두 번째로 흰색을 뿌린 상태

사진 왼쪽이 03 상태, 오른쪽은 두 번째로 흰색을 뿌린 상태입니다. 이렇게 서서히 하얗게 해줍니다.

흰색을 뿌리는 효과

피부색을 뿌리는 것은 다음 공정이지만, 여기서 서페이서와 흰색이 피부색에 어떤 영향을 주는지 확인해보겠습니다. 흰색을 뿌리지 않고 피부색을 입힌 것이 왼쪽입니다. 흰색을 뿌린 뒤에 피부색을 입힌 오른쪽과 비교해보면, 왼쪽이 어둡고 탁해 보이는 걸 알 수 있습니다. 피부색은 밑색을 가리는 차폐력이 약하기 때문에, 서페이서의 회색이 비쳐서 이렇게 탁하게 보입니다. 그밖에도 노란색이나 연분홍색 등도 차폐력이 낮아서 마찬가지로 탁하게 돼버립니다. 그것을 피하고 예쁜 색을 얻기 위해서는 반드시 흰색을 뿌려줘야 합니다.

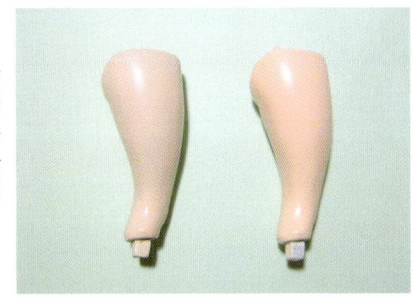

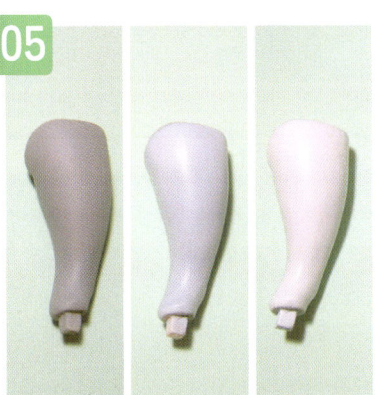

05 서페이서 변화 추이
제일 왼쪽이 서페이서 상태, 가운데가 03의 일단 뿌린 상태, 오른쪽이 04의 두 번 뿌린 상태입니다. 한 번에 칠하지 말고 서서히 하얗게 칠해주세요.

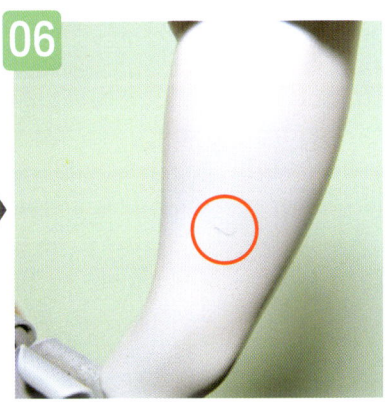

06 먼지가 붙어버렸다
뿌리는 중에 도색면에 먼지가 붙는 경우가 자주 있습니다. 일단 더 이상 뿌리지 말고 말려줍니다.

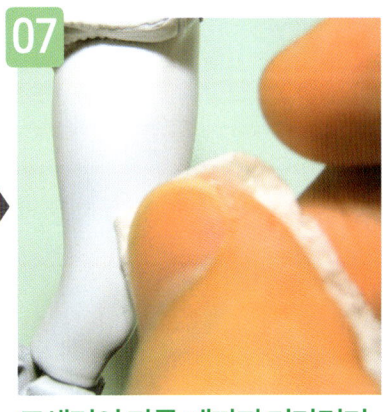

07 도색면이 마를 때까지 기다린다
도색면이 마르면 티슈나 키친타월 등의 부드러운 종이로 살짝 닦아줍니다. 완전히 정착되지 않았으니 금세 떨어질 겁니다. 안 떨어질 때는 종이 사포로 살짝 문질러주세요. 도색면이 벗겨지면 다시 뿌려서 수정해줍니다.

08 전부 하얗게 만들 필요는 없다
이 부품은 끝부분의 라인이 흰색입니다. 나머지는 진한 색이니 하얀 부분만 뿌려줘도 충분합니다.

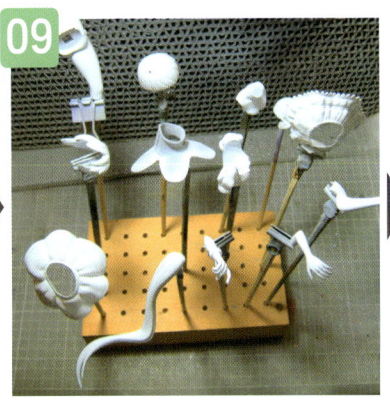

09 전체 색감을 확인
흰색을 다 뿌렸습니다. 전부 똑같은 하얀색이 됐는지 같이 놓고 확인해보세요. 색감이 다른 것이 있으면 더 뿌려줍니다.

10 부품을 맞춰서 확인
하나만 보면 문제가 없어 보여도 부품을 맞춰보면 색감 차이나 덜 칠한 부분이 보이는 경우가 있습니다. 머리를 맞춰보니 귀 뒤쪽을 안 칠한 것이 보여서 다시 뿌려줬습니다.

제3장 ②
밑색 · 흰색 · 피부색 도색

CHAPTER 19
마스킹하고 피부색 뿌리기

흰색 다음에는 피부색을 뿌려줍니다. 피부색은 피규어 도색의 포인트라고 할 수 있습니다. 일러스트나 그림을 그릴 때도 피부색부터 정하는 경우가 많다고 합니다. 옷에 많이 가려지지 않는다면 인체 표면의 많은 부분을 차지하는 색이기 때문이겠죠. 자, 피부색을 뿌리기 전에 해야 할 일이 있습니다. 부품에 흰색을 남길 부분이 있는 경우에는 마스킹을 해줍니다. 예를 들어서 눈 흰자위 부분이나 팬티 등입니다.

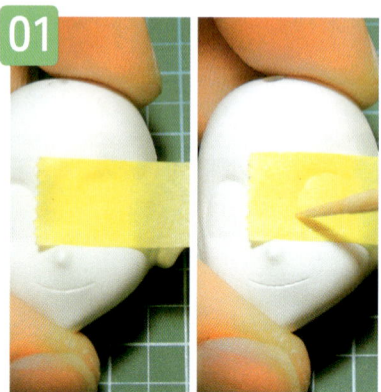

01 눈을 마스킹한다

마스킹 테이프를 붙인 뒤에 이쑤시개 등을 이용해서 잘 눌러줍니다. 마스킹 테이프는 주름지지 않게 붙여주세요. 이쑤시개로 눌러줄 때는 너무 힘을 주지 않게 조심하세요. 너무 주면 마스킹 테이프에 구멍이 나거나 찢어질 수 있습니다.

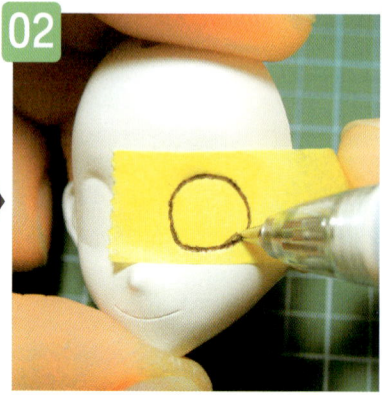

02 눈 윤곽선을 그린다

눈 윤곽선을 따기 위해서 볼펜으로 그려줍니다. 마스킹 테이프 표면은 광택이 있어서 연필이나 샤프 펜슬로는 그리기 힘드니 볼펜(유성)을 사용합니다.

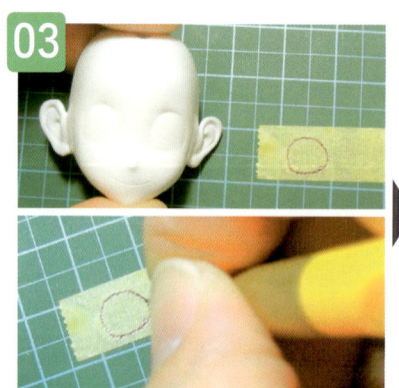

03 그렸으면

마스킹 테이프를 일단 벗겨서 커팅 매트에 붙이고 아트나이프로 잘라줍니다. 여기서 테이프를 벗기지 않고 바로 자르는 방법도 있지만, 도색면에 흠집이 날 우려가 있으니 초보자에게는 추천하지 않습니다.

04 자른 테이프를

나이프 날로 테이프 가장자리를 들어주고 핀셋으로 잡습니다. 여담이지만 이 상태의 마스킹 테이프를 종이 등에 붙이고 스캐너로 스캔해서 이미지 편집 소프트웨어로 불러오면 데칼 제작용 가이드로 사용할 수 있습니다.

피부색에 대하여

이번에는 가이아노츠의 「Ex-플레시」를 그대로 사용했습니다. 딱 맞는 도료가 있다면 그대로 사용해도 좋지만, 그렇지 않으면 조색해서 만드는 수밖에 없습니다. 피부색 레시피는 사람마다 다른데, 레시피를 공개하는 경우도 있으니 그것을 참고해서 자신만의 색을 만들어보세요. 참고로 「GSI 크레오스의 111 캐릭터 플레시(1)+112 캐릭터 플레시(2)+174 형광 핑크 소량」의 레시피는 (1)과 (2)의 배합을 바꾸면 상당히 폭넓은 피부색을 만들 수 있습니다. 형광 핑크를 넣는 것은 모니터에 좋은 색으로 보이게 해주기 위해서입니다.

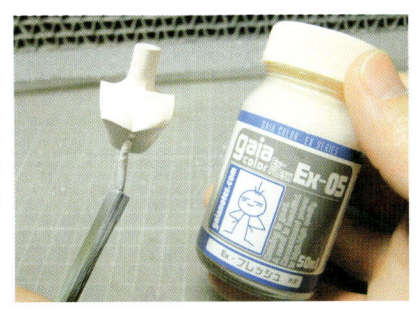

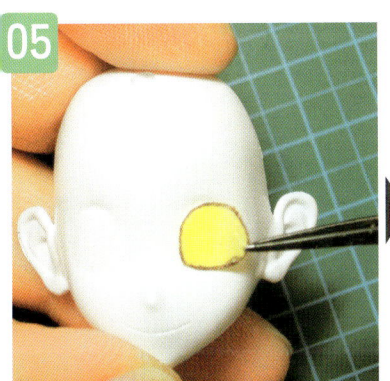

05 제 위치에
부품의 눈 위치에 자른 마스킹 테이프를 붙입니다. 딱 맞도록 각도나 위치를 신경 쓰면서 붙여줍니다.

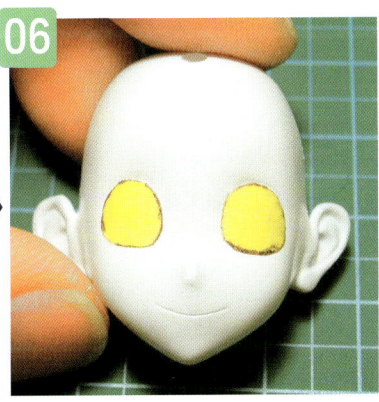

06 양쪽 모두 붙인다
마스킹 테이프는 한 번에 전부 붙이는 게 아니라 한쪽씩 해주는 편이 깔끔하게 됩니다.

07 팬티와 팔찌도 하얀색인데
팬티와 팔찌도 하얀색인데, 여기는 마스킹이 곤란합니다. 위쪽 그림처럼 감아주기만 하면 좋지만 팔찌가 굵기 때문에 아래 그림처럼 마스킹을 해야 합니다. 그러니까 그냥 뿌려버리겠습니다.

▲ 한 바퀴 감기만 해서 경계를 마스킹

▲ 두꺼운(단차) 부분도 마스킹이 필요

08 피부색도 정석대로
마찬가지로 에어브러시로 도색하니까 색이 잘 입혀지지 않는 우묵한 부분부터 칠해줍니다. 사진의 부품에서는 다리와 몸이 만나는, 팬티와의 경계선 부분부터 뿌려줍니다.

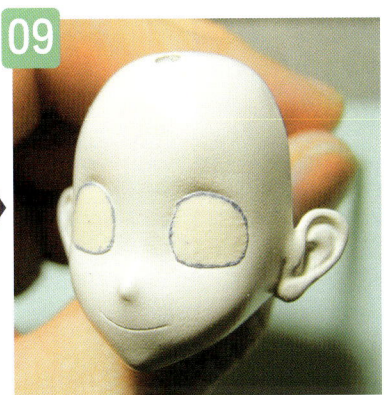

09 눈 부분은 조심해서!
눈을 마스킹하면서 볼펜으로 윤곽선을 그렸는데, 사실 유성이다 보니 래커계 용제에 녹아버립니다. 얼굴에 안료를 뿌릴 때 한 번에 너무 많이 뿌리면 녹아서 피부색 부분에 흐를 수도 있습니다. 바로 마를 정도의 양을 여러 번 나눠서 뿌려주세요.

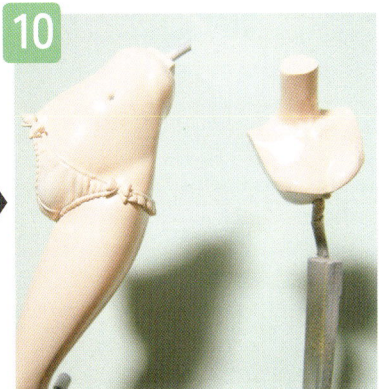

10 같은 농도로
이것도 서페이서나 흰색과 마찬가지로 색감을 맞춰주세요. 다 뿌린 부품들을 같이 놓고 확인합니다. 연결할 부품은 맞춰보면서 확인합니다.

제3장 ②
밑색·흰색·피부색 도색

CHAPTER 20

피부색을 마스킹하고 흰색, 클리어 뿌리기

피부색을 다 뿌렸습니다. 팬티와 팔찌의 하얀 부분을 마스킹하지 않고 뿌렸기 때문에 다시 마스킹을 하고 흰색을 뿌려줘야 합니다. 이렇게 두 번 일을 하는 이유는 「팬티와 팔찌를 마스킹하는 것보다 몸통이나 팔을 마스킹하는 쪽이 편하기 때문」입니다. 도색 작업에서 제일 귀찮은 것이 마스킹입니다. 색을 칠하는 순서의 정석은 밝은 색→어두운 색, 넓은 면→좁은 면입니다만, 그것보다 마스킹하는 수고를 줄이는 것을 우선하는 경우가 많습니다. 그럼 실제로 마스킹의 공정을 보겠습니다.

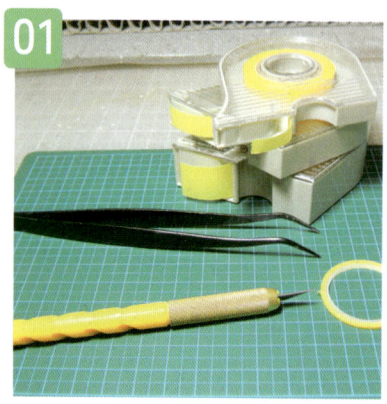

01 마스킹 도구
아트나이프, 핀셋, 커팅 매트. 마스킹 테이프는 다양한 폭으로 준비했습니다. 제가 상비하는 것은 1.0mm, 1.5mm, 6mm, 10mm, 18mm입니다.

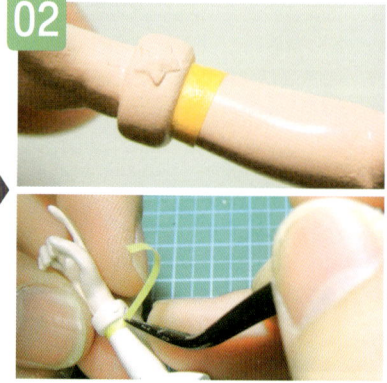

02 먼저 가장자리부터
팔의 가장자리 부분에 가는 마스킹 테이프를 붙입니다. 1.5mm 테이프를 핀셋으로 붙여줍니다. 원통형 부분에 테이프를 붙이는 작업은 주름도 생기지 않고 간단하게 할 수 있습니다.

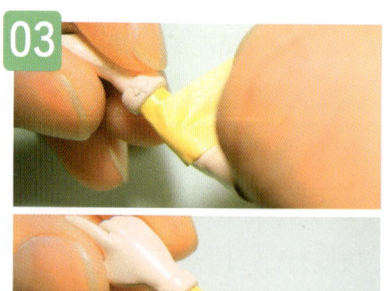

03 서서히 넓게
다음으로 조금 넓은 6mm 테이프를 감았습니다. 팔찌에서 팔꿈치까지는 완전한 원통형이 아니라 팔꿈치 쪽으로 가면서 점점 굵어집니다. 테이프 폭이 넓어지면 주름이 생기기 쉽습니다.

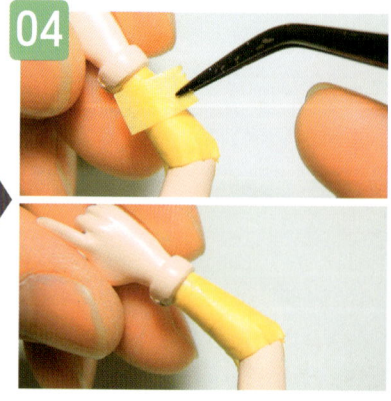

04 틈새를 메우자
틈새가 생겼습니다. 짧게 자른 테이프를 붙여서 막아줍니다. 작은 틈새도 놓치지 마세요.

클리어 뿌리기

얼굴 마스킹을 벗겼으면 눈을 그리기 전에 얼굴 전체에 클리어(유광)을 뿌려줍니다(클리어에 대한 자세한 내용은 143페이지 참조). 피부색과 흰색의 도막을 보호하고 표면을 매끄럽게 해주기 위해서입니다. 이렇게 해주면 다음 작업에서 눈을 그릴 때 위에 올리는 에나멜 도료가 잘 지워지게 됩니다. 그리고 덤으로 말하자면, 얼굴에 클리어를 뿌릴 때 다른 클리어 부품에도 클리어를 같이 뿌려주면 효율적입니다. 사진 오른쪽은 망토 끝에 달리는 보석입니다. 여기는 클리어 레드라는 색감이 있는 클리어인데, 무색투명한 클리어를 뿌린 뒤에 같이 뿌려줬습니다.

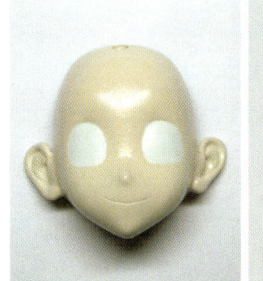

05
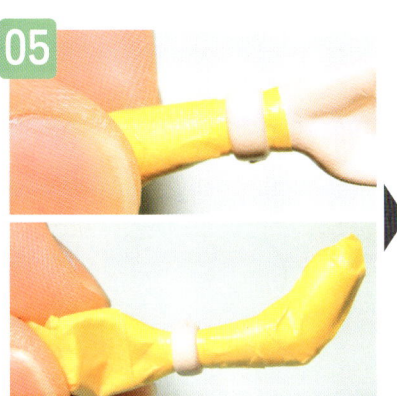

반대쪽 가장자리도

반대쪽 팔찌 가장자리를 마스킹하면 손끝까지 전부 덮어줍니다. 손을 덮어서 안 보이면 되니까 대담하게 붙여도 됩니다. 단, 틈새가 생기지 않게 조심하세요.

06
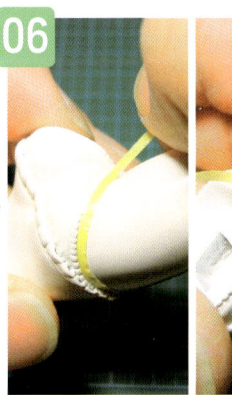

팬티만 남기고 허벅지도

복잡하지만 기본은 팔찌와 같습니다. 허벅지 가장자리에 가는 테이프를 붙입니다. 딱 붙도록 이쑤시개로 눌러줍니다.

07
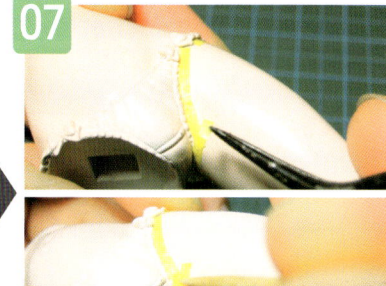

틈새는

작게 자른 마스킹 테이프를 핀셋으로 붙이고 이쑤시개로 밀착시킵니다. 테이프를 삼각형으로 잘라주면 다양한 곳에 응용할 수 있습니다.

08
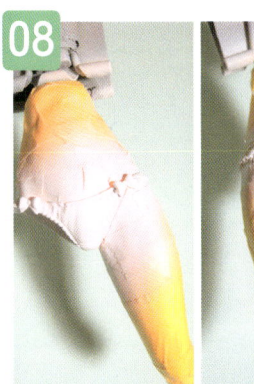
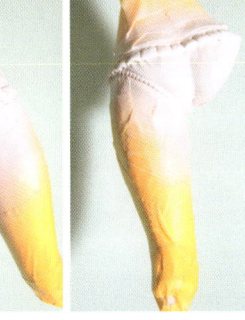

마스킹 완료

마스킹이 끝나서 하얀색을 뿌렸습니다. 여기서도 흰색은 가이아노츠의 「Ex-화이트」를 사용. 피부색 위에 뿌려도 깔끔한 하얀색이 됩니다. 이번에는 안 했지만, 이 단계에서 펄을 덧칠해주면 그냥 하얀색이 아니라 실크나 새틴 같은 질감의 팬티가 됩니다. 그 부분은 취향대로.

09

마스킹을 벗긴다

도색이 끝나면 마스킹을 신중하게 벗깁니다. 핀셋을 사용할 때는 핀셋 끝에 도색면이 상하지 않게 조심하세요.

10

마스킹을 벗긴 모습

깔끔하게 칠해졌습니다. 성공입니다. 반대로 팬티 부분을 마스킹했을 경우를 상상해보세요. 꽤 복잡하고 귀찮을 것 같죠?

제3장 ②

밑색·흰색·피부색 도색

CHAPTER 21

눈 그리기 ①

「래커계 도료는 에나멜계 도료의 용제에 녹지 않는다」. 이 사실을 이용해서 세세한 부분을 수정하거나 조정하는 것이 에나멜 도료를 이용한 눈 그리기입니다. 얼굴의 피부색이나 흰자위를 래커계 도료로 칠해두고 홍채, 눈동자, 속눈썹이나 눈썹을 에나멜계 도료로 그리는 것입니다. 삐져나온 곳이나 실수한 부분을 에나멜 용제로 지울 수 있고, 굵게 그린 라인을 가늘게 지우는 방법으로 깔끔하게 만들 수 있습니다. 또한 키트에 데칼이 포함돼 있지만, 일부러 손으로 그려서 차별화하려고 생각했습니다. 그래서 이번에는 데칼과 반대 방향의 눈으로 그렸습니다.

01

클리어 뿌리기

눈을 그리기 전에 얼굴 전체에 클리어를 뿌려줍니다. 사진은 클리어를 뿌린 얼굴 부품입니다.

02

도료 준비

에나멜 도료를 준비합니다. 먼저 윤곽용 검정, 그리고 용제. 접시는 검은색과 용제용 두 개를 준비. 검정색은 타미야 컬러 「XF-1 플랫 블랙」입니다.

03

데칼과 패키지를 참고로

자료를 보면서 그려줍니다. 먼저 눈꺼풀 라인을 그립니다. 피부색과 흰색의 경계라서 비교적 그리기 쉽습니다.

04

좌우를 동시에

쌍꺼풀 라인을 그립니다. 약간 굵어져도 지울 수 있으니까 크게 신경 쓰지 마세요.

인형은 얼굴이 생명

눈을 그리는 타이밍. 기법서 등에서는 마지막에 나오지만 일찍 하는 쪽을 권합니다. 특히 원더 페스티벌 등의 이벤트에 출품하는 경우의 완성 샘플 경우에는 시간에 쫓기면서 작업하게 됩니다. 시간도 없고 체력도 다 떨어진 상태에서 눈을 그리면 잘 될 리가 없습니다. 도색 작업을 시작하고 얼마 안 돼서 아직 여유가 있을 때 작업하는 쪽을 추천합니다. 얼굴이 깔끔하고 다른 부분이 허술한 것과 얼굴이 허술하고 다른 부분이 깔끔한 작품, 어느 쪽이 좋을까요?

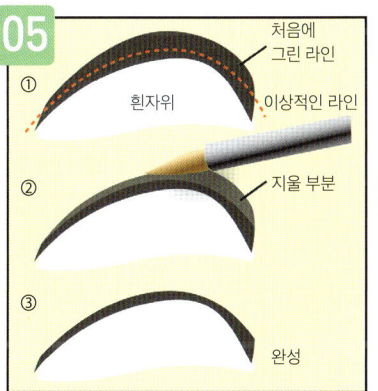

라인 수정 방법

먼저 커브 안쪽에 맞춰서 라인을 그립니다. 바깥쪽은 굵어져도 됩니다. 다음으로 에나멜 용제를 묻힌 붓으로 바깥쪽을 조금씩 지워줍니다. 적당한 굵기가 되면 끝내세요.

검은자위 윤곽선을 그린다

좌우 대칭이 되도록 주의하면서 그립니다. 여기서는 위치만 잡는 것이니 약간 묽은 도료로 그렸습니다. 그런데 보통은 검은자위와 눈동자가 같은 의미로 사용되는데, 눈동자=동공이라는 문헌도 있어서 어떻게 표기할지 고민됩니다. 그밖에도 검은자위 부분을 홍채라고도 부릅니다.

하이라이트를 그린다

하이라이트는 검은자위 속에서 빛나는 부분입니다. 흰색을 남겨서 표현합니다.

동공을 그린다

동공(한가운데 검은 부분)을 그립니다. 윤곽을 그린 뒤에 검게 채워줍니다.

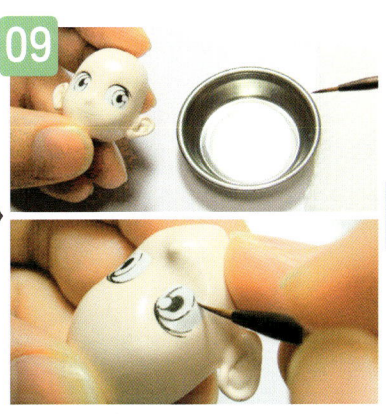

선 굵기를 조정한다

선 굵기가 제각각입니다. 에나멜 용제를 붓에 적셔서 필요없는 부분을 지워줍니다.

수정 완료

선 굵기, 좌우 크기 등을 용제로 지워가며 수정했습니다. 윤곽선이 만들어졌으니 다음 페이지에서 색을 입히겠습니다.

제3장 ②
밑색·흰색·피부색 도색

CHAPTER 22

눈 그리기 ②

윤곽선을 그렸으니 홍채 색을 칠하겠습니다. 여기서도 같은 에나멜 도료를 사용합니다. 래커 도료 위에서는 삐져나와도 간단히 지울 수 있었지만, 에나멜 도료로 그린 윤곽선은 에나멜 용제에 녹으니까 그쪽으로 삐져나가지 않게 조심하면서 칠하세요. 정 에나멜로 그린 윤곽선을 지우고 싶지 않을 때는, 수성 탑코트나 래커계 클리어로 코팅한 뒤에 해도 좋습니다. 단, 래커계 클리어는 에나멜을 녹이니까 가볍게 여러 번으로 나눠서 뿌려주세요.

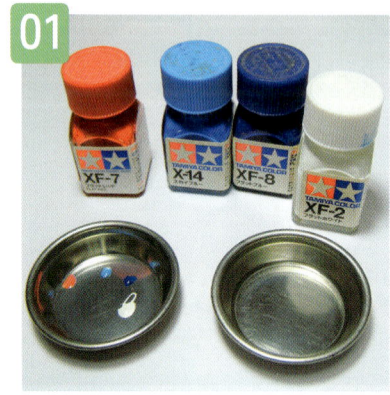

01 사용할 도료
보라색 계열 홍채라서 「XF-7 플랫 레드」, 「X-14 스카이 블루」, 「XF-8 플랫 블루」, 「XF-2 플랫 화이트」(전부 타미야)를 섞어서 사용합니다.

02 섞으면서
색이 점점 변하는 부분 등이 있어서, 접시 위에서 섞으면서 칠합니다. 그리고 빨간색의 발색이 그다지 좋지 않아서 「X-27 클리어 레드」로 바꿨습니다.

03 홍채 위쪽 진한 부분부터
빨강과 파랑, 그리고 톤 조절을 위해 흰색을 섞어서 만든 보라색을 홍채 위쪽에 칠해줍니다. 홍채는 검은자위의 공동 주변 부분입니다.

04 아래쪽을 칠하고 경계를 흐릿
홍채 아래쪽에 하늘색을 칠합니다. 이쪽도 01, 02에서 만든 색을 사용합니다. 위쪽 보라색과의 경계는 양쪽의 도료가 섞이게 칠해서 흐릿하게 해줍니다. 에나멜 도료는 래커계에 비해 건조가 느려서, 이런 그러데이션이 잘 먹힙니다.

클리어를 뿌리지 않으면

에나멜로 눈을 그리기 전에 클리어 코팅을 해두지 않으면 닦아내기가 정말 힘듭니다. 특히 무광 표면은 요철이 있고 그 안에 에나멜 도료가 들어가면서 잘 지워지지 않습니다. 왼쪽 사진은 클리어를 뿌리지 않고 눈을 그렸습니다. 이렇게 되면 깔끔하게 처리하기 힘드니까, 일단 에나멜 도료를 지우고 클리어를 뿌린 뒤에 다시 하는 쪽을 추천합니다. 그리고 가이아노츠의 「피니시 마스터」를 사용하면 깔끔하게 지울 수 있습니다.

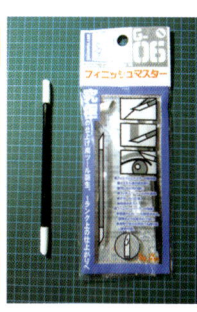

05

하이라이트를 넣는다

제일 하얀 하이라이트는 에나멜 도료를 용제로 지워서 밑색을 노출시키는 방법으로 표현했습니다. 왼쪽 위의 하늘색 하이라이트는 X-14 스카이블루와 XF-2 플랫 화이트를 섞은 진한(용제가 적은) 도료로 표현했습니다. 칠한다기보다 가볍게 찍는 느낌입니다.

06

눈썹을 그린다

약간 울퉁불퉁하고 굵지만, 나중에 가늘게 수정할 테니까 일단은 괜찮습니다.

07

앞머리를 달아서 확인

앞머리를 달아서 눈썹 위치와 각도를 확인합니다. 적당한 위치에 들어오도록 굵게 그렸으니까, 나중에 불필요한 부분을 지웁니다.

08

눈썹을 가늘게

에나멜 용제를 묻힌 붓으로 눈썹 윤곽의 불필요한 부분을 지워서 가늘고 깔끔하게 정리합니다. 선을 정리하는 방법은 131페이지에서 소개한 선 굵기 조절 방법을 참조해주세요.

09

때를 닦는다

클리어를 뿌렸다고 해도 도료가 조금 남습니다. 그런 때 편리한 것이 가이아노츠의 「피니시 마스터」입니다. 발포 올레핀 팁의 흡수력과 유연성이 뛰어나서 꽤 깔끔하게 닦아낼 수 있습니다.

10

완성

입도 같은 방법으로 에나멜 도료 핑크를 흘려 넣었습니다. 이 상태에서는 얼굴이 너무 번들거려서, 무광 클리어를 뿌려서 광택을 조절합니다.

제3장 ③
옷, 액세서리 도색과 마무리

CHAPTER 23
머리카락과 치마 도색

눈을 그리는 공정을 마치고, 에어브러시를 이용한 전체적인 도색으로 돌아가겠습니다. 도색은 기본적으로 밝은 색부터 칠합니다. 피부색은 칠했으니 다른 밝은 색은, 이 캐릭터의 경우에는 머리카락의 노란색입니다. 베이스의 흰색이나 피부색은 균일하게 칠했지만, 머리카락이나 옷은 「음영 도색」을 합니다. 음영이란 그림자가 들어간다는 의미입니다. 홈 안쪽 등의 그늘지는 부분에 짙은 색을 뿌려서 입체감을 표현하는 테크닉입니다. 박스에는 투명 수채화풍의 옅은 터치로 그려져 있는데, 이것을 피규어로 재현하는 경우는 거의 없습니다. 베이스 색에 섀도를 그러데이션으로 넣어주는 일반적인 방법으로 칠하겠습니다.

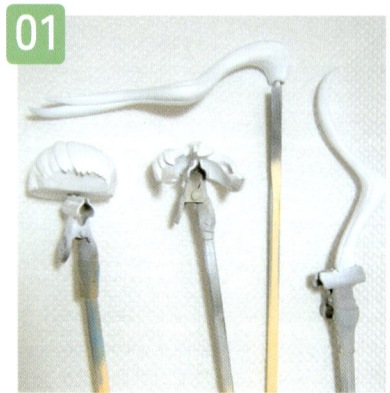

01 머리카락 부품
흰색을 뿌린 상태입니다. 프라이머→서페이서→흰색→머리카락색까지, 이번처럼 계속해서 도색할 때는 계속 손잡이로 잡아둬도 됩니다. 물론 서페이서를 뿌린 뒤에 기포 등을 처리해야 할 때는 빼야겠지만.

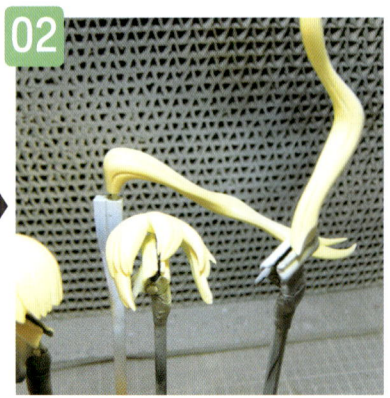

02 베이스 색 뿌리기
먼저 베이스 색을 균일하게 뿌렸습니다. GSI 크레오스의 「CP01:커스터드 옐로」를 사용했습니다. 박스아트의 수채화 터치는 재현할 수 없지만, 옅은 색감을 재현하기 위해서 이 색을 선택했습니다.

03 부품을 맞춰서 확인
흰색을 뿌릴 때도 했지만, 여기서도 인접하는 부품을 맞춰서 색감을 확인합니다. 위의 사진은 앞머리와 뒷머리를 맞춰서 확인하는 장면입니다.

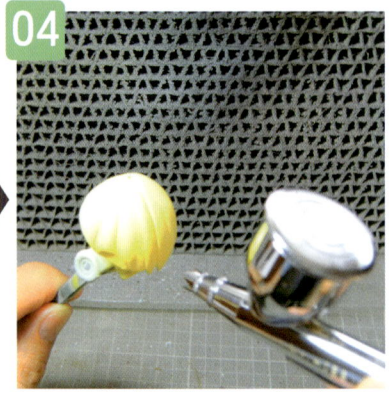

04 섀도 넣기
음영색으로 가이아노츠의 「005:선샤인 옐로」를 우묵한 부분에 뿌려줍니다. 머리카락의 흐름을 표현하는 골을 따라서 세로로 움직이며 칠해줍니다.

색에 대한 기초 지식

색의 3원색은 시안(C), 마젠타(M), 옐로(Y)입니다. 어떤 색이든 이 세 가지 색을 조합해서 만들어집니다. 시안과 마젠타로 청보라, 마젠타와 옐로로 빨강, 옐로와 시안으로 녹색이 되고, 세 색을 전부 섞으면 검정이 됩니다. CMY 중에 두 색을 조합해서 만드는 색을 원 모양으로 배치한 것을 「색상환」이라고 합니다. 색상환에 있는 색은 「순색」이라고 해서, 탁하지 않고 선명한 색입니다. 순색에 흰색이나 회색, 검은색을 섞으면 밝은 색이나 어두운 색이 됩니다. 어떤 색을 섞으면 어떤 색이 나오는지 알아두면 원하는 색을 만들 수 있을 것입니다.

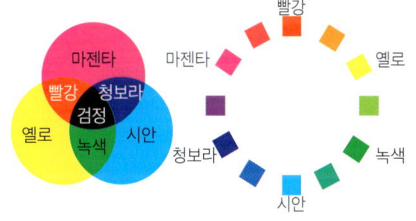

05 섀도를 뿌려서 완성

음영색이라고 해서 회색이나 갈색을 섞어서 뿌려주면 지저분해지는 경우가 있습니다. 밝은 노랑에 진한 노랑이나 오렌지처럼, 채도는 낮추지 않고 짙은 색을 뿌립니다.

06 라인을 마스킹

치마에는 하얀 라인이 들어가는데, 그 부분을 마스킹으로 표현합니다. 1.5mm와 2mm 마스킹 테이프를 붙여서 라인 부분을 마스킹했습니다.

07 치마 도색

베이스 색은 GSI 크레오스의 「CP09:밀키 스트로베리」, 음영색은 같은 GSI 크레오스의 「CP10:체리 레드」를 뿌려줬습니다.

08 치마 완성

마스킹을 벗기면 이렇게 하얀 라인이 재현됩니다. 베이스와 음영색으로 2색을 사용한 덕분에 입체감도 생깁니다.

09 클리어 부품 도색

망토 끝에 달리는 보석입니다. 가이아노츠의 「049:클리어 핑크」를 사용했습니다. 클리어 도료는 뿌리면 뿌릴수록 짙어지니까, 여러 부품의 색감을 맞추고 싶을 때는 잘 보면서 뿌려주세요.

10 투명도 부활

왼쪽부터 순서대로 표면 처리만 했을 때, 프라이머 도포, 도색 완료. 서서히 투명도가 좋아지는 것이 보입니다. 클리어 부품 도색은 순서대로 해도 좋지만, 진한 색을 칠하기 전에 해주는 것이 무난합니다.

제3장 ③
옷, 액세서리 도색과 마무리

CHAPTER 24

옷, 망토 도색

이어서 옷을 도색합니다. 블라우스와 파니에는 하얀색이라서 베이스로 칠한 색을 살릴까 합니다. 그래서 음영색만 칠해도 됩니다. 하얀 옷의 음영색은 고르기 힘든데, 회색보다는 옅은 하늘색이나 보라색이 많은 것 같습니다. 망토, 모자, 부츠, 조끼나 리본의 보라색은 마법사의 의상답게, 보통 의상과 다르게 펄이나 메탈릭 느낌으로 표현할까 합니다. 광택이나 펄, 메탈릭의 경우에는 섀도를 뿌려주지 않습니다.

01

블라우스

음영색은 가이아노츠의 「019:라벤더」+「Ex-01:Ex 화이트」로 만들었습니다. 빛이 닿는 곳과 반대쪽에서 뿌려주세요. 소매 아래, 옆구리, 가슴 아래 등에 뿌려줍니다.

02

파니에

주름 골 부분 등에 뿌려줍니다. 전체적으로 약간 보라색 느낌이 됐습니다.

03

조끼와 망토의 보라색을 고민

후보는 가이아노츠의 「017:퍼플 바이올렛」(사진 왼쪽)과 GSI 크레오스의 「CP07:위스티리어 블루」(사진 오른쪽)의 두 색. 일러스트에서는 파스텔 톤의 보라색이라서 후자가 비슷한 느낌이지만, 머리카락과 치마 전부 파스텔 톤이다 보니 묻히지 않도록 짙은 색인 퍼플 바이올렛으로 결정.

04
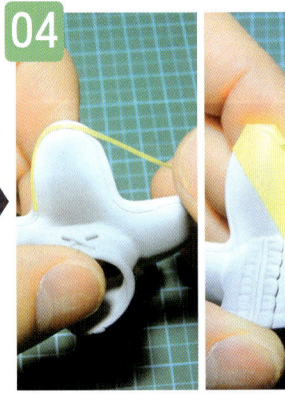

하얀색을 마스킹

조끼 아래쪽에 하얀 라인이 있습니다. 여기는 마스킹을 해주고 보라색을 뿌립니다. 이번에도 가느다란 마스킹 테이프를 붙이는 방법(왼쪽)과 마스킹 테이프를 붙이고 자르는 방법(오른쪽)이 있습니다.

조색한 도료는

조색해서 만든 도료가 남으면 꼭 보존해두세요. 사진 같은 예비 병에 넣고 라벨에 무슨 색인지, 또는 어떤 색을 섞어서 만든 색인지에 대한 정보를 적어둡니다. 한 번 만든 색을 두 번 다시 만들 수 없다는 말은 과언이 아닙니다. 남겨두면 깜박한 곳이 있거나 벗겨졌을 때 사용할 수 있습니다. 사진은 위스티리어 블루와 퍼플 바이올렛을 거의 1:1로 섞은 것. 03에서 고민할 때 중간색은 어떨까, 하고 만들었지만 진한 색이 더 좋다고 생각해서 사용하지 않았습니다.

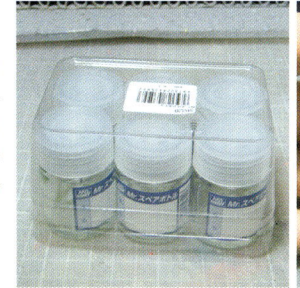
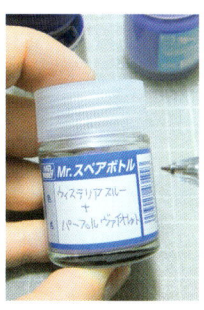

05 마스킹 완료

마스킹이 끝났습니다. 다른 부품의 색 구분은 금색이나 검은색 등의 보라색보다 짙은 색이니까 마스킹은 필요 없습니다.

06 차폐력은 충분

퍼플 바이올렛은 짙은 색이라서 서페이서 위에 직접 뿌려도 문제 없이 발색이 됩니다.

07 부츠 도색

아웃솔 부분은 나중에 검은색을 칠합니다. 구분 라인까지 확실하게 보라색이 입혀지기만 하면 돼서 굽은 칠하지 않았습니다. 검정은 보라색보다 차폐력이 높은 색이고 밑색의 영향을 받지 않으니 문제없습니다.

08 빠트리는 부분이 없도록

가려지는 부분 등의 불필요한 부분은 안 칠해도 되지만, 빠트리는 부분에는 주의하세요. 손잡이집게로 잡은 부분이 칠해지지 않았습니다. 여기는 부츠의 접히는 부분이 붙는 곳이라서 보이지 않겠지만, 그래도 일단 칠했습니다.

09 망토의 거친 표면

서페이서를 뿌릴 때도 그랬지만, 넓은 면적은 우둘투둘해지기 쉽습니다. 다른 면을 칠할 때 날린 도료 입자가 묻는 것이 원인 같습니다. 물을 묻힌 스펀지 사포(600~1000번)를 사용해서 연마했더니 깔끔해졌습니다.

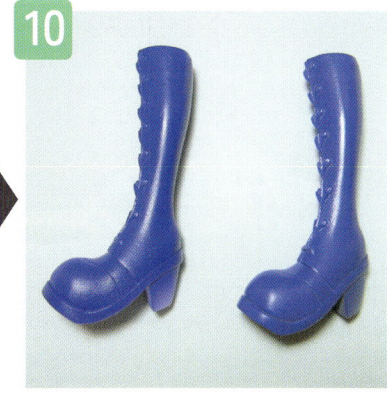

10 펄 도료를 오버코팅

사진으로는 알아보기 힘들지만 오른쪽이 펄 코팅한 것입니다. 사용한 것은 GSI 크레오스의 「XC04:아메지스트 퍼플」. 더 반짝거리도록 클리어로 코팅했습니다.

제3장 ③
옷, 액세서리 도색과 마무리

CHAPTER
25

금속색 도색

망토와 모자의 장식 부분 금속색과 지팡이의 은색을 칠하겠습니다. 지팡이 자루는 작자의 완성 샘플에서는 회색이지만 일러스트에서는 은색처럼 보여서 은색을 칠하기로 했습니다. 금속색은 밑색으로 검은색을 칠해주면 발색이 아주 좋아지니까 먼저 검은색을 칠합니다. 표면이 매끈할수록 광택이 좋아지니, 이때 사용하는 검정은 광택(유광)을 사용합니다. 부츠 아웃솔 부분이나 끈 등도 검은색이니까 같이 칠해줍니다. 금색이나 은색 등의 금속색은 입자가 커서 잘 침전됩니다. 에어브러시 컵 안에서 안료와 용제가 분리되기도 합니다. 117페이지의 세정에서 소개했던 「노즐캡을 풀고 뿌글이」를 해주면 도료가 잘 섞입니다. 가끔씩 뿌글이를 해주면서 칠해주세요.

01 밑색 차이

왼쪽 절반은 하얀 부품 위에 그대로, 오른쪽은 검정색을 뿌린 위에 은색을 뿌렸습니다. 사진으로는 구분하기 힘들 수도 있지만, 검정색 위에 칠한 쪽이 발색이 좋고 색에 깊이가 있습니다. 또한 검정색 위에 금속색을 뿌리면 색이 더 잘 입혀져서 비교적 빠르게 칠해줄 수 있습니다.

02 망토 마스킹

테두리가 금색이라서 망토 대부분을 마스킹해줍니다. 가장자리 부분은 평소처럼 마스킹 테이프를 사용합니다. 나머지 부분은 마스킹 테이프가 아니어도 되니까, 종이를 잘라서 사용했습니다.

03 먼저 검정색을 뿌린다

마스킹이 다 됐으면 검정색을 뿌립니다. 도료는 가이아노츠의 「002 : 퓨어 블랙」을 사용. 모자와 부츠의 접힌 부분도 같이 뿌려줍니다. 지팡이와 구슬을 고정하는 금속 부품은 마스킹 없이 전체에 뿌렸습니다.

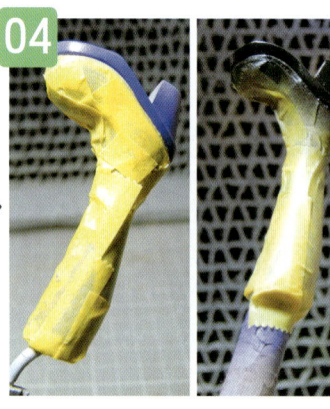

04 원래는 무광이 좋지만

여기서 부츠 아웃솔 부분도 같이 뿌렸습니다. 이 부분은 고무 같은 소재라고 생각하면 무광 검정이 더 좋겠지만, 나중에 무광 마감으로 처리하기로 했습니다. 부츠 끈 매듭도 칠했습니다.

마스킹하고 칠할 때까지 시간이 걸린 경우에는

장시간 연속으로 작업할 수 없는 경우, 마스킹해놓은 단계에서 작업을 중단하는 경우도 있습니다. 「나갔다 와서 뿌리자」, 「내일 아침에 일어나서 하자」 같은 경우. 그 자체는 문제가 없지만, 다시 시작할 때에는 마스킹 테이프가 들뜨지 않았는지 확인해주세요. 사진 왼쪽은 마스킹이 들뜬 걸 모르고 금색을 뿌려버린 부츠 접힌 부분입니다. 오른쪽 사진을 보면, 마스킹을 벗겨보니 들뜬 부분으로 도료가 들어가 버렸습니다. 이런 일을 막기 위해서라도 확인해야 합니다. 또한 삐져나온 부분의 수정, 대처 방법은 다음 페이지를 참고해주세요.

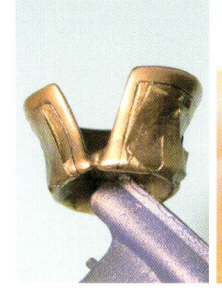
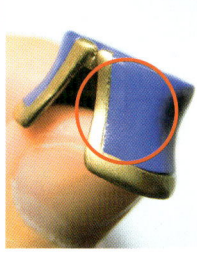

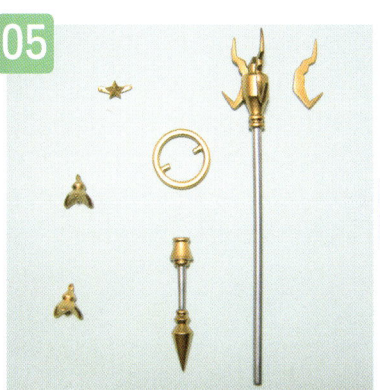

05 먼저 은색을 뿌린다

검정색을 칠했으면 이제 금속색을 칠합니다. 금색과 은색, 어느 쪽을 먼저 해도 문제는 없지만, 지팡이 자루 부분이 마스킹하기 더 쉬우니까 은색을 먼저 뿌렸습니다. 은색은 GSI 크레오스의 「SM01 : 슈퍼 파인 실버」를 사용. 마스킹한 뒤에 금색을 뿌립니다.

06 이어서 금색을 뿌린다

다른 작업을 하느라 시간 차이가 났지만, 03에서 이어집니다. 금색은 GSI 크레오스의 「9 : 골드」를 사용합니다.

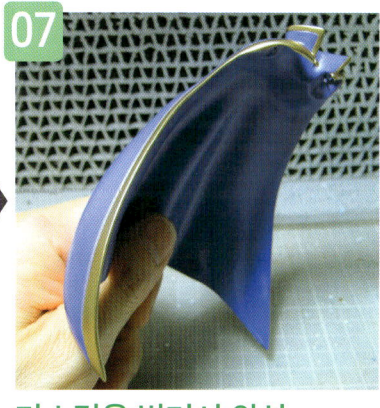

07 마스킹을 벗겨서 완성

금색 도료가 마르면 마스킹을 벗겨줍니다. 망토의 구분 도색이 완성입니다. 박스 그림의 망토에는 그러데이션이 들어가 있지만, 빛의 표현 때문인지 실제로 그러데이션 도색을 했는지 알 수가 없어서 그냥 단색으로 칠했습니다. 별은 생략했습니다.

08 모자

금색 라인이 들어간 모자입니다. 직선적이라서 마스킹은 간단했습니다. 윗면의 핀 부분에 모자 끝 뾰족한 부분을 연결합니다.

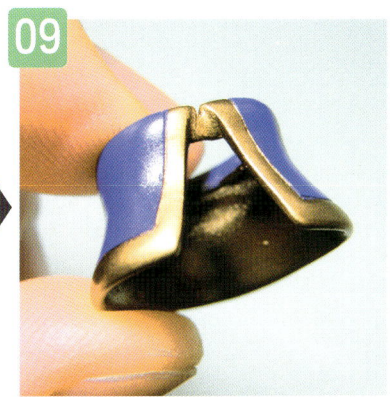

09 부츠 접힌 부분

깔끔하게 칠해졌습니다. 사실 이 부품은 좌우 두 개가 있는데, 그중에 하나를 실패했습니다. 실패한 것은 이 페이지 위쪽을 봐주세요.

10 도색이 끝난 부품

에어브러시와 마스킹을 이용한 구분 도색이 끝난 모자와 지팡이, 리본 등의 부품입니다. 여기 있는 부품은 붓으로 칠할 부분도 없으니 실질적인 완성. 이제 조립만 하면 됩니다.

제3장 ③
옷, 액세서리 도색과 마무리

CHAPTER 26

삐져나온 곳 수정

에어브러시와 마스킹을 이용한 도색은 거의 종료. 깔끔한 마무리에는 꼼꼼한 마스킹 작업이 필수입니다. 약간 귀찮지만 제대로 마스킹을 해서 에어브러시로 칠하면 색이 깔끔하게 구분됩니다. 하지만 가끔씩은 마스킹이 제대로 안 돼서 도료가 스미거나 반대로 칠해지지 않는 부분도 생깁니다. 여기서는 그런 부분의 대처법을 알아볼까 합니다.

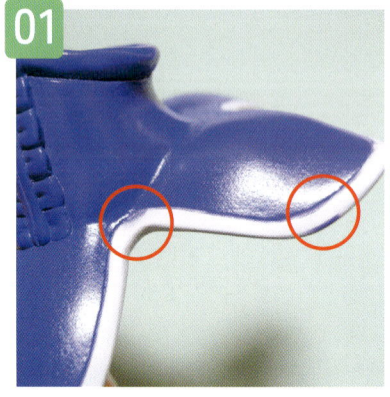

01 실패한 부품

조끼 부품입니다. 아래쪽의 하얀 라인을 마스킹하고 보라색을 뿌렸는데, ○로 표시된 속 부분이 삐져나왔습니다.

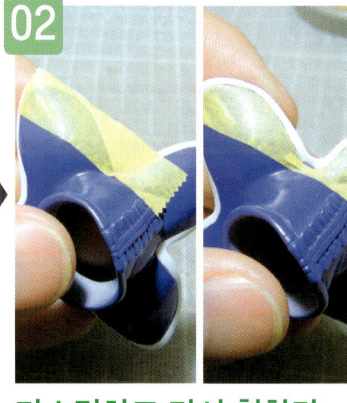

02 마스킹하고 다시 칠한다

붓으로 하얀색을 다시 칠하는 방법도 있지만, 보라색 부분을 마스킹하고 칠하기로 했습니다. 마스킹 테이프를 적당히 붙여서 밀착시킵니다. 경계선에 아트나이프로 칼집을 낸 뒤에 마스킹 테이프를 벗겨서 하얀 부분만 노출시킵니다. 커브 부분은 들뜨지 않도록 가는 테이프를 붙입니다.

03 수정할 부분만 해주면 된다

삐져나온 보라색 부분만 칠할 수 있으면 되니 그 부분의 하얀 라인만 노출되게 하고, 나머지는 전부 마스킹해버려도 됩니다.

04 하얀색을 뿌린다

가이아노츠의 「Ex-01:Ex-화이트」를 뿌렸습니다. 바로 하얗게 됐습니다.

붓을 이용한 수정

마스킹을 이용해서 다시 칠하는 것보다 간단한 방법이 붓을 이용하는 수정입니다. 사진으로는 알기 힘들겠지만, 육안으로 보면 수정한 곳이 한 눈에 보입니다. 눈에 띄지 않는 곳이라면 완성도를 어느 정도 희생하고 간단하게 수정하는 것도 좋습니다. 완성도를 우선할지 수고(시간)을 우선할지에 따라서 방법을 선택하세요.

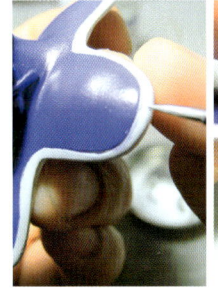

05

이번엔 괜찮은가?
마스킹을 벗겨봤습니다. 문제없는 것 같습니다. 01의 사진과 비교해보면 수정된 부분을 알기 쉽습니다.

06

부츠 접힌 부분
마스킹 테이프가 들떠서 틈새로 도료가 들어간 부분입니다. 보라색 도색면 위에 금색이 올라갔습니다. 어떻게든 금색만 지우고 싶습니다.

07
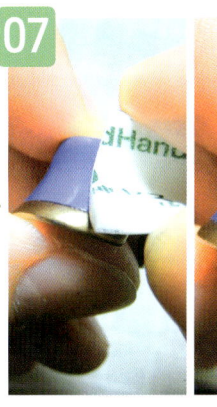
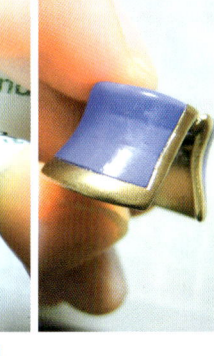

사포로 연마
종이 사포나 스펀지 사포로 연마하면 지워질 것 같지만, 보라색 도막까지 벗겨질 것 같습니다. 8000번 스펀지 사포로 살짝 문질렀더니 간신히 지워졌습니다.

08
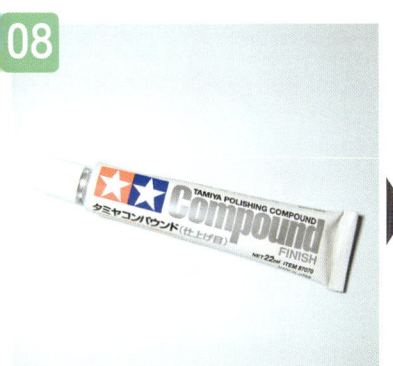

컴파운드를 사용
「컴파운드」는 도색면을 연마해서 광택을 내는 연마제입니다. 이것으로 연마해서 지워지는지 시험해보겠습니다. 사용한 것은 「타미야 컴파운드(마무리용)」입니다.

09
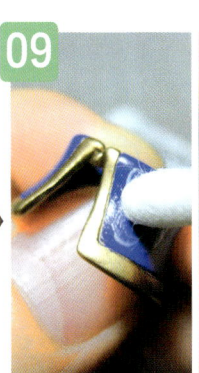

면봉에 묻혀 도색면에 문지른다
다 끝나면 컴파운드를 닦아내거나 물로 씻어주세요. 홈에 들어간 컴파운드는 이쑤시개 등으로 제거합니다.

10

깔끔하게 지워졌다
이번에는 잘 처리됐지만, 칠이 벗겨진 경우에는 마스킹을 하고 다시 칠하는 수밖에 없습니다.

제3장 ③
옷, 액세서리 도색과 마무리

CHAPTER 27

꼼수, 광택 컨트롤

에어브러시를 이용한 작업을 조금 더 해보겠습니다. 모자에 달리는 해골 부품은 안와와 비공 부분이 까맣고 다른 부분은 하얀색입니다. 마스킹을 해서 검은색을 뿌려야 하지만, 검은 부분과 흰색 부분의 경계선에 그러데이션 느낌을 주기로 했습니다. 에어브러시를 가늘게 뿌려서 처리할 수도 있지만, 조금 더 간단한 방법을 소개하겠습니다. 또한 무광 클리어를 뿌려서 광택을 조절해보겠습니다.

01

안와와 비공을 검게 칠한다

모자에 달리는 해골 부품입니다. 서페이서를 뿌린 상태에서 검은색을 뿌려줍니다. 안와와 비공에만 뿌리면 OK. 색은 GSI 크레오스의 「33:무광 블랙」입니다.

02

지우개를 주물러서 마스킹

지우개를 주물러서 적당한 크기로 뜯어서 안와와 비공에 채워줍니다. 그 상태에서 에어브러시로 흰색을 뿌려줍니다.

03

지우개를 뺀다

하얗게 칠해졌습니다. 마른 뒤에 핀셋으로 지우개를 빼냅니다.

04

완성

눈과 코 부분의 그러데이션이 잘 표현됐습니다. 마스킹을 어설프게 해서 그러데이션 표현을 처리했습니다.

클리어 뿌리기에 대하여

클리어에는 유광과 무광이 있고, 병에 든 도료는 희석해서 사용합니다. 무광의 경우에는 칠하기 힘들다고 희석액을 잔뜩 넣고 뿌리면 무광 효과가 없는 경우가 있습니다. 희석액의 리타더 성분 때문에 표면이 매끄러워지면서 광택이 생기기 때문입니다. 반대의 경우도 마찬가지입니다. 유광 효과를 얻으려고 진하게 뿌리면 표면이 우둘투둘해지는 경우가 있습니다. 일반 도료와 거의 같은 비율로 희석하면 제대로 된 효과를 얻기 힘듭니다. 유광은 옅게, 무광은 진하게 희석하는 게 좋습니다. 사진 왼쪽은 가이아노츠의 「Ex-04 Ex-플랫 클리어(무광)」, 오른쪽은 「Ex-클리어(유광)」.

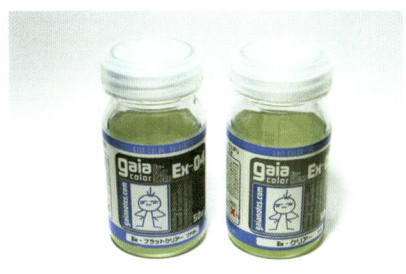

05 무광 클리어 도포 전

광택 조절을 해보겠습니다. 먼저 눈을 그릴 때에 에나멜 도료가 지워지지 않도록 유광 클리어를 뿌린 얼굴 부품입니다.

06 무광 클리어를 뿌린 뒤

보다시피 무광 클리어를 뿌렸더니 차분한 느낌이 됐습니다. 데칼을 붙였을 경우에는 클리어를 뿌려주면 데칼을 보호할 수도 있습니다.

07 피부는 전부 무광으로!

피부색 부분은 전부 무광 클리어를 뿌립니다. 얼굴 외에는 유광 클리어를 뿌리지 않았지만, 원래 칠한 도료에 광택이 있어서 무광을 뿌렸습니다.

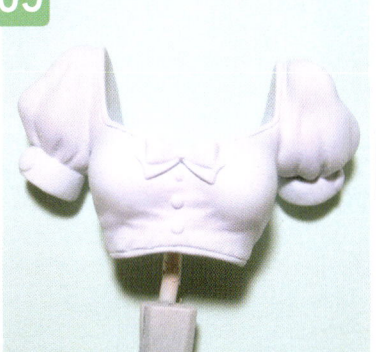

08 옷(블라우스)

바탕으로 칠한 흰색에 광택이 있어서 블라우스가 번들거립니다. 광택이 나는 천도 있지만, 여기는 면이라는 이미지로 무광을 뿌립니다.

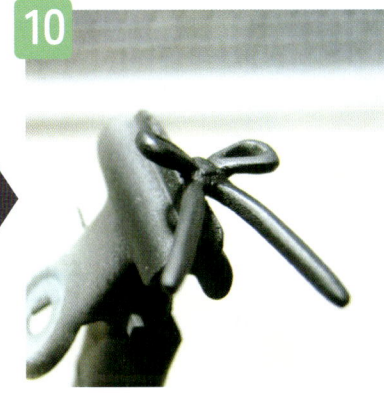

09 리본은 아직 칠하지 않았다

무광을 뿌린 블라우스입니다. 중앙의 리본은 붓으로 칠할 예정이라 그냥 뒀는데, 여기는 유광 도료로 칠할 예정입니다. 만약 리본을 칠한 뒤에 무광 클리어를 뿌릴 생각이라면 리본을 마스킹해야 합니다. 이런 경우도 생각해서 무광 클리어를 뿌릴 타이밍을 정합니다.

10 부츠 끈

부츠 끈은 금속색의 밑색으로 검정을 칠할 때 같이 칠해서 광택이 있습니다. 그래서 무광으로 처리했습니다. 처음에는 부츠 아웃솔 부분도 끈처럼 무광으로 처리하려고 했지만, 마법소녀의 의상이다 보니 리얼한 질감보다 화려한 겉모습을 우선하기로 하고 유광인 채로 뒀습니다.

제3장 ③
옷, 액세서리 도색과 마무리

CHAPTER 28

붓으로 세부 도색

　세밀한 부분을 붓으로 칠하겠습니다. 붓도색 자체는 컬러 레진 때와 눈을 그릴 때도 했으니 어렵지는 않을 겁니다. 이번에 사용할 것은 래커계 도료입니다. 컬러 레진 키트에서 사용했던 수성 아크릴 도료나 눈을 그릴 때의 에나멜 도료와 달리 건조가 빨라서 주의해야 합니다. 또한 에어브러시 도색에 사용한 것과 같은 종류다 보니 밑색이 녹을 가능성이 있습니다. 빨리 칠하세요. 블라우스의 리본, 팬티의 리본, 부츠 끝, 팔찌의 금색 등, 그리 많지는 않습니다. 또한 먹선도 넣어서 완성합니다.

01 기본은 같다
도료 접시에 도료를 넣고 희석액을 넣어서 적당한 농도로 만듭니다. 붓에 머금고 접시 테두리에 쓸어줘서 붓에 묻는 도료의 양을 조정합니다.

02 삐져나오지 않도록
윤곽 부분부터 칠합니다. 망토나 부츠에 뿌린 색, 가이아노츠의 「017:퍼플 바이올렛」을 사용했습니다.

03 블라우스의 리본
윤곽 부분을 칠했으면 붓에 도료를 많이 묻혀서 안쪽 부분을 칠합니다. 블라우스는 무광이지만 리본은 광택이 있는 도료라서 포인트가 됩니다. 리본도 무광으로 할 생각이라면 칠한 뒤에 무광 클리어를 뿌리면 됩니다.

04 팬티의 리본도
팬티에도 리본이 있습니다. 이곳도 블라우스의 리본과 색을 맞춰서 「017:퍼플 바이올렛」으로 똑같이 칠했습니다.

도료 농도 조절

래커계 도료는 다른 도료와 비교해서 압도적으로 빨리 마릅니다. 건조를 지연시키는 리타더가 들어간 희석액을 사용하는 게 좋습니다. 지금까지 에어브러시 도색에서 사용한 가이아노츠의 「모델레이트 용제」에도 리타더 성분이 들어 있는데, 직접 붓으로 칠해보니 의외로 빨리 마르는 것 같았습니다. 작업할 때 적시에 희석액을 추가해서 조정하는 것이 요령입니다. 또한 붓 끝의 도료 농도를 유지하기 위해서 희석액만 접시에 덜어두고 그것을 사용해서 농도를 조절하며 칠했습니다.

05 팔찌의 별

하얀 팔찌에 별이 있습니다. 일러스트에는 팔찌 자체가 없지만, 손목에 별 모양의 금속 포인트가 있고, 그것이 금색이라서 금색으로 했습니다. 금색은 GSI 크레오스의 「9:골드」를 사용.

06 부츠 끈은 한쪽부터

부츠 끈은 GSI 크레오스의 「33:무광 블랙」을 사용했습니다. 끈이 교차하는데, 한쪽만 먼저 칠했습니다. 같은 방향만 칠하는 쪽이 효율적입니다. 반대쪽을 칠하려고 고쳐 잡으면서 칠한 곳을 건드리는 실수를 줄이기 위해서입니다.

07 완성

부츠 끈을 칠했습니다. 블라우스와 리본과는 반대로 유광 바탕에 무광 도료로 처리했습니다. 끈도 유광으로 처리하려면 칠한 뒤에 클리어(유광)을 뿌려주세요.

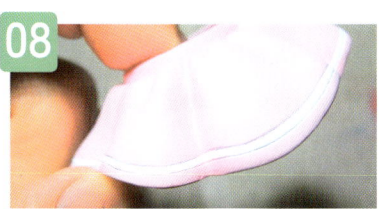

08 검은색 외에도

마스킹해서 칠한 치마의 하얀 라인, 홈 안이 그다지 깔끔하지 않습니다. 여기에 먹선을 넣으면 깔끔해지는데, 검은색은 너무 진한 것 같습니다. 그래서 타미야의 에나멜 도료 「XF-2 플랫 화이트」로 먹선을 넣었습니다. 같은 색이라면 괜찮으니까 핑크도 좋을 겁니다.

09 금색 띠

부츠 접힌 부분과 망토의 금색과 보라색의 경계선 홈에 타미야의 에나멜 도료 「XF-1 플랫 블랙」으로 먹선을 넣었습니다.

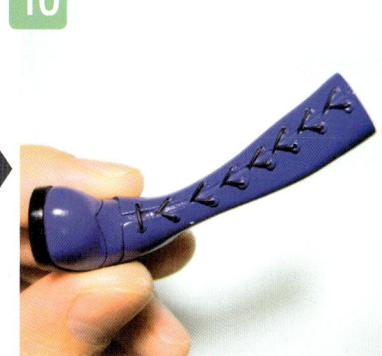

10 부츠에도 먹선

부츠 재봉선에도 먹선을 넣었습니다. 색의 경계 외에도, 아니, 같은 색 부분의 홈 쪽이 오히려 먹선의 효과가 좋습니다.

제3장 ③
옷, 액세서리 도색과 마무리

CHAPTER **29**

파스텔 메이크업

일러스트 등에서는 여자아이의 볼이 발그레하게 되어 있습니다. 에어브러시로 뿌려서 표현할 수도 있지만, 뿌리는 범위나 농도의 조절이 상당히 어렵습니다. 그래서 간단하고 효과적인 방법으로서 「파스텔」로 볼을 물들이는 기법을 소개하겠습니다. 파스텔은 건조시킨 분말 상태의 안료를 굳힌 것입니다. 회화, 데생에 사용하는 재료인데, 최근에는 피규어나 돌, 밀리터리 모델 등에서도 사용됩니다.

01 고민되면 세트로

파스텔을 사러 가면 너무 많아서 고민하게 될 수도 있습니다. 모형점이나 하비 코너에서 입수할 수 있는 것이 좋습니다. 이번에 사용한 것은 조형촌의 「SD용 메이크 파스텔·베이스 메이크 컬러」입니다.

02 사포로 갈아준다

종이 사포 위에 원을 그리듯이 움직이며 갈아서 분말 상태로 만듭니다. 색은 핑크. 종이 사포는 600번을 사용했습니다.

03 붓 끝에 묻힌다

물기가 없는 마른 붓 끝에 파스텔 가루를 묻힙니다.

04 볼에 칠한다

파스텔 메이크는 얼굴 표면을 무광으로 만든 뒤에 해줍니다. 볼에 가루를 묻히고 퍼트려갑니다. 표면에 요철이 있다 보니 그 사이로 들어가서 정착됩니다.

수정과 정착

정 마음에 안 들어서 수정할 때는 지우개 주무른 것으로 제거할 수 있습니다. 제거할 수 있다는 것은 도색면에 올라가기만 하고 정착되지 않았다는 뜻입니다. 만지면 지워지니까, 정착시키기 위해서는 탑코트나 클리어로 코팅을 해줍니다.

05 양쪽 모두 해준다

양쪽 볼에 얹었습니다. 하지만 생각만큼 빨갛지가 않습니다. 색이 옅은 것 같습니다. 그래서 색 이름은 모르겠지만 좀 더 빨간 색으로 해보겠습니다.

06 로즈 핑크?

세트에 있는 진한 핑크색을 갈았습니다.

07 이번엔 너무 진한가?

새로 갈은 색은 너무 진한 것 같습니다. 그래서 밝은 핑크가 묻어 있는 붓에 진한 색을 묻혀봤습니다.

08 볼 위에서 블렌드

볼 위에 얹어보니 역시 좀 과한 것 같습니다. 그래서 볼 위에서 먼저 바른 핑크와 섞어보니 좋은 느낌이 됐습니다.

09 완성

만약 너무 진하면 붓을 움직여서 범위를 넓히거나 깨끗한 붓으로 안료를 약간 털어내서 조정할 수 있습니다.

10 볼 외에도 쓸 수 있다

사진에서는 무릎 아랫부분을 불그스름하게 해줬습니다. 팔꿈치나 관절 부분 등은 불그스름하니, 그런 부분에 해주면 좋습니다.

제3장 ④
레진 캐스트 키트 조립

CHAPTER

30

조립

도색이 종료. 드디어 조립합니다. 조립 작업도 기본적으로는 컬러 레진 때와 마찬가지로 순간접착제로 접착합니다. 흘려 넣는 부분과 칠하고 붙이는 부분이 있는 점도 똑같습니다. 단, 부품 전체에 도색을 했으니 도색면에 접착제가 묻어서 오염되지 않도록 주의해야 합니다. 또한 도색하면서 도막만큼 두꺼워져서 안 들어갈 수도 있으니, 조정하면서 조립하세요. 조립 직전까지 도색 작업을 한 경우에는 도료나 용제가 손에 묻어 있을 가능성이 큽니다. 잘 씻어주세요. 또는 깨끗한 장갑을 끼고 작업하는 것도 효과적입니다.

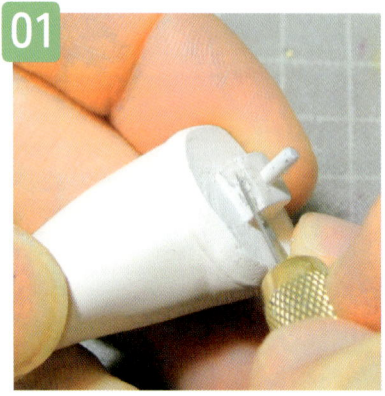

01 접착 부분의 도색은 벗겨준다

부품과 부품을 접착할 때, 도막 부분을 접착하면 도막이 벗겨지면서 떨어질 수 있습니다. 그것을 막기 위해서 접착면의 도막을 벗겨줍니다. 아트 나이프로 벗깁니다.

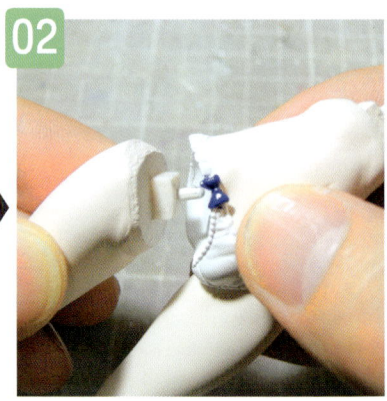

02 붙여준다

오른쪽 다리 접속 부분입니다. 핀이 있고 금속선으로 축도 만들어서 꽉 들어갑니다. 여기는 순간접착제를 바르고 끼워서 접착합니다.

03 시아논으로 접착

바르고 붙이는 부분에는 순간접착제 중에서도 비교적 건조에 시간이 걸리는 시아논을 사용. 접착제의 본래 용도입니다. 물론 고강도나 젤리 타입을 사용해도 됩니다.

04 부츠 접힌 부분

이곳은 다리를 끼우면 보이지 않으니까 접힌 부분을 끼워준 상태에서 접착제를 흘려 넣었습니다. 생각지도 못한 곳까지 들어가는 경우도 있으니 조심하세요. 잡고 있는 손가락까지 붙어버리는 일도 종종 있습니다.

조립하기 전에 부품을 확인

부품을 전부 늘어놨습니다. 조립하기 전에 다시 한 번 「부품은 부족하지 않은지」, 「칠을 빠트린 부분은 없는지」 등을 확인하세요. 사실은 이 사진을 촬영할 때 양쪽 팔이 없다는 걸 알아차리고 찾아봤습니다. 바로 찾아서 다행입니다만…. 도색이 종료된 부품은 손잡이에서 빼고 상자에 넣어서 보관했습니다. 쿠션 대신 키친타월을 깔아놨는데, 그 밑으로 들어가 있었습니다.

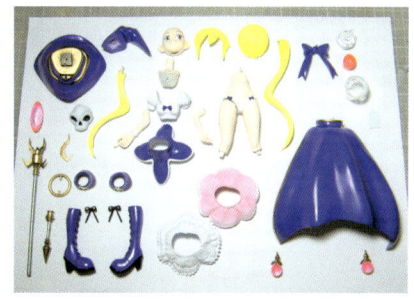

05 아래에서부터 쌓아 올린다

부츠와 다리를 접착한 뒤에 베이스에 끼워줬습니다(베이스와 피규어는 접착하지 않았습니다). 여기서부터 위로 조립해 나갔습니다.

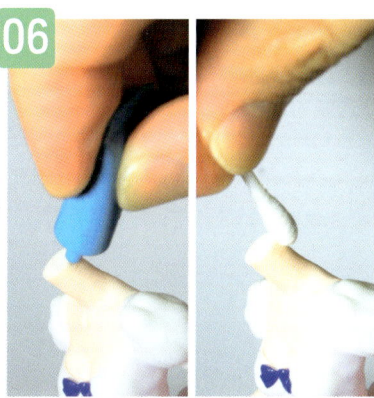

06 목이 안 들어간다

들어갈 것 같지만 억지로 끼우면 도색이 벗겨질 것 같습니다. 대처 방법은, 보통은 도막을 벗기지만 여기서는 면봉으로 목 표면에 그리스를 발라서 매끄럽게 해줘서 끼웠습니다.

07 약병 고정

약병은 투명합니다. 접착하면 더러워질 것 같아서 처음엔 양면테이프로 고정할까도 했지만, 의외로 무거워서 금세 떨어질 것 같았습니다. 그래서 약병과 손을 핀으로 연결하기로 하고 손바닥에 2mm 구멍을 뚫었습니다.

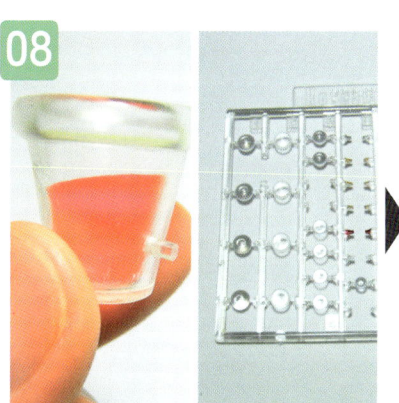

08 약병에 핀을

약병에도 구멍을 뚫고 핀을 꽂았습니다. 핀은 투명한 프라봉을 사용. 시판 프라봉을 써도 되지만, 집에 있던 프라모델용 클리어 부품의 런너 부분을 잘라서 사용했습니다.

09 고정 완료

잘 고정됐습니다. 이 각도에서는 고정 핀이 보입니다.

10 도막이 벗겨졌다

끼울 때 긁혀서 도막이 벗겨졌습니다. 꽤 눈에 띄어서 음영색으로 사용한 「005:선샤인 옐로」(가이아노츠)를 붓으로 칠해서 보수했습니다. 이런 부분이 어느 정도 나오니까, 사용했던 도료로 보수해줍니다.

제3장 ④
레진 캐스트 키트 조립

CHAPTER 31

완성!

본격적인 레진 캐스트 키트가 완성됐습니다. 기포나 파팅 라인 등의 처리가 힘들었지만, 완성하면 보람이 있습니다. 망토는 고정했지만 모자는 쓴 상태와 벗은 상태를 교체할 수 있게 했습니다. 하지만 전체를 도색한 경우에는 자주 부품을 교체하면 도색이 벗겨질 우려가 있습니다. 실제로 모자를 벗길 때 앞머리 일부의 도색이 벗겨졌습니다. 기본적인 공작을 하고 에어브러시를 사용한 도색을 할 수 있으면, 어떤 상태의 키트도 완성할 수 있습니다. 마음에 드는 키트를 구입해서 계속 제작해보세요.

완성품①

패키지 일러스트에 충실한 작품이 됐습니다. 마법 지팡이는 금속색의 밑색으로 검정색을 칠해 중후한 느낌이 되면서, 일러스트의 가벼운 느낌과는 조금 달라진 것 같습니다. 망토나 모자의 보라색은 실물은 예쁜 색이지만, 인쇄에서는 재현하기 힘든 점이 아쉽습니다.

원포인트

이번에는 하지 않았지만, 망토나 모자 안쪽은 박스의 그림처럼 그러데이션 처리를 해도 재미있을 것 같습니다. 또한 별은 그려넣거나 마스킹해서 도색하는 것보다 네일아트나 장식용 씰을 사용하면 간편하게 표현할 수 있습니다.

완성품②

모자를 벗은 상태의 완성품입니다. 가벼운 느낌이 됐습니다.

제3장 ④
레진 캐스트 키트 조립

CHAPTER 32

도색 도구 손질

　에어브러시 도색, 붓을 이용한 도색이 끝나면 도색 도구를 세척, 손질해주세요. 작업이 끝난 뒤에 청소해두면 다음에 사용할 때 편하게 작업을 시작할 수 있습니다. 물론 작업한 뒤에 바로 치울 수 없는 경우도 있겠지만, 그럴 때도 가능한 한 빨리 손질할 것을 권합니다. 「사용한 뒤에 그대로 방치. 세척하는 것은 다음에 사용할 때」가 돼버리면 작업의 흐름이 막히고 의욕도 떨어지게 됩니다.

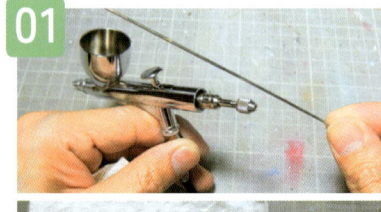

01 에어브러시 세척
색을 바꿀 때와 마찬가지로 컵 안에 있는 도료를 처분한 뒤에 툴 워시로 뽀글이를 반복해서 컵 안을 깨끗하게 해줍니다. 툴 워시를 버리고 컵을 비운 뒤에 축 캡을 벗기고 니들 척을 풀어서 니들을 빼줍니다. 니들은 깨끗하게 닦아주세요.

02 컵 내부 청소
컵 바닥을 청소합니다. 붓 등으로 툴 워시를 발라주고 면봉으로 닦아냅니다. 니들을 뺀 상태라서 청소하기 쉬울 겁니다.

03 니들 캡, 노즐 캡 청소
니들 캡, 노즐 캡은 빼서 세척합니다. 도료 접시에 툴 워시를 넣고, 거기에 담가서 세척합니다. 심하게 더러운 경우에는 세척용 붓으로 씻어줍니다. 다 지워지면 닦아내세요.

04 노즐 주변 청소
노즐 주변의 때도 닦아냅니다. 도료가 말라붙었을 때는 툴 워시에 적신 키친타월 등으로 닦아주세요. 노즐은 빼지 않아도 됩니다.

에어브러시의 분해 세척

보통은 아래의 세척으로 충분하지만, 버튼 주위에 컵에서 흘러나온 도료로 더러워졌을 때는 니들 스프링 케이스를 돌려서 빼고 버튼 주위를 면봉 등으로 닦는 등의 분해 세척이 필요합니다. 또한 버튼이 돌아가지 않는 등의 문제가 발생하면 분해 세척하고 그리스나 기름을 쳐서 대처할 수 있는데, 메이커에 따라서는 분해를 권장하지 않는 곳도 있으니 자기가 책임지고 해야 합니다. 취급설명서나 제조사 홈페이지 등을 참고로 스스로 대처하거나 수리를 의뢰하는 쪽을 선택하세요.

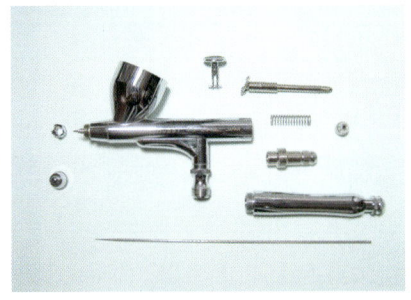

05 컵 뚜껑과 본체 청소

컵 뚜껑 안쪽과 본체에도 도료가 묻어 있습니다. 툴 워시를 적신 키친타월이나 청소용 붓을 사용해서 깔끔히 닦아주세요. 청소가 다 끝나고 다시 조립하면 끝입니다.

06 조색봉 청소

조색봉 표면에 남아 있는 도료를 닦아냅니다. 눌러붙었을 때는 종이컵에 부어놓은 툴 워시에 담가두면 잘 떨어집니다. 저는 에어브러시 컵을 세척하는 데 사용한 툴 워시를 종이컵에 모아두고 사용합니다.

07 도료 접시 청소

약간 더러운 정도는 접시에 툴 워시를 따르고 키친타월로 닦아줍니다.

08 도료 접시 담가서 씻기

심하게 더러운 것은 종이컵에 따라놓은 툴 워시 안에 담근 뒤에 핀셋 등으로 건지고 붓으로 씻은 뒤에 닦아냅니다.

09 사용한 툴 워시는

빈 희석액이나 툴 워시 용기에 모아두고 세척할 때 사용하고는 하는데, 처분할 때는 도색 작업 때 사용한 티슈나 키친타월, 신문지 등으로 흡수해서 타는 쓰레기로 처분합니다. 절대로 하수구에 버리지 말아주세요.

10 붓 청소

툴 워시를 넣은 종이컵이나 브러시 워셔 속에서 흔든 뒤에 키친타월 등으로 닦아줍니다. 붓은 마지막에 모아서 씻는 것보다 사용할 때마다 씻는 쪽이 좋습니다. 도료가 마르면 잘 빠지지 않고, 그대로 방치하면 붓의 털이 상하기 때문입니다.

COLUMN 03 레진 캐스트 키트의 옛날이야기

　1960년대에 태어난 저희 세대는 프라모델을 완성하는 것의 연장선으로서 레진 캐스트 키트에 도전하면서 기술을 익혀왔습니다. 초등학교 때는 모든 남자아이들이 프라모델을 즐기던 시대였습니다. 하지만 대부분의 친구들은 성장하면서 스포츠나 음악 같은 다른 취미로 옮겨가고 프라모델을 졸업했습니다. 그러던 중에도 계속 프라모델을 취미로 삼아왔던 저는 레진 캐스트 키트의 존재를 알게 됩니다. 예전부터 있던 것을 알게 된 게 아니라, 개러지 키트라는 것이 등장한 시대였습니다. 1980년대 후반부터 90년대 초, 고등학교에 들어갔을 때부터 레진 캐스트 키트를 비롯한 개러지 키트가 나오기 시작했습니다. 기후현의 시골 출신이었던 저는 기후시의 고등학교로 진학했습니다. 당시 기후에는 파르코(일본의 상업 시설-역주)가 있었고, 파르코 안에「포스트 하비」라는 하비 재팬에서 경영하는 하비 샵이 입점해 있었습니다. 거기에는 프라모델과 함께 레진 키트가 진열돼 있습니다. 거기서 레진 캐스트 키트를 만났죠. 하지만 레진 캐스트 키트는 고등학생이 구입할 수 있는 물건이 아니었습니다. 전문학교에 들어가고 아르바이트 등을 시작하자 어느 정도 쓸 수 있는 돈도 생겼고, 자연스럽게 프라모델에서 레진 캐스트 키트로 옮겨갔습니다. 처음 원더 페스티벌에 참가한 것도 전문학교 시절이었죠. 친구들의 권유로 갔던 원더 페스티벌은 아직 하마마츠쵸의 도립 산업 무역 센터에서 열리던 시절이었습니다. 그 뒤로 계속 참가했고, 마침내 스크래치(피규어를 처음부터 직접 만드는 것)를 시작하게 되고 출품하는 쪽으로 옮겨가게 됐습니다. 하지만 지금은 프라모델을 만드는 사람도 줄고, 거기서부터 옮겨오는 사람들도 거의 없어진 것 같습니다.

　현재 저는 문화 강좌에서 피규어 제작을 가르치고 있는데, 프라모델이나 레진 캐스트 키트를 제작한 경험도 없이 바로 스크래치에 도전하려는 사람이 대부분입니다. 저희들의 상식에서는 스크래치란 프라모델→레진 캐스트 키트라는 단계를 밟은 뒤에야 도전할 수 있는 것이었습니다. 그것을 단번에 뛰어넘는 것은「자신이 좋아하는 캐릭터의 모양을 만들고 싶다」는 욕구 때문일까요. 아니면 현재의 피규어에 관한 환경 때문일까요. 판매되는 피규어는 대부분 완성품입니다. 식완도 오락실 경품도 말이죠. 하지만 피규어에 관한 기법서는 대부분 스크래치(원형제작)에 관한 것들입니다. 그런 환경이다 보니「피규어가 좋으니까 일단 원형 제작을 해보자」라고 생각하는 것이 자연스러울지도 모르겠습니다. 그렇게 해서 기법서를 보면서 뭔가를 완성했을 때,「어떻게 색을 칠하지?」라는 의문에 부딪히게 됩니다. 주위에 넘쳐나는 피규어들은 처음부터 색이 입혀진 상태입니다. 그런데 자신이 점토나 퍼티로 만든 피규어는 회색이나 노란색, 하얀색 덩어리니까요.「프라모델용 도료로 프라모델처럼 칠하면 됩니다」라고 설명해도「프라모델? 해본 적 없는데」라는 대답이 돌아옵니다. 그리고 프라모델을 만들어본 사람은 이렇게 대답합니다.「처음부터 색이 있어서 칠해본 적이 없는데」라고. 그렇습니다. 캐릭터 프라모델도 진화해서 칠하지 않아도 되는 상황입니다.

　최근에는 디지털을 이용한 피규어 조형이 보급되고 있습니다. 하지만 컬러 출력은 아직 만족할 수준이 아니고, 단색(소재 그 자체의 색)으로 출력한 뒤에 자신이 색을 입히는 작업이 필요합니다. 또한 20cm 정도의 피규어를 만족스러운 퀄리티로 출력하려면 8만 엔 정도가 듭니다. 아무리 생각해도 필요한 숫자만 출력할 수 있는 단가가 아닙니다. 출력한 것의 부품을 실리콘으로 틀을 만들고 레진 캐스트로 복제해야 겨우 1만 엔 전후로 판매할 수 있게 됩니다. 다른 선택지가 없는 이상 디지털 조형의 보급에 따라서 이벤트 등에서 판매되는 레진 캐스트 키트의 양이 늘어나지 않을까 예상합니다. 하지만 색을 입힌 출력품이 완성품 피규어급의 가격과 퀄리티가 되거나, 3D 프린터의 출력 단가가 레진 캐스트 키트의 가격과 같은 수준이 된다는 조건이 필요하겠죠.

　레진 캐스트 키트가 보급됐을 때, 거기에 색을 입히고 조립할 수 있다면 좋겠다고 생각하지 않으시나요. 원형 제작에 들어가기 전에, 아니 조립한 뒤라도 상관없으니 레진 캐스트 키트의 도색과 조립을 해보셨으면 좋겠습니다.

제4장
더욱 수준 높은 완성도를 위해서!

상급이라기보다는 편하기 위한 테크닉

여기서는 서페이서를 뿌리지 않고 완성하는 「서페이서리스」 도색이라는 기법으로 제작하겠습니다. 원더 페스티벌 등의 전시 판매 이벤트에서 개인 딜러가 완성 샘플로 전시하는 피규어는 대부분 서페이서리스 도색이 아닐까요. 투명한 느낌이 있고 깔끔한 서페이서리스 도색 완성품인데, 가장 큰 장점은 제작시간 단축입니다. 사실은 편하기 위해서 생겨난 테크닉입니다. 하지만 장기 보존하면 레진 캐스트 자체가 노랗게 변색되면서 하얀 옷이 노랗게 되거나 피부색의 색감이 누리끼리해지는 단점이 있습니다. 그것이 싫어서 전체 도색을 권하는 완성품 제작 대행 업자도 있습니다. 하지만 스페이서리스 도색의 투명한 느낌은 매력적입니다. 서페이서를 사용한 통상 도색으로도 서페이서리스 도색에 가까운 느낌을 낼 수 없을까 생각한 결과, 클리어 컬러를 사용한 서페이서리스풍이라는 도색 기법도 나왔습니다. 그쪽도 소개하겠습니다.

 **01** 서페이서리스 도색 156

 **02** 디테일업과 서페이서리스풍 클리어 컬러 도색 166

제4장 ①
서페이서리스 도색

CHAPTER

01

서페이서리스 도색 완성

통상 도색 공정 중에서 서페이서를 뿌리는 공정을 생략하고 완성하는 방법이 있습니다. 이것을 「서페이서리스」 줄여서 「서프리스」라고 합니다. 레진 캐스트 수지의 소재 색을 살린 투명한 느낌은 한 랭크 높은 수준이라고 할 수 있습니다. 이 페이지의 완성 샘플은 제3장의 통상 도색 작례에서도 사용한 「수습 마법사 미르카」 키트를 서페이서리스 도색으로 제작한 것입니다. 여기서는 먼저 이 작업 공정을 소개합니다.

투명한 느낌의 피부
이번에는 서페이서리스인 만큼 피부 노출을 늘리기 위해 경장 타입으로 완성했습니다. 조끼는 없고, 모자와 망토도 없습니다.

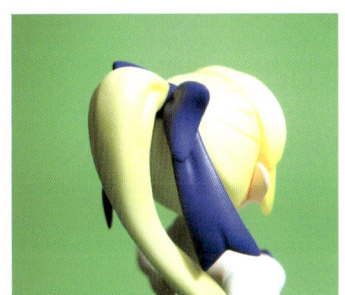

통상복 느낌

머리카락의 리본과 부츠는 망토나 조끼와 같은 색이지만, 마법사로서의 옷이 아니라 보통 옷으로 만들어서 무광 질감으로 처리했습니다. 아래 사진은 비교용 「통상 도색」으로 칠한 미르카입니다.

제4장 ①
서페이서리스 도색

CHAPTER 02

서페이서리스 도색의 기포, 흠집 처리

서페이서리스 도색의 장점 중에 하나는 작업 공정이 줄어든다는 점입니다. 실제로 서페이서를 뿌리는 공정을 생략하는 것은 물론이고, 서페이서를 뿌린 뒤에 밝은 색을 칠할 부품에 하얀색을 뿌려서 발색을 좋게 해주는 공정도 생략할 수 있습니다. 단, 그 대신에 서페이서에 의한 도료 정착이나 표면의 자잘한 흠집을 메우는 효과를 기대할 수 없다는 문제가 있습니다. 하지만 지금은 도료의 정착 문제는 성능이 좋은 프라이머 덕분에 해결되었고, 흠집 처리도 좋은 방법이 있습니다. 여기서는 서페이서리스 도색 때의 기포와 흠집 처리에 대해, 또한 도색할 때 주의해야 할 점 등을 보겠습니다.

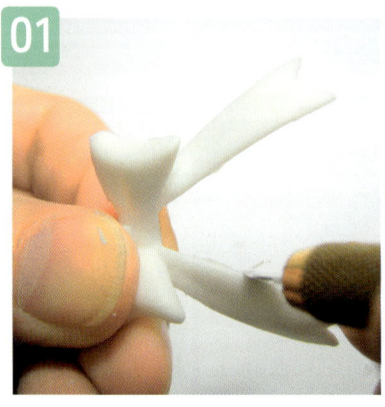

01 기본대로

서페이서리스 도색에서도 할 일은 똑같습니다. 먼저 게이트와 지느러미를 처리하면서 가조립을 합니다. 축 만들기도 하고, 그 뒤에 파팅 라인과 기포를 처리합니다.

02 기포는 시아논으로

제3장의 통상 도색 제작 공정에서도 소개했는데, 하얀 레진 캐스트 부품에는 하얀 순간접착제인 시아논이 가장 좋습니다. 자잘한 흠집이나 기포는 그대로, 큰 부분은 SSP의 HG파우더나 베이비파우더와 섞어서 메워줍니다.

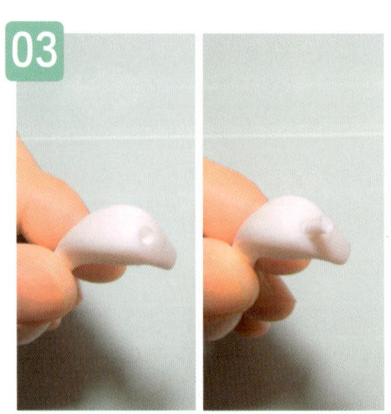

03 레진 조각을 이용한 기포 메우기

108페이지의 기포 처리에서도 소개했는데, 기포를 메우는 데 잘라낸 게이트 부분의 레진 조각을 사용할 수 있습니다. 기포 부분에 레진 조각을 끼워줍니다.

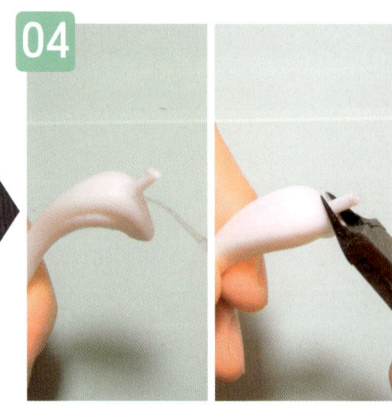

04 삽입, 고정, 절단

끼워 넣은 레진 조각을 흘려 넣는 순간접착제로 고정하고 남은 부분을 니퍼로 잘라줍니다.

효과적인 것은 흰색

서페이서리스 도색이 적합한 키트도 있습니다. 제일 먼저 기포나 깨진 부분이 적은, 부품 상태가 좋은 것. 그리고 서페이서리스의 효과가 큰 것이 피부색 표현이다 보니, 피부 노출이 많은 수영복 등의 피규어가 좋습니다. 그리고 레진 캐스트의 색은 흰색이 가장 좋습니다. 작례에 사용한 「수습 마녀 미르카」 키트에서는 피부 부분이 피부색 컬러 레진으로 성형돼 있는데, 제작자 종이 팔레트 씨에게 억지로 부탁해서 작례용으로 하얀 레진 캐스트로 만든 부품을 준비했습니다.

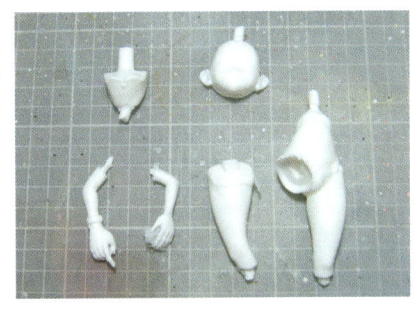

05 절삭
잘라낸 곳은 금속 줄로 주변과 균일하게 정리해줍니다. 꽂아준 레진 조각이 많이 남아 있으면 아트나이프로 깎은 뒤에 해줘도 됩니다.

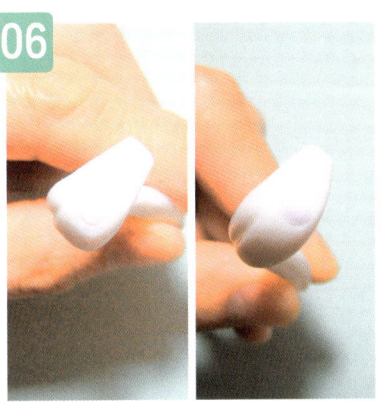

06 틈새 메우기, 다듬기
틈새가 있는 경우에는 시아논을 채워줍니다. 시아논이 굳은 뒤에 깎아서 다듬으면 끝. 급할 때는 순간접착제용 경화 촉진 스프레이를 한 번 뿌리거나 SSP의 HG파우더를 섞어서 사용합니다.

07 도색 전에 세척
기포와 게이트, 파팅 라인 등 도색 전에 해야 할 가공이 끝나면 세척합니다. 이런 것은 통상 도색 전의 공정과 똑같습니다.

08 프라이머는 필수!
레진 캐스트 표면에 도료로 색을 입힌 부분은, 손톱으로 긁으면 간단히 벗겨집니다. 도색할 때 붙인 마스킹 테이프를 벗기면 도료가 그대로 따라서 벗겨질 때도 많습니다. 그것을 막아주는 것이 레진 캐스트용 「프라이머」입니다. (뿌리는 방법은 116페이지 참조)

09 먼저 피부색부터
프라이머를 뿌리면 먼저 피부색을 뿌려줍니다. 통상 도색에서 피부색을 뿌릴 때와 마찬가지로 눈 부분을 마스킹하고 뿌려줍니다. 프라이머를 도포한 부분은 끈끈합니다. 레진 캐스트의 흰색을 그대로 살릴 부분은 프라이머를 뿌리기 전에 마스킹해두면 끈적거리지 않게 됩니다.

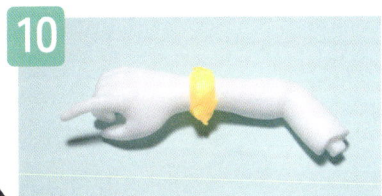
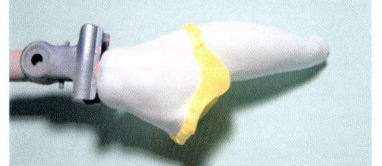

10 팬티와 팔찌도 마스킹
통상도색 때는 피부색을 뿌린 뒤에 그곳을 마스킹하고 속옷의 흰색을 뿌렸는데, 흰색 레진을 살리려면 처음부터 마스킹하는 수밖에 없습니다. 몸통이나 팔 쪽을 마스킹하는 쪽이 편하지만, 이 경우에는 어쩔 수 없습니다.

제4장 ①
서페이서리스 도색

CHAPTER
03

피부색 도색과 섀도 뿌리기

피부색 도색은 처음에 가이아노츠의 「Ex-플레시」의 농담만으로 표현하려고 했습니다. 그런데 자꾸 균일한 색으로 칠해지고 생각보다 색이 옅어서 음영색을 뿌려주기로 했습니다. 음영색은 가이아노츠의 「음영용 플레시 핑크 계열(스페셜 플레시 세트)」를 사용. 이것은 이벤트 한정 세트고, 시판품 중에서는 「053 노츠 플레시 핑크」가 비슷합니다.

01 좌우 색감을 맞춘다

서페이서리스에서는 밑색을 살리기 위해 가볍게 뿌려줍니다. 피부색 등의 차폐력이 낮은 색은 잘 뿌려주면 진해지고, 살짝 뿌려주면 옅어집니다. 부위에 따라서 달라지지 않도록 주의하세요. 같이 확인해보면 효과적입니다.

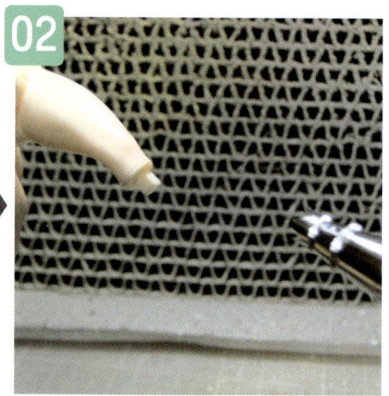

02 음영(섀도) 뿌리기

무릎 아래 등의 그림자가 생기는 곳을 진하게 해주면 효과적입니다. 그림자가 생기는 방향에서 뿌려줍니다. 음영색이라고 해도 갈색이나 회색 같이 탁한 색이 아니라, 피부색보다 붉거나 오렌지색이 강한 색을 뿌려줍니다.

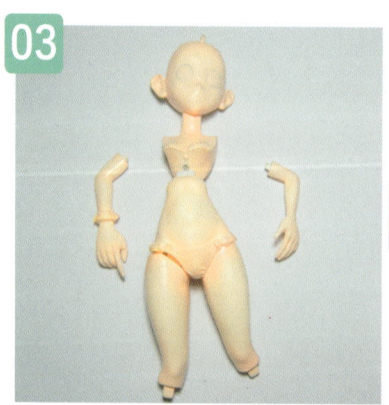

03 음영으로 강약을

무릎 아래나 팔꿈치, 손등 등의 관절 부분은 물론이고 턱 아래나 다리와 몸통이 만나는 곳에도 음영색을 뿌려줍니다.

04 팬티 마스킹은 힘들어

마스킹을 벗겨보니 피부 쪽에 약간 색이 입혀지지 않은 부분이 있었습니다. 역시 두께가 있는 부분의 마스킹은 어렵습니다.

서페이서 유무의 차이

오른쪽이 서페이서 위에 흰색을 뿌린 뒤에 피부색을 칠한 것. 왼쪽이 레진 캐스트 위에 프라이머만 뿌린 뒤에 피부색을 뿌린 것. 같은 도료를 뿌렸습니다. 왼쪽이 투명하고 밝은 느낌입니다. 사진에서는 알기 힘들지도 모르겠지만, 육안으로 보면 확연합니다. 서페이서리스 도색과 통상도색의 차이는 165페이지에서도 비교하겠지만, 키트의 모든 부품을 서페이서리스로 칠해야 한다는 건 아닙니다. 피부 부분과 하얀 옷은 서페이서리스로 처리하고, 다른 부분은 서페이서를 뿌리고 칠하는 방법도 문제없습니다.

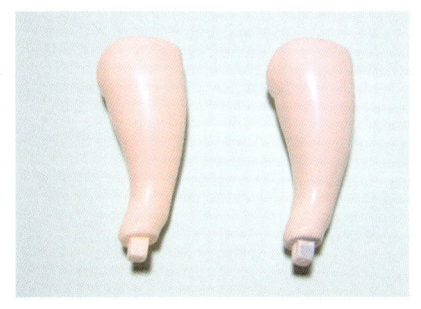

05 붓으로 처리

피부에 사용한 도료 남은 것을 붓에 적셔서 틈새를 칠했습니다. 붓에 도료를 많이 머금고 숨을 참으며 칠해줍니다.

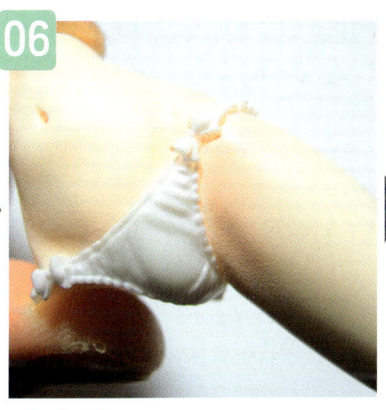

06 처리 완료

잘 처리했습니다. 만약 반대로 하얀 부분에 피부색이 묻었다면, 희석액을 적신 붓으로 닦아주면 됩니다.

07 파니에

파니에의 흰색은 레진의 색을 그대로 사용합니다. 거기에 음영 부분의 색을 넣어서 입체감을 표현했습니다. 음영색은 통상 도색 때에 블라우스 음영으로 사용한 가이아노츠의 「019:라벤더」+「Ex-01:Ex-화이트」입니다.

08 블라우스

블라우스도 베이스 컬러는 레진의 흰색을 그대로 사용. 음영색은 07의 파니에와 마찬가지로 통상 도색 때에 사용한 색을 사용했습니다.

09 팬티

팬티도 완전히 흰색이 아니라 옷과 똑같은 음영색을 넣어주기로 했습니다. 피부 쪽을 마스킹하고 팬티만 노출시킨 뒤에 홈 부분에 가늘게 뿌려서 음영을 넣어줬습니다.

10 완성된 부품

하얀 블라우스와 팬티, 피부색. 서페이서리스의 효과가 가장 확실한 부분입니다.

제4장 ①
서페이서리스 도색

CHAPTER 04

머리카락, 치마 도색

피부를 먼저 칠했으면 이제 밝은 색부터 차례차례 칠합니다. 하얀 옷의 음영색을 블루 계열로 칠한 다음에는 머리카락과 치마의 밝은 색을 칠해줍니다. 기본적으로는 통상 도색과 같은 색을 사용했지만 도색 방법은 약간 다릅니다. 같은 색을 써도 완성된 상태가 다르다는 걸 알아두세요. 물론 이번 방법을 통상 도색 때에 못 쓰는 것은 아니고, 반대로 통상 도색 때의 방법을 서페이서리스 도색 때에 못 쓰는 것도 아닙니다.

01 머리카락 색

머리카락도 통상 도색 때 사용한 색과 같은 색을 사용했습니다(바탕색은 GSI 크레오스의「CP01: 커스터드 옐로」, 음영색이 가이아노츠의「005: 선샤인 옐로」). 단, 이번에는 칠하는 순서가 달라졌습니다. 우묵한 부분에 음영을 먼저 뿌린 뒤에 바탕색을 뿌렸습니다.

02 음영색을 먼저

우묵한 부분은 색이 잘 입혀지지 않으니 먼저 뿌린 음영색이 진하게 남게 됩니다. 이 방법은 음영 부분에 색을 뿌리는 것보다 간단하고 자연스럽게 칠해집니다.

03 대담하게 붙인다

이어서 치마를 칠합니다. 하얀 라인이 있으니 마스킹을 해야 하는데, 얇은 테이프가 아니라 다른 방법으로 마스킹합니다. 먼저 폭이 넓은(6mm) 마스킹 테이프를 치마에 붙입니다. 하얀 라인이 들어가게 합니다.

04 이쑤시개로 밀착

하얀 라인의 양쪽 테두리 몰드를 이쑤시개로 눌러서 마스킹 테이프를 밀착시킵니다.

SSP와 시아논의 차이

SSP를 사용해서 기포를 메우면 왼쪽 사진처럼 메운 부분의 색이 확실히 달라집니다. 만약 서페이서리스로 칠할 부분의 색이 밝은 경우에는 이 차이가 그대로 드러납니다. 그래서 시아논이나 같은 색의 레진 캐스트로 기포를 처리하는 쪽을 추천했는데, 도저히 시아논을 입수할 수 없거나 떨어져서 SSP로 메워야 할 때도 있겠죠. 그런 때의 대처법으로 메운 부분에 흰색을 뿌려주는 방법이 있습니다. 당연히 차폐력 높은 도료가 최고니까, 여러 번 소개한 가이아 노츠의 「Ex-화이트」가 좋습니다. 참고로 오른쪽 사진이 흰색을 뿌린 상태입니다. 시아논처럼 전혀 알아볼 수 없는 정도는 아니지만 눈에 띄지는 않습니다. 이 위에 도색을 하면 더 눈에 띄지 않겠죠.

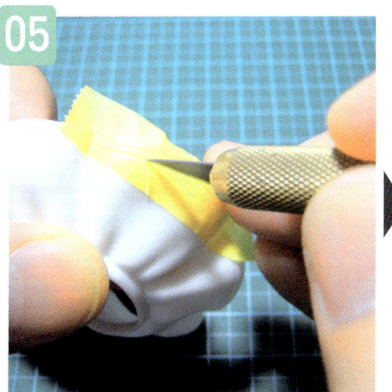

05
밀착시켰으면 커팅

골을 따라서 아트나이프 끝으로 그어가며 마스킹 테이프를 잘라줍니다. 날은 잘 드는 새것을 사용하세요.

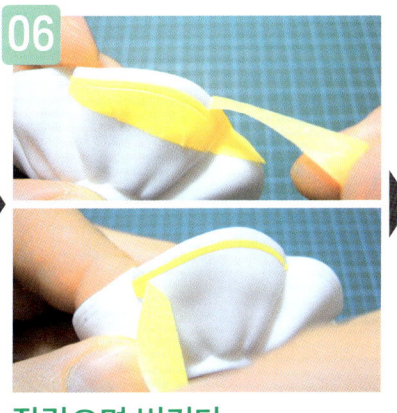

06
잘랐으면 벗긴다

자른 마스킹 테이프를 벗겨줍니다. 이렇게 깔끔하게 벗겨집니다. 도색이 벗겨질 우려가 없는 서페이서리스에 적합한 마스킹 방법입니다.

07
한 번에는 무리니까

주름이 있는 치마라서 한 번에 붙이는 건 무리입니다. 주름 덩어리를 하나씩 마스킹합니다.

08
마스킹 종료

부품에 나이프를 대는 방법은, 먼저 칠한 부분의 도막에 흠집이 나서 마스킹 테이프를 벗길 때 도료가 같이 벗겨질 우려가 있습니다. 하지만 이 단계에서는 프라이머만 도포했으니까 색이 벗겨질 걱정은 없습니다.

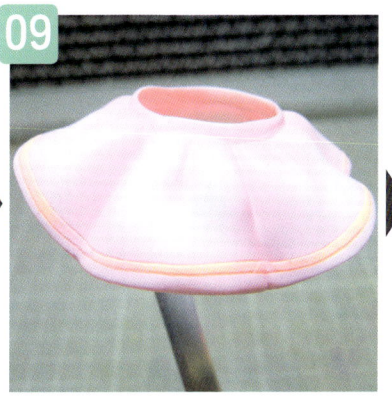

09
밀키 스트로베리를 뿌린다

통상 도색에 사용했던 GSI 크레오스의 「CP09: 밀키 스트로베리」를 에어브러시로 뿌려줬습니다. 도료가 잘 들어가지 않는 우묵한 부분부터 뿌리는 것은 철칙이니, 그렇게 해서 뿌려주면….

10
이걸로 충분

처음에는 전체적으로 밀키 스트로베리를 칠한 위에 「CP:10 체리 핑크」로 음영을 넣으려고 했습니다. 그런데 이 상태에서도 튀어나온 부분에 밑의 하얀색이 남아서 입체감이 살고, 전체가 충분히 핑크색으로 보이는 것 같아서 음영색은 뿌리지 않았습니다.

제4장 ①
서페이서리스 도색

CHAPTER 05

소품 도색, 데칼 붙이기

다른 부분도 칠해서 마무리합니다. 에어브러시로 리본과 부츠를 칠하고 세밀한 부분에 붓도색과 먹선을 넣어서 마무리합니다. 이 공정은 통상 도색과 같으니 생략합니다. 이번에 눈은 키트에 포함된 데칼을 사용했습니다. 데칼 붙이는 방법은 제2장에서 소개했는데, 이번 데칼은 개인이 자작한 것이다 보니 시판 키트에 포함된 것과 요령이 약간 다릅니다. 그 부분도 소개하겠습니다. 서페이서리스 도색의 추가도 해설은 여기까지입니다. 나머지는 통상 도색 때와 마찬가지로 조립해서 완성합니다(완성 상태는 156~157페이지를 참조).

01 부츠

부츠는 통상 도색과 마찬가지로 가이아노츠의 「017:퍼플 바이올렛」으로. 특수한 소재가 아닌 비닐을 상정하고 클리어를 뿌리는 데서 끝냈습니다. 아웃솔 부분은 고무의 질감을 표현하기 위해서 무광 검정으로 칠했습니다.

02 리본

리본도 부츠와 같은 퍼플 바이올렛으로 도색했습니다. 이쪽은 천이라고 생각해서 무광 클리어를 뿌리고 마감했습니다.

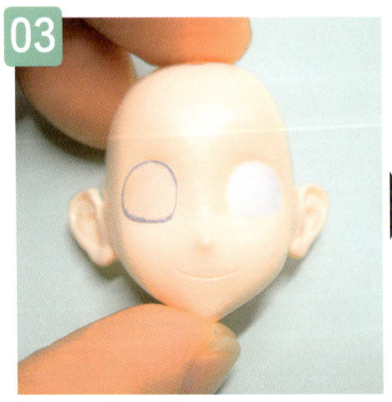

03 데칼을 붙인다

눈 부분에 붙여둔 마스킹 테이프를 떼고 거기에 데칼을 붙여서 얼굴을 마무리합니다.

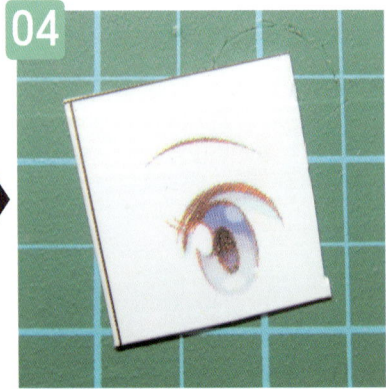

04 시판품과 다르다!

시판품 데칼은 인쇄면 주위에만 필름 막이 있어서 종이를 대략적인 모양으로 자르고 물에 담그면 마크(그림) 부분만 벗겨집니다. 그런데 아마추어가 키트에 넣어주는 데칼은 종이 전체에 붙어 있는 투명한 필름 위에 인쇄되어 있어서 잘라낸 종이 모양 그대로 벗겨집니다.

진한 색은 서페이서리스 효과가 없다

사진은 부츠 도색 도중입니다. 오른쪽이 서페이서리스로 퍼플 바이올렛을 뿌린 것, 왼쪽이 서페이서 위에 마찬가지로 퍼플 바이올렛을 뿌린 것입니다. 이 정도 진한 색이 되면 서페이서를 사용하건 안 하건 거의 차이가 없습니다. 서페이서리스 특유의 투명하거나 밝은 느낌의 효과가 없기 때문입니다. 단, 서페이서를 뿌리는 공정 자체는 생략할 수 있으니 그 점이 메리트라고 할 수 있습니다.

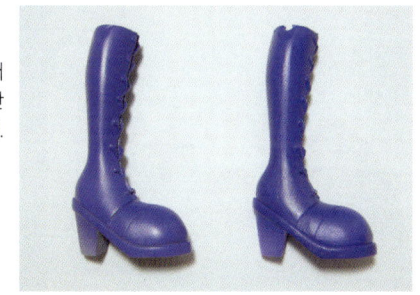

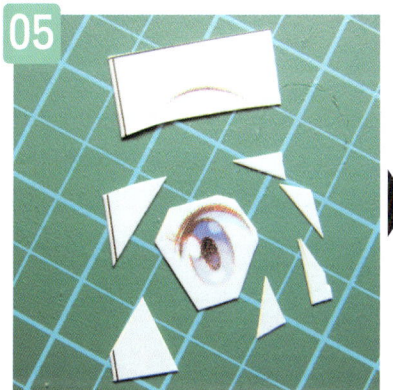

05 여백을 커팅

그래서 여백 부분을 최대한 잘라냅니다. 직선으로 대략적으로 자른 뒤에 세세하게 자릅니다. 아트나이프 날로 당기면 잘린 끝이 일어날 수 있으니 눌러서 자르는 쪽을 추천합니다.

06 부착 완료

물에 담근 다음은 시판 데칼과 같습니다. 슬라이드해서 위치에 맞추고 붙여주세요. 인쇄면이 약해서 이동할 때 등에 면봉 등으로 세게 문지르면 그림이 깨질 수도 있으니 조심하세요. 실패하면 예비를 사용하세요. 예비까지 못 쓰게 되면 직접 그려야겠죠.

07 마크 소프터

수제 데칼은 시판품보다 필름이 약간 두껍고 딱딱한 것 같습니다. 06의 사진처럼 약간 주름이 지거나 들뜬 경우에는「마크 소프터」를 사용해서 정착시킵니다. 사진은 GSI 크레오스의「Mr.마크 소프터」

08 바르고 말린다

마크 소프터를 데칼의 주름 등에 바릅니다. 남는 액체를 면봉 등으로 제거하면서 데칼이나 주름을 눌러줍니다. 마크 소프터는 데칼 연화제입니다. 찢어지기 쉬우므로 조심하세요.

09 잘 붙었다

마크 소프터로 정착시킨 데칼입니다. 06의 사진과 비교해보세요. 주름이 없는 곡면이 됐습니다.

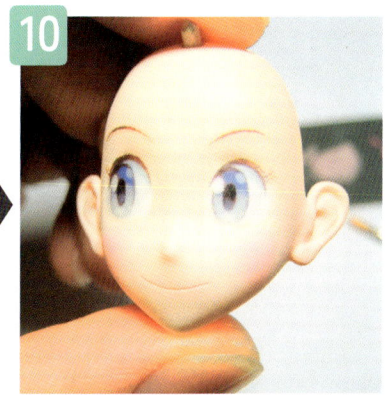

10 수정&메이크업

사실은 눈동자(동공) 일부가 벗겨졌습니다. 그래서 에나멜 도료 무광 검정으로 복구했습니다. 또한 통상 도색과 마찬가지로 이쪽에도 볼에 파스텔로 홍조를 넣어줬습니다.

제4장 ②
디테일업과 서페이서리스풍 클리어 컬러 도색

CHAPTER 06

샤프하게 만들자

앞 페이지에서 서페이서리스 키트가 종료. 여기서부터는 하나를 더 만듭니다. 레진 캐스트 키트만이 아니라 틀에 수지를 넣어서 만드는 방법에서는, 그 성형 한계 때문에 얇게 만들 수가 없습니다. 또한 안전이나 파손 문제 때문에 뾰족하게 만들지 않는 부분도 있습니다. 그런 부분에 손을 대서 더욱 정밀하고 완성도가 높게 만들어줄 수 있습니다. 디테일업 방법은 어느 도색 기법에서든 쓸 수 있으니 취향에 따라서 해주세요.

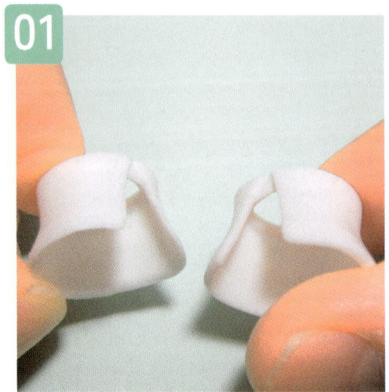

01 테두리를 얇게

부츠 접힌 부분 부품입니다. 오른쪽이 가공 전, 왼쪽이 가공 후입니다. 두께가 신경 쓰여서 나이프로 얇게 깎아줬습니다. 하지만 전체를 얇게 만들면 강도가 낮아져서 깨지기 쉬우니 테두리 부분만 얇게 해줬습니다.

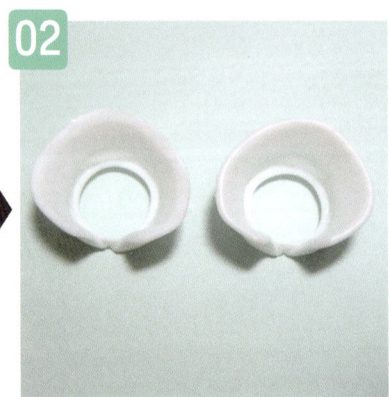

02 아래쪽에서 보면

이렇게 두께가 있는 부품의 테두리만 비스듬하게 깎아서 부품 전체를 얇고 샤프하게 보이도록 해주는 테크닉입니다. 프라모델의 디테일업에서 사용하는 기법입니다.

03 몰드를 깊게

같은 부품입니다. 금색과 보라색으로 구분하는 부분의 홈이 약간 얕아 보여서 줄로 깊게 파줬습니다.

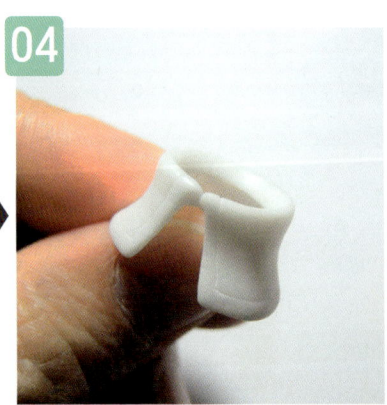

04 몰드 파기 완료

부품을 다듬을 때 게이트나 파팅 라인 때문에 지워지거나 얕아진 부분은 물론이고, 잘 새겨지기는 했지만 얕은 부분을 다시 파주면 샤프한 느낌이 들고 도색하기도 편합니다.

파팅 라인 처리에도 써봤지만

리본 같은 평평한 곳을 얇게 만들 때는 나이프 날을 세워서 대패질 하는 요령으로 얇게 만들어줄 수 있습니다. 힘을 너무 줘서 부러지지 않게 조심해야 합니다만….

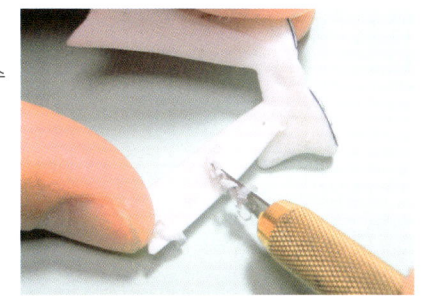

05 치마도

치마도 두꺼워서 아트나이프로 깎아줍니다. 이런 우묵한 부분을 깎을 때는 곡선 날이 좋습니다.

06 가장자리를 검게 칠하면

치마 가장자리를 마커로 검게 칠해봤습니다. 작업한 부분이 얇아져서 마커의 라인이 가늘어진 것을 알 수 있습니다.

07 금속 줄로

나이프로 대강 깎은 뒤에 반원 금속 줄을 사용해서 커브 안쪽을 갈아서, 나이프로 깎은 부분과 원래 부품이 자연스럽게 이어지도록 해줍니다. 그 뒤에 종이 사포로 다듬어줍니다.

08 파니에

파니에도 같은 작업을 해줍니다. 레이스가 작기는 하지만 전체적으로 얇게 해줄 수는 없습니다. 하나하나 가장자리 부분만 얇게 만들겠습니다.

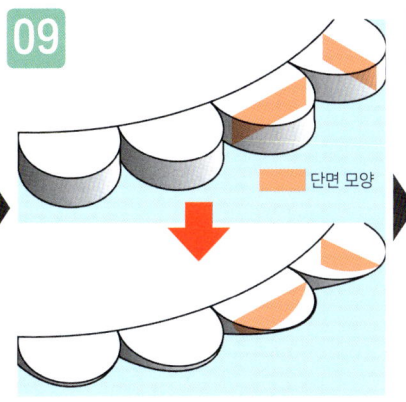

09 그림으로 보면

사진만 보면 어떻게 가공했는지 알기 힘드니 그림으로 설명했습니다.

단면 모양

10 가공 전후 차이가 이렇게나

왼쪽이 가공 전, 오른쪽이 가공 후입니다. 끝부분이 작아서 힘들었지만 효과는 좋습니다.

제4장 ②

디테일업과 서페이서리스풍 클리어 컬러 도색

CHAPTER 07

원하는 모양으로 만들자

앞 페이지의 작업은 원래 있어야 할 모양으로 되돌리는 디테일업이니 해두면 좋은 작업이라고 할 수 있습니다. 그것과 별개로 꼭 필요한 건 아니지만 키트의 모양을 자기 취향대로 고치고 싶은 부분이 있을 수도 있습니다. 그것은 취향의 문제고, 직접 키트를 조립할 때만 할 수 있는 일이니 열심히 해보세요. 단, 이것저것 욕심을 너무 부리면 완성하지 못하게 되니까, 처음에는 포인트만 잡아서 개수하는 것도 좋습니다.

01 에글릿 재현

신발 끈 끝부분에는 풀어지지 않도록, 그리고 구멍에 잘 들어가도록 에글릿이 달려 있습니다. 이것을 부품을 깎아서 재현했습니다. 왼쪽이 가공 전, 오른쪽이 가공한 것입니다.

02 지팡이의 고리

지팡이에 달린 고리가 굵은 축으로 고정돼 있습니다. 일러스트에서는 그냥 둥둥 떠 있는 것 같지만, 실제로는 그렇게 만들 수 없으니 조금이나마 눈에 띄지 않도록 금속선으로 고정하겠습니다.

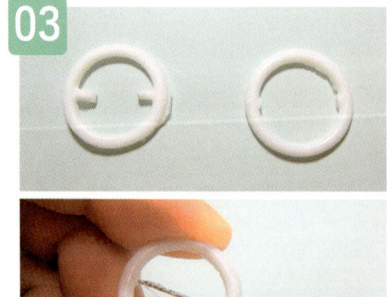

03 고리에 구멍을

원래 있던 접속 부분을 잘라내고 드릴로 구멍을 뚫어줍니다. 드릴은 0.8mm. 가느다란 쪽이 눈에 띄지 않지만, 어느 정도 강도는 필요하니까요….

04 지팡이에도 구멍을

고리가 달리는 위치에 구멍을 뚫어줍니다. 위나 앞에서 잘 보고 수직 수평, 그리고 지팡이 중심으로 지나가도록 뚫어줍니다.

얼굴도 취향대로

입 주변에 좀 더 입체감이 필요해서 아랫입술 아래, 아래턱 부분을 깎아서 입술의 입체감을 만들었습니다. 이렇게 자기 취향대로 어레인지하는 것도 완성품 피규어에서는 느낄 수 없는 키트만의 즐거움입니다. 이 작업을 하다 보면 「처음부터 만들 수 있지 않을까?」라는 생각이 들면서 풀 스크래치, 즉 원형 제작으로 단계가 올라가는 것이 일반적인 흐름이었지만, 최근에는 레진 키트를 조립해본 적도 없는 사람이 바로 원형 제작을 시작하는 시대…. 정말 놀랍습니다.

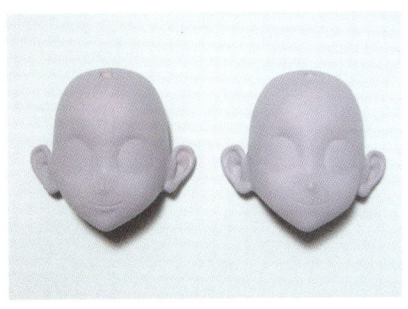

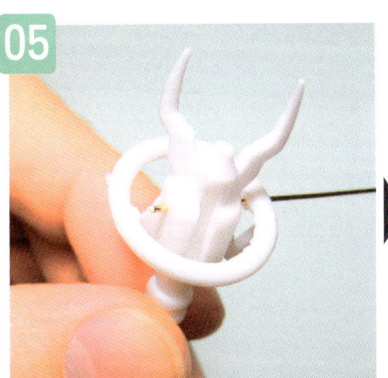

접속하고 완료

금속선을 꽂아서 고정. 튀어나온 금속선을 적당한 길이로 잘라줍니다.

완성

02와 비교해보면 차이가 확연합니다. 가느다란 쪽이 샤프합니다. 이번에는 안 했지만, 세 갈래 부분의 끝을 뾰족하게 해주거나 두께를 얇게 해주는 디테일업도 있습니다. 취향대로 시도해보세요.

리본 가공

리본 위쪽 날개 부분은 고리 모양으로 보입니다. 그것을 조각으로 표현하겠습니다. 먼저 대중을 잡고 그려줍니다.

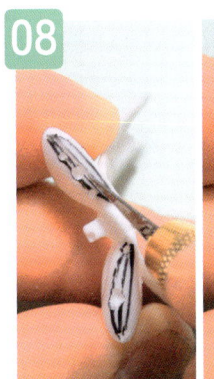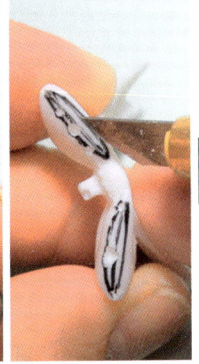

구멍을 뚫는 건 힘드니까

한복판의 세로선에 칼집을 넣어줍니다. 측면에서 조금 전에 잘라낸 중앙선을 향해 칼집을 넣습니다. 기포가 있지만 신경 쓰지 말고.

잘라냈다

기포가 있지만 잘라내는 부분이라서 문제없습니다. 마찬가지로 다른 부분도 잘라줍니다.

자르기 완료

일단 자르는 작업이 끝났습니다. 이 뒤에 잘라낸 부분 안쪽이나 깊은 곳에 있는 기포를 메우고 표면을 정리합니다.

제4장 ②

디테일업과 서페이서리스풍 클리어 컬러 도색

CHAPTER 08

서페이서리스풍 클리어 컬러 도색

서페이서리스의 매력은 투명한 피부색입니다. 같은 피부색을 뿌려도 서페이서 위에 흰색을 뿌리는 통상 도색에서는 레진 캐스트 소재가 가진 빛이 통과하는 투명한 느낌이 없습니다. 그렇다면 「피부색 도료가 투명한 느낌이면 되지 않을까?」라는 생각이 들었습니다. 클리어 컬러를 사용해서 피부색을 표현하는 방법이 모든 캐릭터에 맞는다고 할 수는 없지만, 표현 방법 중의 하나로서 소개하겠습니다.

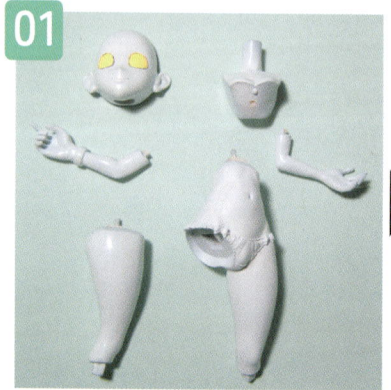

01 프라이머→서페이서→흰색

여기까지는 통상 도색과 똑같습니다. 눈 부분은 피부색을 뿌리기 전에 마스킹해둡니다.

02 클리어 컬러

사용하는 도료는 클리어 컬러입니다. 먼저 클리어 오렌지에 클리어 옐로, 클리어 레드 등을 섞어서 사용합니다. 이번에는 클리어 오렌지의 음영만 사용해보기로 했습니다. 사용한 도료는 가이아노츠 「042 클리어 오렌지」입니다.

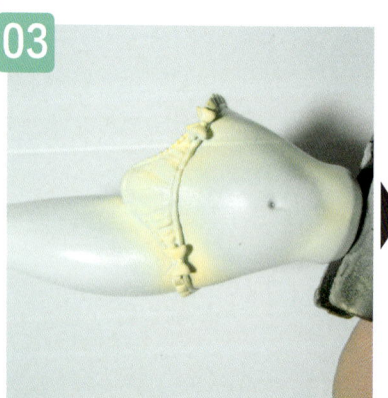

03 음영 부분과 붉은 부분부터 뿌린다

항상 그랬듯이 속옷은 나중에 마스킹하고 하얀색을 뿌릴 테니까 그대로 뿌려줍니다.

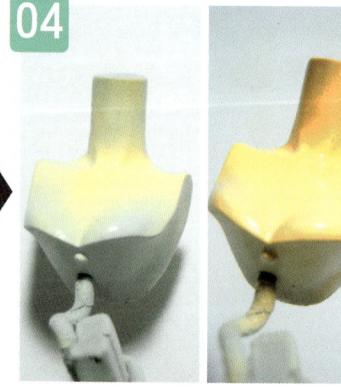

04 조금씩 진하게

클리어 컬러는 덧칠하면 할수록 진해집니다. 어느 정도에서 멈출지가 포인트입니다.

이번에는 실패했지만…

시간을 들여서 천천히 하면 클리어 컬러 겹칠만으로도 잘 표현할 수 있습니다. 꼭 도전해보세요. 오른쪽 사진을 04의 사진과 비교해보세요. 그 둘의 중간, 이 정도까지 해줬으면 좋았을 것 같습니다만… 버스는 이미 떠났습니다.

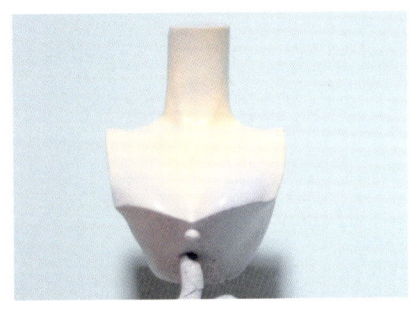

05
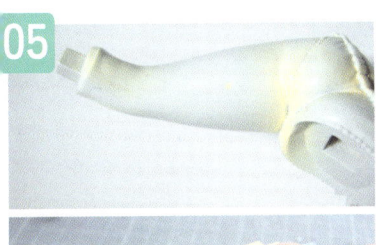

튄 부분은

클리어 컬러는 노즐 끝에 고인 도료가 튄 자국이 통상 도색보다 눈에 띕니다. 그 부분만 종이 사포로 처리해주고 뿌려줍니다.

06
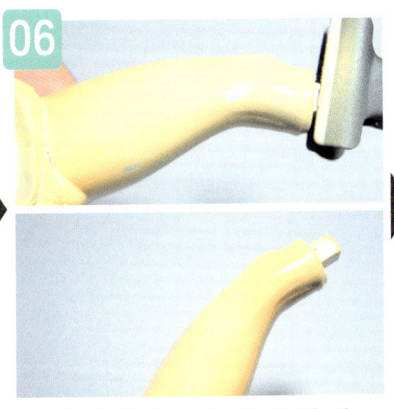

서페이서가 노출되지 않게

클리어 부분만 연마해줍니다. 하얀 층을 깎아서 서페이서가 나온 경우에는 하얀 색을 뿌린 뒤에 클리어 컬러를 뿌립니다. 조금 보일 것 같지만 이 정도면 OK겠죠.

07

색감을 맞춘다

부품 단위로 뿌리다 보면 좌우의 색감이 달라지기도 합니다. 통상 도료보다 차이가 크게 보이니 같이 비교하면서 색감을 맞춰보세요.

08
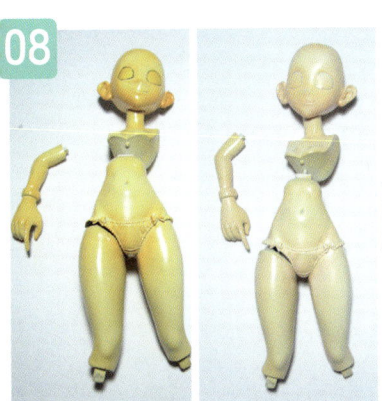

너무 오렌지색!

왼쪽은 전체적으로 너무 진하게 뿌린 것 같습니다. 오른쪽 다시 하려고 흰색을 뿌렸더니… 적당히 좋은 색감이 됐습니다. 그야말로 우연의 산물인데, 이번엔 이 정도로 하겠습니다.

09
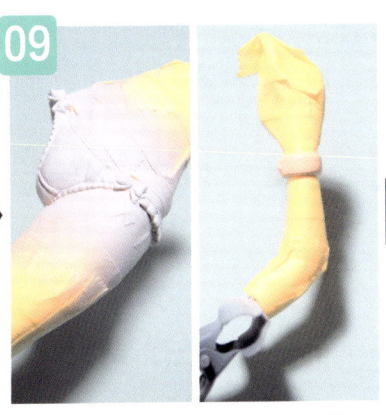

마스킹하고 흰색을 뿌린다

피부색을 칠했으니 마스킹하고 팬티의 흰색을 뿌립니다. 팔찌 부분도 흰색을 뿌립니다.

10
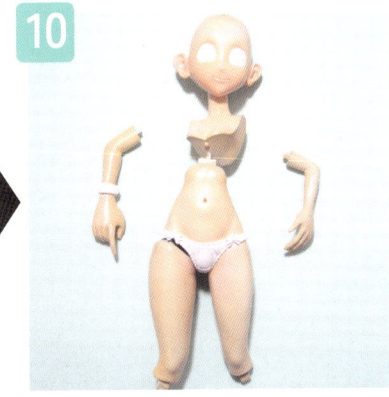

마스킹을 벗긴 모습

어떻습니까. 투명한 느낌이 나오죠. 통상 도색보다 리얼한 피부색이 됐다고 생각합니다. 이 방법은 리얼한 느낌의 피규어에 적합할 것 같습니다.

제4장②

디테일업과
서페이서리스풍
클리어 컬러 도색

CHAPTER 09

완성!

앞 페이지의 클리어 컬러를 이용한 서페이서리스풍 도색으로 만든 보디와 디테일업한 부품을 조립한 피규어입니다. 옷과 머리카락 등의 색을 변경해서 통상 도색이나 서페이서리스 작례와 다르게 만들었습니다. 컬러링의 이미지는 핼러윈의 마녀. 머리카락 색은 블론드 이미지라서 눈 색을 녹색으로 바꿨습니다. 데칼을 사용하고 보라색 부분을 아크릴 과슈로 칠해서 색을 변경. 위 설명에도 있듯이 피부 부분은 통상 도색입니다. 나머지는 전부 서페이서리스 도색으로 칠했습니다. 파니에와 웃옷, 치마 라인의 흰색은 전부 레진의 색을 그대로 살렸습니다. 이 작례를 보면 서페이서를 뿌린 것과 아닌 부품을 조합해도 문제 없다는 걸 알 수 있습니다.

완성품①

일반적인 천을 상정해서 리본과 치마의 오렌지는 무광. 모자와 조끼, 부츠의 검정도 무광입니다. 블라우스와 파니에의 흰색은 펄을 뿌려서 실크 같은 질감을 노렸습니다. 지팡이는 검정색 밑칠 없이 직접 금속색을 뿌려서 가벼운 인상으로 만들었습니다. 지팡이의 보석은 오리지널은 클리어 레드지만 클리어 블루로 변경. 색이 달라지면 분위기도 달라지네요.

완성품②
모자를 벗긴 상태. 망토도 없어서 훨씬 가벼운 느낌입니다.

디테일업의 효과
모자와 리본, 치마와 파니에의 가장자리를 얇게 만들어줬더니 샤프한 인상입니다.

확대
얼굴 조형도 손봤습니다. 블라우스의 펄과 눈의 초록색이 어떤 느낌인지 잘 전해질 거라고 생각합니다.

금색이 악센트
부츠는 검정색으로만 하면 밋밋할 것 같아서 끈과 접힌 부분 테두리를 금색으로.

용어집
GLOSSARY

이 책에 등장하는 각종 용어의 보충 설명과 색인입니다. 숫자는 본문의 참조 페이지입니다. 찾아보면서 참고하세요.

3D 프린터 →p.007
컴퓨터 소프트웨어를 이용해서 제작한 조형물의 데이터를 입체물로 출력하는 기기. 최근에 급속하게 발달, 보급되고 있으며, 조형의 디지털화를 촉진하고 있습니다.

HG액 →p.093

HG파우더 →p.093

SSP(순간접착 퍼티) →p.093

가르기 →p.015
틀을 갈라서 원형을 꺼내는 것.

개러지 키트 →p.016
개인이나 그룹, 소규모 제조사에서 만드는 소수 생산 조립식 모형.

게이트 →p.024

균일하게 칠하기 →p.134

금속 줄 →p.021, 045

기포 →p.025

니퍼 →p.020

단색 레진 성형 →p.008
부품이 단색으로 성형된 것을 말합니다. 원래는 「단색 성형 레진」이라고 표기하는 경우가 많다고 합니다. 이 책에서는 「컬러 레진 성형」과 구별하기 위해서 사용합니다.

당일 판권 →p.013
판권이란 상품화 권리(라이센스)의 속칭. 애니메이션이나 게임, 만화의 캐릭터를 입체화하는 2차 창작 피규어는 권리자, 판권원(라이센서)의 허가 없이는 전시, 판매할 수 없습니다. 그래서 이벤트 당일에만 특별히 허가를 받는 것이 당일 판권 시스템입니다. 이벤트 주최자가 참가자의 신청서를 정리해서 라이센서의 허가를 받습니다. 원더 페스티벌에서 시작된 시스템인데, 다른 조형 이벤트 등에서도 행해지고 있습니다.

데칼 →p.019

도료 접시 →p.063

도막 →p.148
부품 표면에 막 상태로 형성된 도료층. 「도막이 두껍다」, 「도막을 건드린다」 등으로 사용됩니다.

도색 부스 →p.076
배기 부스, 배기장치, 배기 팬이라고도 합니다. 에어브러시를 이용한 도색을 할 때에 도료 입자를 빨아들여주는 도구. 빨아들인 도료는 필터에 붙게 되니, 교체나 세척이 필요합니다. 공기를 밖으로 배출해서 환기에도 도움이 됩니다. 시판품을 구입하는 것 외에 환풍기나 골판지 상자 등으로 자작하는 사람도 있습니다.

디자인나이프 →p.020
아트나이프와 혼동하는데 날이 작은 것이 디자인나이프, 큰 것이 아트나이프입니다.

디테일(업) →p.166
디테일은 세밀한 곳을 뜻하는 말. 피규어에서는 세밀하게 들어간 조각 등을 가리킵니다. 디테일업이란 그걸 세밀한 곳을 추가하거나 깎아서 샤프하게 만드는 공작을 뜻합니다.

래커계 도료 →p.062
유기용제계 아크릴 수지 도료. 수성 아크릴과 비교해서 「유성 아크릴」이라고 부르기도 합니다. 래커계라는 것은 통칭이고, 원래 래커 도료(니트로셀룰로스 라커, 래커 에나멜)와 다른 것이니 혼동하지 않도록 주의하세요.

런너 →p.025

레귤레이터 →p.092

레진 캐스트 →p.006
원래는 합성수지 성형 방법을 뜻하는 말. 피규어나 모형 업계에서는 「2액 혼합 중합형 열경화성 수지(무발포 폴리에틸렌)」을 가리킵니다. 이것은 모형용으로 판매된 「레진」, 「프라 캐스트」나 「하이 캐스트」 같은 상품명이 재료명으로 정착된 것입니다. 참고로 레진(Resin)은 「수지」 전반을 의미하는 말이고, 캐스트(Cast)는 「거푸집」이라는 뜻입니다.

마른 사포질 →p.046
종이 사포로 연마할 때 물을 적시지 않는 사포질. 물에 적실 때는 「물사포질」이라고 합니다. 단, 물사포질이 가능한 것은 방수 사포뿐.

마스킹 테이프 →p.021

먹선 넣기 →p.068, 144

몰드 →p.111
조각.

무광 →p.063, 143
표면에 광택이 없는 상태 또는 그렇게 만들기 위한 도료. 매트라고도 합니다.

방수 사포 →p.021, 046

베이스 →p.058, 134
①피규어를 장식하기 위한 받침. ②그러데이션 도색이나 음영을 주는 도색에서 전체에 칠하는 색을 베이스 컬러, 또는 줄여서 베이스라고 합니다.

보조핀 →p.024

붓 →p.063

빼기 →p.009, 014
주형, 탈형 작업 전반을 「뺀다」고 하며, 거기에 따라서 복제 작업 전반을 「빼기」라고 합니다. 「빼기 업자」는 복제업자, 주형업자. 틀 뜨기 업자라고도 합니다.

뿌글이 →p.117

사포질 →p.046
종이 사포로 표면을 연마하는 것. 샌딩이라고도 합니다.

서페이서 →p.093

세척 →p.060

쇠줄 →p.093

수성 아크릴계 도료 →p.062

수작업(성형) →p.009
개인이 복제하는 것. 이 경우 틀 위에서 수지를 붓고 수지의 무게를 이용해 틀 안에 퍼지게 하는 「중력 주형법」을 가리킵니다. 기포가 생기고 수지가 덜 들어가기도 하는 단점이 있지만, 특별한 설비가 필요 없다는 장점이 있습니다. 「업자 성형」의 반대말로 사용됩니다.

순접 →p.080
순간접착제. 또한 「순간접착제 전용 경화 촉진제」가 너무 길어서 「순접 경화 스프레이」라고 표기하기도 합니다.

스펀지 사포 →p.021, 046

시아논(순간 강력접착제) →p.093

실리콘 →p.014
처음에는 가루지만 촉매(경화제)와 섞으면 경화하고 고무처럼 되는 재료. 이 실리콘으로 틀을 만들고 거기에 레진 캐스트를 부어서 복제품을 만듭니다. 경화 시간은 6~12시간 정도.

어긋남 →p.024

얹는다
(도료가)묻는다, 부착된다, 칠해진다는 의미로 사용합니다.

업자 성형 →p.009
전문 업자에게 복제 작업을 의뢰하는 것이나 그렇게 생산된 성형품.

에나멜계 도료 →p.062

에어브러시 →p.092, 114

에칭 톱 →p.093

에폭시계 접착제 →p.080

용제 →p.062
희석액과 같은 의미.

원더 페스티벌 →p.012
최대급 모형 전시 판매 이벤트.

원형 빼기 →p.015
원형이나 복제품을 틀에서 빼는 것.

유광 →p.063, 143
표면에 광택이 있는 상태. 또는 그렇게 만드는 도료. 글로스라고도 합니다.

유점토 →p.014
실리콘 틀을 만들 때 원형을 묻는 데 사용합니다. 분할 라인을 이상적인 위치로 잡을 수 있습니다. 가끔 실리콘이 붙어서 떨어지지 않는 때도 있으니, 잘 확인하고 전용 제품을 사용하세요.

음영 뿌리기 →p.134

이형제 제거 →p.060

조색봉 →p.063

종이 사포 →p.021, 046

종이 팔레트 →p.063

주입구 →p.025

주형 →p.015
실리콘 틀에 레진 캐스트를 붓는 것. 여름 등에는 이 작업을 빨리 하지 않으면 중간에 굳기 시작하는 경우도 있습니다.

주형재 →p.015
틀 안에 넣어서 성형하는 조형 재료. 주형제라고도 합니다. 레진 캐스트 키트의 경우에는 무발포 폴리우레탄 수지가 해당됩니다. 화이트 메탈(납과 주석 합금)이나 에폭시 수지도 주형재로 사용합니다.

지느러미 →p.025

축 만들기 →p.098

커팅 매트 →p.020

컨버터블 →p.091
여러 종류의 부품 중에서 선택해서 조립하는 사양의 키트. 참고로「콘파치」는 컴패트블의 약자로 호환성이 있다는 뜻이고, 변형돼서 완성한 뒤에도 바꿀 수 있는 키트를 뜻합니다.

컬러 레진 성형 →p.008
레진 캐스트에 색을 입혀서 성형한 것. 컬러 레진 키트라고 하는 경우에는 원래 캐릭터의 색에 맞춰서 부품 색을 구분한 것을 의미합니다.

컴프레서 →p.092

클램프 →p.015
원래는 나사를 돌려서 잡아주고 고정하는 도구의 이름입니다. 그러다가 잡아서 고정하는 것들을 통틀어서 말하게 됐습니다. 바인드라고도 합니다.

키친타월 →p.063

탑코트 →p.063

통상 도색 →p.089
서페이서를 칠한 뒤에 도료를 뿌리는 도색 방법. 서페이서리스와 구별하기 위해서 사용하지만, 현재는 서페이서리스 쪽이 일상적으로 사용되다 보니 실태에 맞지 않는 용어가 돼버렸습니다.

툴 워시 →p.119

툴 클리너 →p.062

파스텔 →p.146

폴리캡 →p.019

프라봉 →p.021

프라이머 →p.093, 116

플랫 스팟 →p.048
사포질 등에 의해서 생긴 평평한 부분.

핀 →p.025

핀, 핀 구멍 →p.025

핀바이스 →p.020, 033

희석액 →p.062
용제와 같은 것. 도료를 적절한 농도로 희석하기 위한 것이고, 건조를 지연시키는 리타더 성분이 들어간 것이나 냄새를 줄인 타입 등도 있습니다. 도료의 종류에 맞춰서 전용 희석액을 사용해야 합니다.

How to build VOL.02
GARAGE KIT
피규어의 교과서
레진 키트 & 도색 입문 편

초판 1쇄 인쇄 2019년 9월 10일
초판 1쇄 발행 2019년 9월 15일

저자 : 후지타 시게토시
편집 : 오메가 사, 신키겐샤 편집부
커버 촬영 : 이시다 켄이치
커버·본문 디자인 : 미즈키 슌(+iNNOVAT!ON)
DTP : ONO-A1
협력 : 그리폰 엔터프라이즈, 카이요도, 브라우니, 보크스, 만다라케, 리버티
번역 : 김정규

펴낸이 : 이동섭
편집 : 이민규, 서찬웅, 탁승규
디자인 : 조세연, 백승주, 김현승
영업·마케팅 : 송정환
e-BOOK : 홍인표, 김영빈, 유재학, 최정수
관리 : 이윤미

㈜에이케이커뮤니케이션즈
등록 1996년 7월 9일(제302-1996-00026호)
주소 : 04002 서울 마포구 동교로 17안길 28, 2층
TEL : 02-702-7963~5   FAX : 02-702-7988
http://www.amusementkorea.co.kr

ISBN 979-11-274-2775-7 17630

"FIGURE NO KYOUKASHO RESIN KIT & TOSOU NYUMON-HEN" by Shigetoshi Fujita
Copyright © Shigetoshi Fujita 2016
All rights reserved.
Illustrations by Takako Fukuchi
Originally published in Japan by Shinkigensha Co Ltd, Tokyo.

This Korean edition published by arrangement with Shinkigensha Co Ltd, Tokyo
in care of Tuttle-Mori Agency, Inc., Tokyo

이 책의 한국어판 저작권은 일본 SHINKIGENSHA와의 독점계약으로
㈜에이케이커뮤니케이션즈에 있습니다.
저작권법에 의해 한국 내에서 보호를 받는 저작물이므로
무단전재와 무단복제를 금합니다.

이 도서의 국립중앙도서관 출판예정도서목록(CIP)은
서지정보유통지원시스템 홈페이지(http://seoji.nl.go.kr)와
국가자료공동목록시스템(http://www.nl.go.kr/kolisnet)에서 이용하실 수 있습니다.
(CIP제어번호: CIP2019032034)

*잘못된 책은 구입한 곳에서 무료로 바꿔드립니다.

■ 저자 소개
후지타 시게토시 藤田茂敏

피규어는 물론이고 판촉물, 페트병 등의 제작도 맡는 원형사 겸 피니셔. 여러 학교에서 피규어 관련 학과를 만들고 커리큘럼 편성에도 관여해서 많은 원형사, 피니셔를 육성. 현재는 「오사카 예술대학 단기대학부 디자인 미술학과 캐릭터, 만화, 피규어 코스」비상근 강사, 「나고야 디자이너 학원 프로덕트 디자인학과」비상근 강사, 문화 강좌 「어른의 미술실」에서 아날로그 피규어 계열 강좌를 담당. 저서로 『피규어 만드는 방법 フィギュアの作りかた①②』, 『피규어를 칠해보자 フィギュアを塗ってみよう』가 있다. 「원더 페스티벌」등의 이벤트에는 YAN, 3D-PROJECT라는 딜러 명의로 정열적으로 출전하고 있다.

■ 역자 소개
김정규

중앙대학교 일어학과 졸업. 반다이코리아 디지털 사업부에 재직하며 건담 시리즈를 비롯한 게임 소프트웨어 수십 편의 로컬라이즈를 담당. 현재는 전업 프리랜서 번역가로 활동 중. 모형 만들기를 좋아하지만 만들 시간이 없어서 키트와 도료만 쌓여가고 있다.

■ 원형 제작
2장 : 치비 간단땅
조형촌(造形村)

주식회사 보크스의 계열 기업 중의 하나로, 보크스에서 발매되는 각종 입체물의 원형을 만들고 있는 일본 제일의 창작 조형을 생업으로 하는 집단. 캬라구민을 비롯한 미소녀 피규어와 로봇물부터 슈퍼 돌피(R) 등의 보크스 오리지널 하비 원형 제작까지 폭넓게 맡고 있다. 「무에서 유를」만들어내는 그 기술과 높은 표현 능력으로 널리 알려졌으며, 만들어내는 입체 조형은 「조형촌 작품」으로서 전 세계 하비 팬으로부터 특별한 의미가 담긴 존칭으로 여겨지고 있다. 또한 타사 제품의 원형 제작, 공구나 용품 등의 기획, 개발, 메이커로서 항공기 스케일 모델 사업도 맡고 있다.

3, 4장 : 수습 마법사 미르카
종이 팔레트

일러스트, 만화, 자체 제작 게임 등의 제작 활동을 하면서, 최근의 디지털 조형 붐을 받아들여 ZBrush를 이용한 피규어 제작도 시작. 원더 페스티벌 등의 이벤트에는 Z조형야로(Z造形野郎)라는 딜러 명의로 출전. 본업은 게임 회사의 2D 디자이너.